Die Männerbibel

Richard Rohr

Die Männerbibel

Meditationen auf dem Weg zur Freiheit

Zusammengestellt und ausgewählt von
Joe Durepos und Tom McGrath

Übersetzt von
Christa Spannbauer

Kösel

Originaltitel: On the Threshold of Transformation
Copyright © Richard Rohr 2010
Veröffentlicht mit Genehmigung von Loyola Press, Chicago, IL, USA.
Aus dem Amerikanischen von Christa Spannbauer.

Verlagsgruppe Random House FSC-DEU-0100
Das für dieses Buch verwendete FSC®-zertifizierte Papier *Schleipen extraweiß*
liefert Schleipen, Bad Dürkheim.

Copyright für die deutsche Übersetzung © 2011 Kösel-Verlag, München,
in der Verlagsgruppe Random House GmbH
Umschlagmotiv und -gestaltung: Oliver Weiss/oweiss.com
Druck und Bindung: GGP Media GmbH, Pößneck
Printed in Germany
ISBN 978-3-466-37020-7

www.koesel.de

Dieses Buch ist Stephen J. Picha gewidmet,

dessen unermüdliches Wirken und dessen

leidenschaftliche Vision unsere Männerarbeit

in neun Länder und dreizehn Regionen

Nordamerikas gebracht hat.

Inhaltsverzeichnis

Vorwort

Vor etwa zwei Jahren habe ich Richard Rohr die Idee für dieses Buch über männliche Spiritualität unterbreitet, um darin die Weisheit aus seiner gesamten Arbeit zusammenzuführen.

Ich machte ihm den Vorschlag, hierfür seine Audioaufnahmen, Bücher, Notizen seiner Vorträge, unveröffentlichtes Material, die täglichen Meditationen der Homepage vom Zentrum für Aktion und Kontemplation – also praktisch die ganze Arbeit, die sich mit der Reise der männlichen Seele befasst – zu sichten. Richard war von der Idee begeistert und ermutigte mich dazu, das Projekt anzugehen. Er gab mir freundlicherweise Zugang zu allem, worum ich ihn bat und was ich dafür benötigte. Ich hatte ähnliche Projekte bereits für andere spirituelle Lehrer durchgeführt. Das vorliegende Buchprojekt entstand aus meinem intensiven persönlichen Wunsch, die Transformationsarbeit von Richard noch besser verstehen zu können, die bereits seit vielen Jahren mein eigenes Leben bereicherte.

Richard Rohr entwickelte sein theologisch vernünftiges und psychologisch fundiertes Modell männlicher Spiritualität Mitte der 90er-Jahre des vergangenen Jahrhunderts, als die moderne Männerbewegung bereits viel von ihrer ursprünglichen Energie verloren hatte und in den Untergrund gegangen war. Er verband die große spirituelle Tradition des Christentums mit tief greifenden Einsichten aus Psychologie, Mythologie und Anthropologie und organisierte die Durchführung »männlicher Übergangsriten«. Damit machte er Männern aller Altersgruppen transformative Erfahrungen zugänglich. Diese Initiationen basieren auf Richards jahrzehntelangen persönlichen Studien und auf Jahrhunderten menschlicher Weisheit.

Kurz nachdem ich mit den Arbeiten für dieses Projekt begonnen hatte, wurde ich von einer Serie von Schicksalsschlägen heimgesucht, die kaum zu glauben wären, wenn ich sie aufzählen würde. Ein Freund schlug mir vor, ich sollte mich von Joe zu Hiob umbenennen. Ich lachte, doch für ihn war es kein Witz. Und so begann ich dieses Buch zu leben, während ich daran arbeitete. Ich kann Ihnen versichern, dass das Material wirklich felderprobt ist. Mich selbst hat die Weisheit, die Sie in diesem Buch finden, durch die schwierigste Zeit meines Lebens navigiert. Sie hat mich zu einem besseren Mann gemacht. Ich kann zwar nicht behaupten, dass es gut war, dass all dieses Unglück über mich und meine Familie kam, doch ich kann sagen, dass etwas Gutes daraus entstanden ist. Ich durfte miterleben, wie vielen Männern die Arbeit von Richard geholfen hat. Und ich selbst habe in dieser schwierigen Zeit meines Lebens, in der ich die Texte für dieses Buch zusammenstellte, das Geschenk von Richards Weisheit erfahren, das den Schmerz und die Tragik des Lebens zu einem Segen werden lässt. Ich weiß daher, dass Sie in diesem Buch viel finden werden, das Sie auf Ihrem Weg unterstützen wird. Doch ich muss Sie auch warnen: Es handelt sich dabei weniger um eine »tägliche Andacht« als um eine »tägliche Konfrontation«. Es ist nicht erbaulich, jedenfalls nicht in der üblichen Bedeutung des Wortes. Es ist wahrhaftig und mutig und fordert das Gleiche von uns ein. Richard drängt Männer zur Veränderung und verschweigt dabei nicht, dass Veränderung hart ist, dass sie Leiden mit sich bringt und anstrengend und schwierig ist. Doch das heißt nicht, dass die männliche Reise nur eine elende Schinderei sei. In allem, was Richard sagt, ist ein sanfter und ermutigender Geist zu finden, denn er weiß, dass auf der anderen Seite des Leidens die Ganzheitlichkeit und Fruchtbarkeit des Lebens auf uns warten. Und wichtiger noch: Er ist nicht nur eine Stimme vom Spielfeldrand, die uns anfeuert. Er ist uns bereits vorangegangen, er erkundete das Territorium und gibt uns ein Zeichen, ihm zu folgen.

Richard zeigt uns, wie wir die unvermeidbaren Verwundungen des Lebens akzeptieren können, anstatt dagegen zu wüten, und wie wir unser Leiden heiligen können, indem er uns an einen heiligen Ort führt. Er lehrt uns, wie wir unserem

Schatten ohne Furcht begegnen können und wie wir lernen können, diesen zu respektieren und uns mit ihm anzufreunden. Dabei fordert er uns eindringlich dazu auf, unseren Schmerz anzuerkennen, anstatt ihn an andere weiterzugeben und diesen dadurch Schmerz zuzufügen.

Richard entwirft eine kraftvolle Vision: Alles auf der männlichen Reise hat seine Berechtigung. Unser Scheitern, unser Herzschmerz, alle Niederlagen und Siege, unsere Wunden, Träume und Leidenschaften, das Ende und der Anfang – alles hat Platz in diesem unserem Leben und alles hat seinen Platz in unserer Transformation von Schattenmännern zu wirklichen Männern. Alles hat Sinn und alles darf sein. Dieses Buch ist eine Einladung und eine Anleitung. Es ist hilfreich. Ich selbst habe es erfahren. Wagen Sie es und finden Sie es für sich selbst heraus.

Mögen Sie auf Ihrer Reise gesegnet sein,
Joe Durepos
Woodridge, April 2010

Die Söhne des Esau: Männer von heute, Männer aller Zeiten

Wir gewöhnen uns zunehmend an die verstörenden Meldungen über Männer, die ihre Arbeitskollegen, Frauen, Kinder, ja, ihre gesamte Familie auslöschen. Wir sind entsetzt und versuchen uns dies durch deren Alkohol- und Drogensucht oder geistige Verwirrung zu erklären. Auch wenn dies oft der Fall sein mag, so liegen die wirklichen Gründe doch weitaus tiefer als in offenkundigen Abhängigkeiten oder Krankheiten.

Ich kann es zwar nicht durch exakte Statistiken belegen, doch ich vermute, dass diese Verbrechen nach der großen Wirtschaftskrise zugenommen haben, in der unzählige Männer ihre Arbeitsplätze verloren und sich daher mit wachsender Unsicherheit und Angst konfrontiert sahen. Doch auch das scheint mir als Erklärung noch nicht tief genug zu greifen. Was sich meines Erachtens abzeichnet, ist, dass Männer sich als soziale Klasse bedroht, vielleicht sogar *sehr* bedroht fühlen.

Deutlich sichtbar wird dies an den Soldaten, die aus dem Irak und aus Afghanistan zurückkehren. Im vergangenen Jahr habe ich auf Einladung Armeegeistlicher ein Retreat gehalten. Die Geistlichen zeigten sich von dem hohen Aufkommen posttraumatischer Belastungsstörungen bei den zurückgekehrten Soldaten und Soldatinnen zutiefst erschüttert. In seinem viel beachteten Buch »War and the Soul« vertritt Edward Tieck die These, dass Männer sich vom Eintritt in die Armee eine Art von Initiation erhoffen, um dann jedoch von der Realität massiv desillusioniert zu werden.

Nach zwanzig Jahren spiritueller Männerarbeit, zahllosen Retreats und Initiationsriten sowie jahrelanger Seelsorgearbeit in Männergefängnissen ist mir deutlich bewusst geworden, wie abgeschnitten sich der typische westliche Mann fühlt. Er ist in sich selbst gefangen, ohne ein inneres Universum, das ihm Sinn, Heilung und Halt vermittelt. Historisch betrachtet handelt es sich dabei um das, was die spirituellen Traditionen als den »Verlust der Seele« bezeichneten. Dies ist nicht etwas, was nach dem Tode geschieht – es geschieht bereits hier auf Erden.

Seit Jahrhunderten werden Männer darin bestärkt, in der Außenwelt zu leben, und sie werden für ein Leistungsdenken belohnt, das auf den Kategorien von Gewinnen und Verlieren basiert. Man muss doch nur zuhören, wie Jungen miteinander reden – sie haben dieses Denken bereits verinnerlicht und das meist auch noch mit Unterstützung ihrer Eltern. Im Sport, in Wettbewerben und Videospielen, immer geht es darum, sich selbst unter Beweis zu stellen. Ohne zu übertreiben, können wir feststellen, dass dies der primäre Mythos ist, der die Realität der meisten Männer bestimmt.

In dieser Weltsicht gibt es nur Gewinner und Verlierer und nichts dazwischen. Wer erst einmal als Versager gilt oder wer sich selbst für einen Versager hält, hat seine Chance auf Entwicklung und Erlösung verspielt. Sogar die Bibel wurde in unserer Kultur zu einem gigantischen Belohnungs- und Bestrafungssystem – was nicht verwunderlich ist in Anbetracht eines rein männlichen Klerus. Vor diesem Hintergrund nehmen wir die Welt wahr. In dieser ist wenig Platz für Heilung, Wachstum oder innere spirituelle Entwicklung. Wie viele Männer habe ich schon überrascht ausrufen hören: »Wozu brauche ich denn Heilung?« Dieses Wort ist Männern fremd, denn es klingt weich und bedürftig. Doch deren Verleugnung führt unweigerlich zum Entstehen einer immensen Schattenwelt, in der unbewusste Impulse ihr Unwesen treiben. Die derzeitigen Skandale in Politik, Wirtschaft und Kirche sind da keine Überraschung mehr.

Mit »Schattenwelt« meine ich all die Aspekte in unserem Gedächtnis, die schmerzvoll sind und die wir in unser Unbewusstes abdrängen, weil wir uns momentan nicht dazu in der Lage sehen, uns ihnen zu stellen. Diese Gefühle, Motivationen, Ängste und Vorstellungen, über die wir dann keine bewusste Kontrolle mehr haben, üben jedoch einen starken Einfluss auf uns aus und verursachen meist mehr Schaden als Segen. Ein spirituelles Heilwerden bedeutet daher, diese Aspekte in unser Bewusstsein zurückzuholen, was oft äußerst schmerzhaft, letztlich aber zutiefst tröstlich ist.

Ich habe einmal vor einer Gruppe katholischer Männer aus der Mittelschicht darauf hingewiesen, dass die biblische Offenbarung doch eigentlich eine Win-win-Situation für Gott und Menschheit gleichermaßen darstellen könnte. Danach kam ein unübersehbar erfolgreicher Mann auf mich zu und sagte: »Aber Pater Richard, was für eine langweilige Welt wäre das denn!« Allein schon die Vorstellung, dass das Leben kein Wettbewerb ist, bei dem es einzig ums Gewinnen und Verlieren geht, schien ihn seiner Motivation zu berauben. Als gesunder, weißer, heterosexueller, katholischer und konservativer Mann wusste er sich auf der ultimativen Gewinnerseite dieses Systems. Kein Wunder also, dass Jesus zu einem Außenseiter der Gesellschaft sagte: »Ich sage euch: Nicht einmal in Israel habe ich solchen Glauben gefunden.«

Geben Sie einer Frau, ganz gleich, ob sie gebildet oder ungebildet ist, und unabhängig davon, welcher Kultur und Ethnie sie angehört, einmal die folgende Anweisung: »Du darfst keine Freunde und Vertraute haben; du musst jedes Bedürfnis, jede Schwäche oder zärtliche menschliche Regung unterdrücken; du darfst andere Frauen nicht ohne einen stichhaltigen Grund berühren; du darfst nicht weinen; du sollst nicht deiner inneren Intuition folgen, sondern nur Autoritäten und bedeutenden Menschen vertrauen, und du darfst dich fortan nur noch durch deine Rollen, Titel, Autos, durch Haus, Geld und Erfolg definieren. Andere Menschen sind für dich entweder Verbündete oder sie stellen eine Bedrohung dar – ansonsten sind sie einfach nicht von Interesse.« Und dann sage ihr: »Genau so fühlt es sich die meiste Zeit an, ein Mann zu sein.« Männlichkeit kann eine sehr einsame und destruktive Angelegenheit sein.

Kaum eine Frau würde sich für solch ein Leben entscheiden. Zwar haben Feministinnen und Soziologen zu Recht festgestellt, dass Männer in fast allen Kulturen mehr Entwicklungs-möglichkeiten und Aufstiegschancen haben, doch meist haben sie vergessen darauf hinzuweisen, dass sie dabei nur von den Chancen in der Außenwelt sprachen. Nach vierzig Jahren Seelsorgearbeit bin ich davon überzeugt, dass Frauen über weit mehr innere Kapazitäten verfügen und ein reicheres Innenleben führen (auch wenn sie nicht weniger neurotisch sind als Männer). Die Entwicklungsmöglichkeiten der Männer liegen mehr in der Außenwelt, die der Frauen mehr in ihrer Innenwelt – das ist der derzeitige Stand der Dinge.

Frauen verfügen über einen weitaus größeren Wortschatz als Männer, um Gefühle und innere Zustände zu beschreiben und das zum Ausdruck zu bringen, was sie sich wirklich erhoffen und wünschen. Sie verfügen über ein Innenleben mit weit mehr Nuancen und sind in Beziehungen meist viel gewandter als Männer. Ich habe hierzu meine eigenen Untersuchungen auf dem Weg zum örtlichen Gemüsehändler, auf den Straßen oder Wanderwegen angestellt: Wenn ich auf Frauen treffe, ist die Wahrscheinlichkeit dreimal so hoch, dass ich ein »Hallo«, »Entschuldigung«, »Danke« oder ein einfaches »Guten Morgen« erhalte als von einem Mann. Von Männern bekommt man noch nicht einmal dann einen Dank, wenn man ihnen aus dem Weg geht, damit sie in ihrer Verkehrsrowdy-Manier weiterpreschen können. Sicherlich hat dies auch damit zu tun, dass ich selbst ein Mann bin. Wahrscheinlich würden sie sich anders verhalten, wenn ich eine Frau wäre. Trotzdem frage ich mich ernsthaft, wie es um die Fähigkeiten und Interessen von Männern in Bezug auf gute zwischenmenschliche Beziehungen bestellt ist.

Doch was können wir schon anderes von einem Mann erwarten, der keine Möglichkeiten sieht, seine eigene Traurigkeit, seinen Ärger und seinen gewaltigen Schmerz spüren oder gar mitteilen zu können – Schmerz, den er über den Verlust der Welt empfindet, die er sich einmal erträumte, und damit von all dem, woran er einst glaubte und was er liebte. Die männlichen Initiationsriten, die wir seit nahezu fünfzehn Jah- 15 ren mit Männern praktizieren, führten uns zu der überraschenden und aufschlussreichen Entdeckung, dass es sich bei dem größten Teil der männlichen Wut in Wirklichkeit um Traurigkeit handelt. Männer wissen das meist selbst nicht und viele halten sich selbst für »zornige Männer«. Dabei sind sie oft nichts anderes als tieftraurige Männer, denen der Zugang zu einer differenzierten Gefühlswelt fehlt, denen die Worte für ihre Emotionen fehlen, die keine vertrauten männlichen Freunde haben, keinen inneren Ort oder äußeren Rahmen, um sich dem Abgrund ihrer Gefühle zu stellen – nicht einmal in ihren Gemeinden oder bei ihren Partnerinnen.

Ich weiß, dass ich mich damit auf gefährliches Terrain begebe, doch trotzdem muss es gesagt werden: Die Kirche ermutigt die Menschen nicht zu einem inneren Leben. An die Stelle der inneren Suche nach Gott hat sie Glaubenssysteme, Besitzdenken und Moralkodices gesetzt. Das hat weitreichende Auswirkungen auf das Leben der Menschen. Ich bin jederzeit gewillt, diese Meinung auf den obersten Etagen der katholischen Hierarchie zu vertreten und sie protestantischen Schriftauslegungen oder gar fundamentalistischen Geistesverrenkungen entgegenzuhalten.

Die Ursachen für diese hierarchischen Strukturen, für grob vereinfachende und dualistische Auslegungen der Schriften und starrsinnige Fundamentalismen sind in der männlichen Verleugnung von Gefühlen, Leid und Verlust zu finden und ebenso in der Unfähigkeit, sich an die Seite der Ausgestoßenen zu stellen und diesen beizustehen. Das aber ist genau der Ort, an dem der leidende Jesus zu finden ist, »gehorsam bis zum Tod, bis zum Tod am Kreuz« (Philipper 2,8). Wie aber können wir einen »Verlierer« anbeten und zugleich das Gewinnen idealisieren?

Was also können wir für all diese Männer, für unsere Väter, Söhne, Ehemänner und Brüder tun? Diese Frage hat seit jeher die Kulturen in der ganzen Welt beschäftigt. Denn sie alle erkannten, dass Männer sich nicht auf den Weg nach innen begeben, es sei denn, sie werden dazu gezwungen – dann jedoch ist es meist schon zu spät. Deshalb boten sie heranwachsenden Männern zwischen dreizehn und siebzehn Jahren diese innere Reise in Form von Initiationsprüfungen an. Auch wenn diese in vielen Fällen keine Wirkung zeigten, waren sie doch für das Überleben der jeweiligen Kultur notwendig. Denn immer brachten diese Initiationen zumindest einige weise Männer hervor, die schließlich als die Ältesten in der zweiten Hälfte ihres Lebens über Ego, Kontrolle und Macht hinauswuchsen und zu einem nicht dualistischen und weisen Verständnis der Welt gelangten.

Es gab hierfür zwei Methoden der Initiation, der sich die meisten Kulturen bedienten: Sie setzten die heranwachsenden Männer entweder lange Zeiten der Einsamkeit und des Schweigens aus oder ritualisiertem und sakralem Leiden. In diesen Hexenkesseln fand die Transformation zum Manne statt. Einen anderen Weg dorthin gibt es nicht. Das ist die Erkenntnis vieler jetziger und früherer Kulturen der Welt.

Anstatt nur Glaubens-, Zugehörigkeits- und Moralsysteme bereitzustellen – wozu die Olympischen Spiele übrigens weit besser taugen! –, müssten die Kirchen neue Wege nach innen aufzeigen und Männer darin unterstützen und unterweisen, diese zu gehen. Wenn den Kirchen dies nicht gelingt, wüsste ich tatsächlich nicht, woraus sie ihre weitere Existenzberechtigung ziehen sollten. Wenn sie den Test für die eine Hälfte der Menschheit nicht besteht, wird sie ebenso an der anderen Hälfte scheitern. Die institutionalisierte Religion zeigt sich außerstande, ihre eigentliche Aufgabe – die tief greifende Transformation der Menschen – zu erfüllen.

Als Folge führen wir ein intellektuelles Leben anstatt eines symbolisch bedeutsamen Lebens. Wir sind im Besitz jeder Menge mentaler Konzepte, finden aber keinen Lebenssinn. Wir haben uns in einem gemütlichen christlichen Klub eingerichtet, anstatt dem Ruf zur großen Reise zu folgen. Wir jagen dem Erfolg hinterher, anstatt nach dem Sinn des Lebens zu suchen.

Die Geschichte von Jakob und Esau im Buch Genesis kann uns heute noch viel lehren. Denn Männer fühlen sich ebenso wie Esau von ihren Vätern und Brüdern getäuscht und um ihr Erstgeburtsrecht gebracht. Kein Wunder, dass auch die Esaus unserer Zeit »sich rächen und töten wollen« (Genesis 27,42). Man kann nicht die Seele eines Mannes verraten und im Stich lassen, ohne dass dies schlimme Konsequenzen für Familie, Nachbarschaft, Kirche und die ganze Gesellschaft hätte. Bis in alle Ewigkeit scheint Esau auszurufen: »Hattest du denn nur einen einzigen Segen, Vater? Segne auch mich, Vater!« (Genesis 27,38). In der bekannten Geschichte handeln übrigens beide Brüder aus reinem Eigennutz. Sowohl Jakob als auch Esau streben nach Erfolg in der Außenwelt. Sie sind typische nichtinitiierte Männer, wie wir sie in jeder Kultur – einschließlich der hebräischen – vorfinden. Ihre Mutter Rebekka ist zwar auch alles andere als vollkommen, doch sie eröffnet ihren Söhnen zumindest Zugang zu ihren »inneren Möglichkeiten«, sie begleitet sie auf ihrem Weg, beschützt sie voreinander und vor ihrem Vater, unterstützt ihre List und bewahrt sie vor Täuschungen und Begierden. Durch Einfallsreichtum, Fürsorge, Leidenschaft, Kreativität, Risikobereitschaft und Klugheit ist sie dem einfältigen und am Gewinn orientierten Spiel ihrer Söhne überlegen. Sind Jakob und Esau nicht geradezu die Archetypen von Gewinn und Verlust, von einem dualistischen Alles-oder-nichts-Denken, das nur einen der Brüder, nämlich Jakob, zu segnen weiß?

Wenn dies immer noch das ist, was die meisten Männer in unserer Zeit glauben, dann müssen wir sie darin unterstützen, das selbstzerstörerische Entweder-oder-Spiel hinter sich zu lassen und sich für eine grenzenlose, lebendige, gütige und gottgegebene Welt zu öffnen, die jenseits dieser Dualismen zu finden ist. Eine Welt, in der wir alle von Anfang an bereits leben.

Dieses Buch ist der Arbeit von Joe Durepos und Tom McGrath, zwei wunderbaren Freunden, zu verdanken. Sie haben über viele Monate hinweg Texte gelesen, gehört, ausgewählt, lektoriert und editiert und meine weithin verstreuten Artikel über Männer und Vorträge vor Männern der letzten zwanzig Jahre gesammelt und zu 366 Meditationen zusammengefügt. Das macht deutlich, wie sehr ihnen das, woran wir alle wirken, am Herzen liegt: die Arbeit mit Männern.

Ich möchte beiden an dieser Stelle für ihre Geduld und ihre geistige Großzügigkeit danken. Die vorliegenden Meditationen bieten wir Ihnen zur eigenen Verwendung an – und zur Heilung, Einsicht und Ermutigung. Auch wenn sie sich manchmal wie eine Entmutigung anfühlen mögen!

Wir haben die Meditationen bewusst nicht bestimmten Tagen, Monaten, Feiertagen oder Jahreszeiten zugeordnet, sodass Sie diese lesen können, *wann immer Sie sich dafür bereit fühlen.* Diese Texte können wenig bewirken, solange Sie nicht dafür bereit sind. Zwingen Sie sich also zu nichts, lesen Sie weiter, wenn die letzte Meditation genug Zeit hatte, um zu wirken, durch Sie hindurchgegangen ist oder auch von Ihnen abgelehnt wurde. Ganz sicher wird nicht jede dieser Meditationen Sie ansprechen. Sie müssen auch nicht mit deren Inhalt einverstanden sein, ebenso wenig müssen Sie aber meine Auslegungen bekämpfen. Gestatten Sie es mir, falschzuliegen. Ich habe eine Kunst daraus gemacht, »falsch«-zuliegen, und es hat mich zu Gott geführt. Es wird auch Sie dorthin führen.

Vergessen Sie nicht: Wir alle sind Söhne des Esau – wir warten immer noch auf unser »Geburtsrecht« und erhoffen uns den Segen.

Richard Rohr
Pfingsten, 2010

Die Reise des Mannes – Natur, Mythologie und das große Ganze

**Wenn wir uns nicht für die Mythologie
des Lebens öffnen, werden wir um seine Pathologie
kaum herumkommen.**

Richard Rohr

Wenn wir unserer Suche treu bleiben, machen wir uns auf einen Weg, der uns zu einem neuen Verständnis unserer selbst und unserer Bestimmung in der Welt führt.

Solange es uns nicht gelingt, über die Begrenzungen unseres selbstbezogenen Lebens hinauszuwachsen und damit die wahre Bedeutung des Mann-Seins zu erkennen, werden wir ein Leben der stillen Verzweiflung führen.

Nur wenn wir die Sicherheit der uns vertrauten und kontrollierbaren Welt verlassen, können wir die mythologische Wahrheit entdecken und erkennen, was sie uns Tiefgreifendes zu lehren hat.

Es ist an der Zeit, unserem inneren Helden zu begegnen und ihm die Führung in den Abenteuern unseres Lebens zu überlassen.

Die Reise des Mannes

Es gibt einen Zeitpunkt im Leben eines jeden Mannes, an dem er zu einer riskanten Reise aufbrechen muss. Es ist ein unvermeidliches Abenteuer, mit dem er sich neuen Herausforderungen stellt, sich der Unsicherheit und einem möglichen Scheitern ausliefert. Auf dieser Reise lernt der Mann weit mehr auf Gott, als auf seine eigene Erfahrung und sein Selbstbewusstsein zu vertrauen.

In zahllosen Mythen, Märchen und Legenden finden wir die Geschichte von dem Mann, der sein Zuhause verlässt, um schließlich zurückzukehren und seine Heimat wiederzuentdecken, so als würde »er diese zum ersten Mal erkennen«, wie T. S. Eliot schrieb.

Wir neigen dazu, Zuflucht in der kontrollierbaren Welt unserer Vorstellungen und Meinungen zu nehmen, und wir suchen nach Erfüllung in Beruf und Karriere. Oft verwechseln wir die Rollen, die wir dabei spielen, mit dem wahren Leben. Schließlich jedoch erkennt jeder Mann, dass ihm noch etwas Entscheidendes fehlt. Vielleicht vernimmt er diesen Ruf als ein lockendes Flüstern, vielleicht kommt er als großer Traum oder in Gestalt eines plötzlichen und alles verändernden Lebensumbruchs – doch ganz gleich, welcher Art der Ruf ist, er muss ihm folgen.

Kann ich den entfernten Ruf vernehmen?

Bin ich bereit, auf diesen Ruf zu hören?

Fernweh

In der ersten Hälfte seines Lebens glaubt ein junger Mann noch, dass der Sinn des Lebens irgendwo anders zu finden sei – irgendwo da draußen, fernab von zu Hause –, nur nicht da, wo er gerade ist. In der klassischen Initiationsgeschichte wandert der Held rastlos umher und zieht durch die Welt, ohne ein klares Ziel vor Augen zu haben. Was er wirklich sucht, ist seine Seele. Doch noch glaubt er, dass sich ihm hinter dem Horizont seine wahre Identität enthüllen wird, dass er dort seine Bestimmung und die Vision seines Lebens finden wird. Er ist ergriffen von Fernweh – dem Wunsch und dem Bedürfnis, die weite Welt kennenzulernen.

Schließlich aber erwacht jeder Mann wie einst Jakob aus tiefem Schlaf und erkennt: »Wirklich, der Herr ist an diesem Ort und ich wusste es nicht« (Genesis 28,16).

Und so müssen auch wir in jungen Jahren unsere Heimat verlassen, um schließlich zurückzukehren und genau hier unsere Seele zu entdecken.

Wann habe ich Fernweh gespürt?

Was hat mich gerufen?

Und wohin hat mich mein Ruf geführt?

Die große Suche

Die großen Gralslegenden erschienen in Europa erstmals am Ende des 12. Jahrhunderts und erfreuten sich bis in die Mitte des 14. Jahrhunderts einiger Beliebtheit. Sie erlangten den Höhepunkt ihrer Verbreitung zu einer Zeit, als die Evangelien für viele christliche Männer an Bedeutung verloren hatten. Die Gralslegenden – die in deutschen, französischen und englischen Versionen erschienen – stellten nicht ordinierten Männern einen gangbaren spirituellen Weg in Aussicht.

Im Zentrum jeder dieser Geschichten ist das Motiv der Suche oder Reise zu finden; und obwohl es sich dabei um Mythen handelt, so ist deren Bedeutung doch zutiefst in der heutigen männlichen Erfahrungswelt verankert. Mythen verweisen immer auf einen innersten Kern des menschlichen Lebens. Und die Mythen vom Heiligen Gral waren dazu in der Lage, der christlichen Laienspiritualität am besten Ausdruck zu verleihen.

In der modernen Zeit hat die große Suche an Bedeutung und an Reiz verloren. Viele von uns haben ihr spirituelles Ziel aus den Augen verloren. Es fällt uns schwer, die sinnstiftenden Zusammenhänge unserer Existenz zu erkennen und unsere göttliche Abstammung zu akzeptieren. Die Sinnkrise der Gegenwart zeichnet sich durch den Verlust von Hoffnung und den Mangel an Visionen aus.

Dient mein Leben einer großen Suche,
die Sinn und Ziel hat?

Verfüge ich über die Unterstützung,
die ich für den Aufbruch zur Reise brauche?

Was würde ich benötigen,
um heute noch aufzubrechen?

Der Heilige Gral

Alle Kulturen haben viel über das Blut geschrieben. Es hat eine tiefe, archetypische Bedeutung in zahllosen Geschichten und verkörpert nicht nur die Energie des Lebens, sondern symbolisiert zugleich auch den Tod. In dramatischer Art und Weise wird dies auch im Abendmahl dargestellt: In diesem nehmen wir die Essenz eines anderen auf, was Auswirkungen bis auf unsere zelluläre physische Ebene hat. Es handelt sich dabei um einen zutiefst transformierenden Akt: Wir werden zu dem, was wir essen und trinken.

Dieses Ritual hat in der heutigen Zeit viel von seiner ursprünglichen Kraft verloren. In den Initiationsriten früherer Zeiten tranken Männer manchmal tatsächlich noch das Blut ihrer Ältesten und Helden. Die Eucharistiefeier ist hingegen zu einer antiseptischen Karikatur des ursprünglichen Abendmahls geworden, zelebriert von einem in Seide gekleideten Priester vor einem mit Spitzendeckchen dekorierten Altar. Das lenkt ab vom eigentlichen Geschehen, in dem wir das Blut unseres Helden – Jesus Christus – trinken und eins werden mit ihm. Was für ein Ereignis; wenn wir es nicht schon hätten, müssten wir es tatsächlich erfinden!

**Was bedeutet das christliche Ritual
der Kommunion für mich?**

Welche anderen Symbole habe ich,
um an der Essenz eines Helden
teilzuhaben?

Visionssuche

Die indianische Visionssuche führte den jungen Mann an einen einsamen Ort in der Wildnis. Dort harrte er so lange aus, bis ihm sein Schicksal begegnete und der große Geist ihm seinen wahren Namen gab. Dieser Name sagte ihm, wer er wirklich war und worin die Bestimmung seines Lebens zu finden war. In der christlichen Tradition sollte die Konfirmation etwas Ähnliches bewirken. Sie sollte uns für das Leben aufrütteln und uns für den Heiligen Geist öffnen. Indem wir einen neuen Namen wählten, gaben wir unserer spirituellen Suche Ausdruck. Auch wenn sich dabei nicht immer unsere Lebensvision enthüllte, so transportierten die christlichen Sakramente doch noch die ursprünglichen Inhalte und Strukturen der Initiation. Für viele Männer steht diese Visionssuche und Seelenprüfung noch aus. Wonach sich viele Männer sehnen – und wofür sie meist noch nicht einmal eine Sprache haben –, ist eine innere Vision, die ihnen zeigt, weshalb sie auf dieser Welt sind und worin ihre wahre Aufgabe besteht. Oft ist diese Aufgabe eine völlig andere als die, mit der sie derzeit ihren Lebensunterhalt verdienen.

Was ist mein wahrer Name?

Was ist meine Aufgabe in dieser Welt?

Das gütige Universum

Traditionelle Mythen und Erzählungen künden entweder von einem gütigen, einem feindlichen oder einem gleichgültigen Universum. Bereits Kinder versuchen durch Filme, Bücher und auch über Videospiele, sich eine Vorstellung von ihrem eigenen Universum zu machen. Als gereifte Christen sollten wir erkennen, dass dieses Universum gütig und wohlwollend ist. Bereits das erste Kapitel der Genesis zeugt davon, dass unsere Welt nicht nur gut, heil und uns gewogen ist, sondern dass es in dieser auch Einen gibt, der weit wichtiger ist als wir selbst. Wenn wir diese Wahrheit fühlen und verinnerlichen, wird sie zur Quelle der Lebensbejahung. Der Sinn einer vitalen Religion besteht ja genau darin, uns die Augen für eine Welt zu öffnen, in der alles von Sinn durchflutet ist. Aus theologischer Sicht können wir den Himmel als das »transzendente Innere« von allem benennen. Der Himmel ist also nicht nur irgendein Ort da oben, sondern die unergründliche Fülle und dynamische Kraft aller Dinge hier auf Erden. Deshalb sprach Jesus: »Das Reich Gottes ist mitten unter euch« (Lukas 17,21). Der Himmel ist eine Erfahrung, die wir hier und jetzt machen, nicht später und ewig.

Wann und unter welchen Umständen habe ich zu verstehen begonnen, dass ich Teil eines weit größeren Ganzen bin?

Alles ist miteinander verbunden

Wir beginnen das große Ganze, dessen Teil wir sind, besser zu verstehen, wenn wir die christliche Bedeutung von Zeit, Prozess und Reise betrachten. Diese findet sich in der Suche nach dem Heiligen Gral wunderbar ausgedrückt. Es handelt sich dabei um die Geschichte des jungen Mannes, der auszieht, um Gott und sich selbst zu suchen. Auf dieser Suche führt ihn sein Weg durch zahllose Prüfungen und Versuchungen. Ohne es zu wissen, führt ihn Gott durch alle Bereiche seines Lebens und seiner Herkunft, er konfrontiert ihn mit Versagen, Gewalt, unerwarteten Besuchern, Verrat, Sexualität, der Natur, Schatten und Visionen. Gott nähert sich ihm in »der Verkleidung seines eigenen Lebens«.

Diese Geschichte wird in einer Sprache erzählt, mit der sich die meisten Männer identifizieren können, denn sie ist nicht klerikal, sondern aufgeladen mit körperlicher Kraft, Leistung und Bedeutung.

Alles auf dieser Reise ist bedeutsam und gleichsam von Gnade erfüllt. Für den Mann auf der großen Suche wird das Universum zu einem geradezu betörenden Ort. Jede wahre Religion führt zu dieser Erfahrung. Auf dieser Reise gibt es keine Sackgassen, keine vergeudete Zeit, keine nutzlosen Menschen oder sinnlosen Geschehnisse. Alles ist voller Bedeutung. Gott spricht seinen Segen über alle Dinge. Alles hat seinen Platz, erkennt der Mann, der auf der wahren Suche ist und die richtigen Fragen stellt.

**Wenn ich auf mein Leben zurückblicke:
Kann ich heute den Sinn und Segen
in Dingen sehen,
wo es mir bislang nicht möglich war?**

In der Wildnis

Jeder Mann, der sich auf einen spirituellen Weg begibt, muss in die Wildnis gehen, um dort seinen eigenen Dämonen zu begegnen. Im Markusevangelium steht geschrieben:»Danach trieb der Geist Jesus in die Wüste«(1,12). Meist sind wir erst dann dazu bereit, in die Wildnis zu gehen, wenn die Umstände des Lebens uns dazu zwingen. Wir erfahren, dass Jesus»bei den wilden Tieren lebte«und dass»die Engel ihm dienten«(1,13). Ein Mann, der mutig genug ist, sich seinen Dämonen zu stellen, wird schließlich auch den Engeln begegnen. Die zeitliche Abfolge hierbei ist jedoch klar: Erst wenn wir uns den wilden Bestien gestellt haben, kommen die Engel herbei.

In jedem von uns gibt es Schattenreiche. Nur wenn ein Mann dazu bereit ist, sich den eigenen dunklen Mächten zu stellen, wird er zur Güte in seinem Inneren finden und die Gegenwart des Göttlichen in sich entdecken. Solange ein Mann sich seinen Dämonen nicht stellt, wird er auch Gott nicht begegnen.

Letztlich müssen wir nichts tun und auch keine Engel herbeirufen. Hasse nicht und habe keine Angst vor dem Scheitern! Dann wird dir die Gnade zuteilwerden.

**Was hält mich davor zurück, mich meiner
inneren Dunkelheit zu stellen?**

Bin ich bereit, mich in die Wildnis
meines Inneren zu begeben,
auch wenn ich nicht weiß,
was ich dort vorfinden werde?

Ein guter Tag, um Großes zu vollbringen

Die großen Heldensagen handeln meist von einem gewöhnlichen Mann mit einer tragischen Schwachstelle. Er war weder ein Heiliger noch ein Engel, doch er ist wildentschlossen und stark genug, sich auf die große Suche zu machen. Das Ziel liegt in weiter Ferne und scheint unerreichbar. Meist besteht es darin, Gott zu begegnen, auch wenn der Held dies erst am Schluss erkennen wird.

Die indianischen Krieger sagten am Morgen zu ihren Söhnen: »Dies ist ein guter Tag, um Großes zu vollbringen.« Solange wir das nicht sagen können, sind wir noch nicht bereit für die große Suche. Wir brauchen für diese Suche, die wir – ohne es zu wissen – mit vielen anderen Männern teilen, Sehnsucht und Neugier. Es ist wichtig, dass unsere Seele von einer großen Aufgabe inspiriert ist. Sie ist es, die uns am Morgen aus dem Bett springen und uns zum Helden unseres eigenen Lebens werden lässt – und das trotz der vielen Schwächen, die wir haben.

Was ruft das Heroische in mir hervor?
Welcher großen Aufgabe werde
ich mich stellen?

Der Held im Inneren

In jedem Mann ist ein Held verborgen. Das mag für unsere modernen und zynischen Ohren kitschig klingen, doch trotzdem sollten wir auf die Stimme dieses Helden hören. Denn er weiß, dass unser Leben keine Privatangelegenheit ist und dass die Grenzen unseres Lebens weit über unser eigenes Selbst hinausreichen. Für uns westliche Individualisten ist dies schwierig zu verstehen, doch das ist es, was alle Religionen unmissverständlich verkünden. Die meisten Menschen spüren sehr wohl, dass ihrem Selbst Grenzen gesetzt sind. Deshalb versuchen sie auch so oft, ihr Leben in künstlicher Art und Weise zu vergrößern und in Szene zu setzen. Unser innerer Held möchte uns jedoch von diesem »nur ich bin« zu einem »wir alle sind« führen und schließlich in die biblische Erfahrung eines »ich bin alle«. Für sich betrachtet, ist »meine Geschichte« unbedeutend und »unsere Geschichte« noch zu stammesbezogen. »Die Geschichte« jedoch zeigt die Bedeutung des Einzelnen im größeren Ganzen. So wird unser Ich zu einem einzigartigen Moment der großen Parade, in der sich Gott in der Geschichte vollzieht. In dieser sind wir alle verborgene Helden.

Wie kann ich von diesem »nur ich bin« zu einem größeren »wir alle sind« gelangen?

Und wie kann ich schließlich zu dem großen »ich bin alle« gelangen?

Jenseits geografischer Lösungen

Jeder Mann fühlt sich als Entdecker und möchte das, was ihm schmerzlich fehlt, an einem neuen Ort finden. Dabei vergessen wir zumeist, dass wir unser altes Selbst an jeden neuen Ort mitnehmen müssen. Alle neuen Erfahrungen sind entweder bereits in unserer Person angelegt oder sie sind für uns nicht erreichbar. Ich erinnere mich gut daran, wie ich einmal an einem Strand in Maui lag und mir eingestehen musste, dass ich an diesem auch nicht glücklicher war als in meinem Garten in New Mexico.

Oft suchen wir nach geografischen Lösungen und meinen, wir könnten unsere Probleme fernab von zu Hause lösen. Und tatsächlich kann uns die Begegnung mit dem Unbekannten neue Möglichkeiten und Sichtweisen eröffnen – aber nur dann, wenn das Unbekannte durch unsere Filter dringt, um uns tatsächlich im Inneren zu verändern. Oft dienen uns neue Erfahrungen jedoch nur als Ablenkungsmanöver von alten Problemen.

Schließlich erkennt jeder Mann, dass das, wonach er sucht, in der Außenwelt nicht zu finden ist. Denn nichts außerhalb von uns kann uns wirklich verändern oder glücklich machen, solange es uns nicht im Inneren neu ausrichtet.

Gab es Zeiten, in denen ich nach geografischen Lösungen für die Rastlosigkeit meiner Seele suchte? Wann war das und welche Umstände riefen dies hervor?

Wann habe ich erstmals erkannt, dass es keine geografischen Lösungen gibt?

Einfach und schön

Der Weg eines weisen Mannes verläuft nicht geradlinig, sondern spiralförmig. Indem er Neues sucht, entdeckt er Altes wieder. Die entscheidenden Muster ändern sich nie. Und schließlich wird er wieder an den Ort zurückkehren, an dem seine Reise begonnen hat. Doch in der Zwischenzeit hat sich ihm die tiefere Bedeutung des Lebens enthüllt. Mit diesem Wissen kehrt er an seinen Herkunftsort zurück.

Für den jungen Mann ist diese unverzichtbare Reise eine Art Wiederbelebung des Mythos von der gefallenen und wiederauferstandenen Welt. Albert Einstein sagte einmal, dass er auf seiner Suche nach der Relativitätstheorie immer davon überzeugt war, dass sich ihm eine Wahrheit enthüllen würde, die sowohl *einfach als auch schön* sei. Anfangs mag die Reise des jungen Mannes noch sehr unruhig und holprig sein. Wenn er aber auf dem spirituellen Weg bleibt, wird sein Leben schließlich einfacher, klarer und intensiver werden – und genau das ist es doch, was das Leben schön macht!

Was ist Schönheit für mich?
Und wie erlebe ich Einfachheit?

Das kosmische Ei

Viele gläubige Menschen sind davon überzeugt, dass die westliche Zivilisation sich in einer spirituellen Krise befindet. Scharenweise laufen die Menschen den traditionellen Glaubensgemeinschaften davon; einzig der Fundamentalismus scheint neue Anhänger anzuziehen. Viele Menschen fühlen sich zutiefst desillusioniert. Das Problem liegt darin, dass uns die symbolische Bedeutung des Universums abhandengekommen ist – das »kosmische Ei« ist zerbrochen und ein neues wartet noch darauf, geformt zu werden. Die ursprüngliche Welt der Verbundenheit, in der die Dinge zusammengefügt waren und Sinn machten, ist zerbrochen. *Die Seele kann zwar ohne Antworten leben, doch sie kann nicht ohne Sinn leben.*
Wir sind verzweifelt auf der Suche nach einem mythischen Universum, in dem unser Leben wieder bedeutsam und heldenhaft sein kann. Ich frage mich daher immer öfter, ob nicht die Kosmologie selbst, mit dem kosmischen Christus im Zentrum, die neue und zugleich älteste Mythologie darstellen könnte. Wir alle sind Teil dieses Universums und seiner unfassbaren Schönheit und unermesslichen Bedeutung. Wir benötigen den Kontakt mit der einen Seele von Wissenschaft und Mystik, die es uns ermöglicht, diese Bedeutung und Schönheit auch wirklich verstehen und erfahren zu können.

Welche Anzeichen für das Zerbrechen
des kosmischen Eis und damit der
universalen Verbundenheit habe ich in
meinem eigenen Leben gesehen?

Von der pathologischen zur mythologischen Weltsicht

Wenn Menschen die Sinnzusammenhänge ihres Lebens aus den Augen verlieren, dann richtet dies sowohl persönlichen als auch kulturellen Schaden an. Die Weltsicht eines mythischen Universums hält die individuelle und die kollektive Seele zusammen, indem sie dieser Bestimmung und Bedeutung verleiht. Sobald uns diese unbewussten Zusammenhänge verloren gehen, treten Krankheiten, Abhängigkeiten, Neurosen, Verzweiflung und Suizid auf. Wir haben in der Epoche der Aufklärung unsere Fähigkeit verloren, Mythen wertzuschätzen. Natur, Religion, Mysterien und Rituale waren alle passé. Nun leben wir in einer postchristlichen Zeit, die von der Ratio dominiert wird und deren Ziel darin besteht, zu verstehen, zu verändern und alles zu kontrollieren.

Wenn wir jedoch unsere Fähigkeit zum Mythologisieren verlieren und nur mehr unserem Handeln Bedeutung geben, dann ist die Gefahr des Pathologisierens groß. Denn wir tendieren dann dazu, alles als falsch und absurd zu erfahren und zu glauben, wir müssten alles ändern oder nach unseren Vorstellungen ordnen, bevor wir glücklich sein könnten.

Was bedeutet es, mein Leben zu mythologisieren?

Weshalb ist es wichtig, dies zu tun?

Die Kraft der Symbole

In vielen Mythologien der Welt hat das Schwert eine positive Bedeutung: Es symbolisiert die menschliche Fähigkeit zur Entschlusskraft und Entscheidungsfähigkeit. Das Schwert hilft einem Mann dabei, zwischen seinen Gefühlen und dem, was gerade ansteht, zu unterscheiden. Es erlaubt ihm, angemessene Grenzen zu ziehen und diese zu wahren. Ein Mann mit einem Schwert weiß, wer er ist und wer er nicht ist. Und er weiß, was es zu beschützen gilt. Zweifelsohne hat das Schwert auch eine negative Bedeutung. Es kündet vom Töten und vom Tod. Von einem spirituellen Standpunkt aus betrachtet, ist es notwendig, die dunkle Seite, das kleine egozentrische Selbst zu töten oder zumindest sich von diesem abzugrenzen. Um als Mann geboren zu werden, muss der Knabe in ihm sterben und damit auch der Wunsch, »sich alle Wege offen zu halten«. Das ist schmerzlich, insbesondere in einer Kultur wie der unsrigen, in der wir die ewige Adoleszenz zelebrieren. Unter diesem Gesichtspunkt betrachtet kann die bislang negative Bedeutung des Schwertes zu einem Symbol für den guten Krieger und zum Ausdruck seiner spirituellen Kraft werden. Ein Schwert muss nicht zwangsläufig Gewalt oder Zorn bedeuten.

**Wann habe ich erkannt, dass etwas
in meinem Leben unwiederbringlich
zu Ende geht?**

**Woher nahm ich die Kraft,
mich dieser Wahrheit zu stellen?**

Die Suche nach der rechten Frage

Es geht auf der männlichen Reise zuerst einmal darum, Fragen zu klären. Hierbei kann uns das Schwert der Klarheit unterstützen; mit diesem bahnen wir uns den Weg durch die Verwirrungen und Ablenkungen des Lebens, um zu unserem wahren Namen und unserem wirklichen Selbst zu finden. Denn ein Mann wird sich erst dann auf die Reise machen, wenn er zur richtigen Frage vorgedrungen ist. Meines Erachtens ist die Welt der religiösen Männer überdrüssig, die auf alles bereits eine Antwort haben. Indem wir uns den Fragen behutsam und aufmerksam nähern, werden wir in die Tiefe der Dinge gezogen. Hier finden wir die Traurigkeit in uns und unser Mitgefühl. Solange wir nicht die richtigen Fragen gestellt haben, können wir auch keine sinnvollen Antworten finden. Mitunter hilft es, wenn wir eine Zeit lang ohne Antworten leben. Denn wir neigen dazu, uns mit Formeln, Klischees und vorherrschenden Meinungen zufriedenzugeben, anstatt nach wirklicher Weisheit zu streben. Deshalb ist auch unser gesellschaftlicher Diskurs oft so dualistisch, wütend und wenig hilfreich. Dabei wären wir zu weit mehr in der Lage.

Was ist die tiefste, bislang nicht gestellte Frage meines Lebens?

Was sind die wirklichen Fragen, die ich in diesem Augenblick leben soll?

Vaterhunger

Fehlende Vaterenergie verursacht eine Leere im Leben eines Mannes. Diese schmerzvolle Sehnsucht des Jungen nach dem Vater setzte mit der industriellen Revolution ein, in der dieser frühmorgens das Haus verließ, um erst am späten Abend erschöpft zurückzukehren. Bis zum heutigen Tage arbeiten die meisten Väter außer Haus und pendeln zwischen ihrem Büro und Zuhause hin und her. Wenn Väter und Söhne zu wenig gemeinsame Zeit miteinander verbringen können, wird zu wenig männliche Energie vom Vater an den Sohn weitergegeben. Und wenn der Sohn dann keine geeignete Möglichkeit findet, um diesen Mangel an Energie zu kompensieren und zu heilen, füllt sich diese Leere schließlich mit Unsicherheit, Depression und Wut. Ohne ein positives männliches Rollenbild wird es dem Jungen in der Folge schwerfallen, Beziehungen zu anderen Menschen aufzubauen. Er wird tief in seinem Inneren eine Trauer verspüren, die ihn in seinem späteren Leben entscheidend schwächen kann. Er wird Probleme mit seinem Selbstwertgefühl haben und sich schwer damit tun, Situationen richtig einzuschätzen und zu beurteilen. Vielleicht sieht er sich auch außerstande, seine eigenen Gefühle zu verstehen und Mitgefühl mit anderen Menschen zu entwickeln. Gut möglich, dass er niemals weinen wird, da er sich von seinen tiefsten Gefühlen abgeschnitten fühlt. Um mit diesen wieder in Verbindung zu kommen, braucht er einen männlichen Mentor.

Wohin kann ich mich als Mann wenden, um meinen schmerzenden Vaterhunger zu heilen?

Was kann ich tun, damit meine Söhne nicht den gleichen Verlust erfahren müssen?

Zur eigenen Bestimmung finden

Wenn ein Mann wirklich herausfinden möchte, weshalb er auf dieser Welt ist, dann sollte er sich die folgende Frage stellen: »Was wäre, wenn das, was ich wirklich tun möchte, damit verbunden wäre, weniger Geld zu verdienen?« Solange er zu einer solchen Einschränkung nicht bereit ist, ist er auch noch nicht bereit für die große Suche.

Genau vor diese Entscheidung sahen sich die Fischer Petrus und Andreas gestellt. Als Jesus sie aufforderte, mit ihm zu gehen, »ließen sie ihre Netze fallen und folgten ihm« (Matthäus 4,20). Damit vollzogen sie den durchaus riskanten Schritt, ihren bisherigen Lebensunterhalt für ihre wahre Berufung aufzugeben.

Viele denken, es wären die schwerwiegenden Sünden, die uns von unserer Reise abhielten, doch in Wahrheit sind es oft *die guten Dinge* (der Wunsch nach Zugehörigkeit oder ein angenehmer Job), *die uns von den besseren oder den besten Dingen fernhalten.*

Wenn ich wie einer der zwölf Apostel auserwählt wäre und damit alles Vertraute hinter mir lassen müsste, um einem Fremden in eine völlig ungesicherte Zukunft zu folgen – würde ich es tun?

Mentoren

Eines der grundlegenden Probleme für Männer in der heutigen Zeit ist der Mangel an kundigen Führern, die sie auf ihrer Reise unterstützen. Es gibt einfach zu wenige Mentoren, die sich selbst auf den Weg gemacht hatten und nach ihrer Rückkehr dazu in der Lage wären, andere auf ihrer Reise zu begleiten. Wir brauchen aber Vaterfiguren, die die Reise bereits hinter sich gebracht haben – und die erfüllt und weise daraus hervorgegangen sind.

Heutzutage haben wir zwar viele ältere Menschen, doch keine wirklichen Ältesten, die uns etwas lehren könnten. Wir Männer sehnen uns jedoch auf jeder Etappe der Reise nach Mentoren, denen wir vertrauen und denen wir uns anvertrauen können.

Wer sind meine Mentoren?
Für wen bin ich ein Mentor?

Leben kommt vor der Lehre!

Nichts in der Bibel weist darauf hin, dass die oberste Autorität in den Schriften oder den Glaubenslehren zu finden sei. Sie dienen vielmehr dazu, auf das wahre Leben, auf die harten Fakten der Wirklichkeit zu verweisen und aufgrund dieser zu einer authentischen Begegnung mit Gott zu gelangen.

Die Evangelien ebenso wie alle heiligen Texte berichten von dem, was Menschen taten. Moses, Mohammed, der Prophet Ezekiel, der Buddha ebenso wie alle anderen Menschen mussten Verantwortung für das übernehmen, was das Leben von ihnen einforderte. Manchmal waren es heilige Texte, die sie zu ihrer Reise inspirierten, doch meist war es eine Erfahrung oder eine Begegnung, die sie auf den Weg brachten und diesem Ansporn und Richtung gaben. Es sind nicht die Ideen, die Menschen verändern, sondern die Begegnungen mit dem »Anderen«.

Wenn diese großen Menschen dann schließlich von ihrer Reise durch das wahre Leben zurückkehrten, fanden sie oft Bestätigung und Zuspruch in den Heiligen Schriften und deren Lehren.

Lass aber niemals zu, dass Glaubenssysteme zur Barriere von Liebe, Leben oder Gotteserfahrung werden!

Sind heilige Texte Teil meines Lebens?

Wie kann mein eigenes Leben zu einer heiligen Geschichte werden?

Die wahren Fragen

Die säkulare ebenso wie die religiöse Erziehung hat den Menschen einfache Antworten auf Fragen gegeben, die sie oft noch gar nicht gestellt hatten. Viele akzeptierten diese Antworten vorschnell und verinnerlichten sie für den Rest ihres Lebens. Ein so gewonnenes Wissen kann jedoch genauso schnell verloren gehen, wie es erlangt wurde. Denn es handelt sich um ein Wissen, nach dem wir selbst nicht verlangt und nicht gedürstet haben.

Manchmal benutzen wir diese einfachen Antworten, um den wirklichen Fragen aus dem Weg zu gehen. Wer bereits Antworten hat, hört auf zu suchen. Wir treten auf der Stelle, anstatt uns der herausfordernden Suche nach authentischem Glauben zu stellen.

Es gibt viele Männer, die nicht mehr auf der Reise sind. Sie haben sich bereits mit den einfachen Antworten zufriedengegeben, ohne sich jemals mit den eigentlichen Fragen des Lebens auseinandergesetzt zu haben.

Welchen einfachen Antworten bin ich auf meinem spirituellen Weg begegnet?

Welche habe ich hinter mir gelassen?

Welche einfachen Antworten benutze ich immer noch, um Auseinandersetzungen und meiner wahren Sehnsucht aus dem Weg zu gehen?

Die Natur ist Gottes erste Schrift

Zukünftig wird uns die Ethik weniger aus der Religion erwachsen (was bislang nicht gerade von Erfolg gekrönt war), sondern die Erde selbst und die Natur des Kosmos werden die Grundlagen einer neuen Ethik sein. Dieser Planet, auf dem wir alle gemeinsam leben, lehrt uns, dass wir einfacher und ehrfurchtsvoller leben müssen, dass wir Neues schaffen und kreieren sollten, anstatt immer nur zu konsumieren und damit die Zerstörung weiter voranzutreiben. Wir sollten endlich erkennen, dass die Schöpfung die sichtbare Offenbarung Gottes, gleichsam Gottes Leib, ist. Dann werden wir auch erkennen, dass wir selbst unverbrüchlicher Teil dieser Schöpfung sind.

Bei dieser Ethik handelt es sich wohlgemerkt nicht um eine neue Form der Anbetung der Erde. Sie erkennt vielmehr die Erde als Teil der göttlichen Manifestation an, als eine Offenbarung der göttlichen Natur und damit als etwas, das es zu achten, zu respektieren und mit Verstand, Herz und allen Sinnen zu bewahren gilt.

Die Natur selbst ist Gottes erste, älteste und reinste Schrift.

Was hat mich die Natur über Gott gelehrt?

Wie kann ich mein Leben einfacher und ehrfürchtiger gestalten?

Die Verbundenheit der Schöpfung

Es ist an der Zeit, der materiellen Welt ihre Macht, ihre Wichtigkeit, ihre Seele und Heiligkeit zurückzugeben. Diese Erde ist tatsächlich ein Ort voller Wunder. Der heilige Franziskus wäre nicht auf einen einzigen Wurm getreten, er hätte ihn aufgelesen und an einen sicheren Platz neben der Straße gebracht. Er war der erste Christ, der in allen Wesen seine Brüder und Schwestern erkannte. Tiere, Pflanzen, die Sonne, der Mond, selbst die Luft galten ihm als beseelt. Sie alle waren für ihn gleichwertige Subjekte und nicht bloße Objekte für den menschlichen Gebrauch. Dies kann in unserer heutigen Welt, die unter einer »Funktionsstörung durch Naturverlust« leidet, wie Richard Louv es nannte, gar nicht genug betont werden. Wir haben es verlernt, Gottes erste Offenbarung zu erkennen und zu ehren.

Es ist die Ehrfurcht vor allem, die zu wahrer Erleuchtung führt: die Liebe zu diesem Baum, die Freude an diesem Tier, die Achtsamkeit auf diesen Atemzug, die Erfahrung Gottes selbst im gegenwärtigen Schmerz. Du wirst dich vielleicht bald schon zu wundern beginnen, welch tiefes Gefühl der Verbundenheit zwischen dir und allem um dich herum entsteht. Es ist dies die große Gemeinschaft der Heiligen.

Mit welchen Teilen der Schöpfung fühle ich mich tief verbunden?

Der große Kreis des Lebens

Wir gehen viel zu leichtfertig mit der Erde um. Dabei sind wir als ihre Verwalter doch für sie verantwortlich. Wir gestatten nicht nur die Zerstörung der göttlichen Schöpfung, sondern beteiligen uns sogar daran. Es ist erschreckend, in welchem Ausmaß wir uns in der modernen Welt an das Töten von Menschen, Tieren, der Natur und damit der Erde selbst gewöhnt haben. Was sagt dies über den Grad unserer spirituellen Reife aus? Wir zerstören, während wir doch intuitiv genau wissen, dass Töten im Widerspruch zum göttlichen Schöpfungsplan steht.

Als höhere Wesen der Schöpfung können wir das Göttliche in der uns umgebenden Schönheit und Weisheit erkennen und handeln doch so, als ob es nur uns selbst gäbe. In diesem Leben ist alles miteinander verbunden, und wie wir einen einzigen Teil des Lebens behandeln, hat Auswirkungen auf alle anderen Teile. Paulus sagte uns, dass wir die geringeren Teile »mit größerem Respekt« (1 Korinther 12,23) behandeln sollen. Denn wenn auch nur ein Teil im großen Kreis des Lebens missachtet und zerstört wird, so ist die gesamte Schöpfungsordnung zerstört und das Heilige ist in allen Teilen verloren.

Was sind meine Erfahrungen mit dem Heiligen der Schöpfung?

Alles ist überirdisch

In der gesamten westlichen Kulturgeschichte hat sich die Auffassung durchgesetzt, dass die Welt des Irdischen und die des Überirdischen getrennt sind. Diejenigen von uns, die einem religiösen Kontext entstammen, entschieden sich häufig für das Überirdische. Wir erachteten die Natur als etwas, das es zu überwinden oder zu übersteigen galt. Wir haben uns so angestrengt, das Überirdische zu erlangen, dass wir darüber völlig vergaßen, was bereits die Theologen des Mittelalters erkannt hatten: Gnade kann nur im Irdischen erfahren werden. Das Irdische und das Überirdische sind nicht voneinander zu trennen, vielmehr durchdringen und offenbaren sie sich gegenseitig! Für Menschen, die dies erkannt haben, ist alles Ausdruck des Überirdischen.

Wir müssen in unserer eigenen Natur zu Hause sein, in den ganz gewöhnlichen Ereignissen und alltäglichen Situationen unseres Lebens, damit die göttliche Gnade ein festes Fundament hat, auf dem sie aufbauen kann. Das Ärgernis und die Enttäuschung, die Jesus bei vielen Menschen auslöste, war, dass er wie ein ganz gewöhnlicher Mensch erschien: Er war ihnen einfach zu weltlich und real – tatsächlich wirkte er so überhaupt nicht spirituell. Hätte er überirdischer gewirkt, hätten sie es nie gewagt, ihn zu töten.

Was halte ich von meinem irdischen Leben?

Habe ich versucht, es zugunsten des Überirdischen zurückzuweisen?

Wer bist du wirklich?

Für die meisten Männer ist die Mitte ihres Lebens die letzte Chance, ihr Leben zu verändern. Wenn ein Mann bis zu seinem fünfzigsten Lebensjahr keine wirklichen Risiken eingegangen ist, dann steht zu befürchten, dass er sich in seinem Alltagsleben so verschanzt hat, dass er zu keinen radikalen Veränderungen mehr bereit ist.

Das ist wahrscheinlich der Grund, weshalb so viele Männer eine Midlife-Crisis haben – Gott schüttelt mit dieser Krise ein letztes Mal ihren Lebensbaum, um sie herauszufordern.

Sind wir bereit, unsere Illusionen aufzugeben? Werden wir endlich damit aufhören, zu sein, wer wir glauben zu sein, um zu werden, wer wir wirklich sind?

Befinde ich mich derzeit an einem Krisenpunkt meines Lebens?

Welche Möglichkeiten für Veränderungen und Entdeckungen bietet mir diese Zeit?

Vom rechten Zeitpunkt der Reise

Viele östliche Traditionen gestatten Männern erst ab der Mitte ihres dreißigsten Lebensjahres, spirituelle Studien zu betreiben. C.G. Jung verhängte ähnliche Zugangsbeschränkungen für die Studenten an seinem Institut in Zürich. Auch in der katholischen Kirche kann kein Mann vor seinem 35. Lebensjahr Bischof werden.

Offensichtlich gibt es so etwas wie eine kollektive männliche Weisheit, die besagt, dass ein Mann, der sich zu früh auf die Reise macht, noch nicht genug geliebt und gelitten hat und daher auch nicht über genug Lebenserfahrung verfügt. Dieser Mann ist in Gefahr, sogar Gott und die Religion für seine eigene Karriere oder für seinen eigenen Vorteil zu benutzen – selbst dann, wenn er schwört, dass er dies niemals tun würde. Er neigt zu Selbstgefälligkeit und sucht nach Lösungen, die seinem eigenen Erfolg zugute kommen. In seinen frühen Jahren baut jeder Mann am eigenen Turm und ist weit davon entfernt, anderen bei der Errichtung ihres Turmes zu helfen. Genau das ist der Grund, weshalb fast alle frühen Kulturen es als notwendig befanden, Männer einer schwierigen Initiation zu unterziehen. Diese Kulturen verstanden die menschliche Natur weit besser, als wir dies heute tun.

Wie haben Liebe, Scheitern und Leiden meine persönliche Entwicklung bis zum heutigen Tag geprägt?

Bewahre dein Gold

»Denn jedem, der da hat, wird gegeben werden, und er wird Überfluss haben; von dem aber, der nicht hat, von dem wird selbst das, was er hat, weggenommen werden« (Matthäus 25,29).

Bevor wir nicht zu unserer eigenen Identität und unseren Talenten gefunden haben, neigen wir dazu, andere zu idealisieren, zu imitieren oder auf ein Podest zu stellen. Wir stellen unsere Kraft in deren Dienst, anstatt selbst aus unseren Kraftressourcen zu schöpfen. Das ist eine Verblendung, die letztlich zu Enttäuschung und Ernüchterung führt. Oft verlieben wir uns auch in Menschen, die genau das haben, was wir uns selbst wünschen: körperliche Attraktivität, Geld, Ansehen, Talent oder Einfluss. Wir verehren andere für das, was sie an unserer Stelle leisten. Dabei verlieren wir selbst an Wert und geben unser Fundament preis. Früher oder später müssen wir unser Gold jedoch aus der Schatulle holen. Wenn wir dies nicht tun, dann bleiben wir immer bedürftig.

Wo befindet sich derzeit mein Gold?

Das Gold weggeben

Jesus befahl seinen Jüngern, nicht über die Wunder zu sprechen, die sie ihn wirken sahen. Auch zu den Menschen, die er heilte, sagte er:»Sprich mit niemandem darüber.« Wenn wir in unserem Meditationszentrum, dem»Center for Action and Contemplation«, Männer initiieren und sie intensiven Erfahrungen aussetzen, bitten wir sie, mit niemandem – nicht einmal mit ihren Frauen – in der nächsten Zeit darüber zu sprechen. Wir sagen damit:»Gib dein Gold nicht weg, bevor es nicht tatsächlich *dein* Gold ist!«

Sobald du etwas in Worten ausdrückst, frierst du es förmlich auf dieser Stufe ein und verhinderst damit weiteres Wachstum. Du hast das Geschehene in Worte eingefangen und erwartest dir dann nichts Neues mehr von ihm. Ein möglicher Entwicklungsprozess wird so zum Besitztum des Egos. Die Entfaltung und tiefere Synthese, die wirkliches Gold erst hervorbringen – nämlich dein eigenes, in dir integriertes Gold –, werden dadurch verhindert. Du verlierst schließlich sogar noch das, was du bereits zu besitzen glaubtest.

Gib niemals deine wertvollsten Erfahrungen weg, bevor du sie nicht tief in dir selbst integriert hast.

Was mache ich gewöhnlich mit meinem Gold?

Manche nennen es Erleuchtung

In den spirituellen Erzählungen aller Traditionen dieser Welt durchläuft der Held verschiedene Ebenen, die wir heute als Ebenen des Bewusstseins bezeichnen würden. Er schreitet vom einfachen zum komplexen Bewusstsein, um schließlich zum erleuchteten Bewusstsein zu gelangen. Erstaunlicherweise wirkt das erleuchtete Bewusstsein wieder sehr einfach. Doch auch wenn diese beiden Bewusstseinszustände ähnlich wirken, so sind sie doch grundverschieden. Die erste Einfachheit zeichnet sich durch Naivität und Unerfahrenheit aus. Auf dieser Stufe muss der Mann noch das Natürliche vom Spirituellen, das Licht vom Schatten, die schwierigen von den sorglosen Zeiten trennen. Wenn er jedoch ein erleuchtetes Bewusstsein erlangt hat, vermag er alles einzuschließen, zu akzeptieren und alle Probleme und Widersprüche, denen er begegnet, in sich zu vereinen.

Anders ausgedrückt: Auf unserem Weg des Älterwerdens leben, lieben, sündigen, scheitern, vergeben, lesen, warten, suchen und kämpfen wir. Während wir anfangs noch dachten, wir müssten alles selbst hinbekommen, finden wir schließlich zur Quelle. Wenn wir uns ihr und einer weit größeren Wirklichkeit überantworten, wird unser Leben wieder sehr einfach.

**Wie würde ich die Phasen beschreiben,
die ich durchlaufen habe?**

Wohin die Seele führt

»Denn es ist nichts verdeckt, was nicht aufgedeckt, und nichts verborgen, was nicht erkannt werden wird« (Matthäus 10,26).

Macht es Sinn, über die verschiedenen Ebenen von Bewusstsein zu reden? Oder handelt es sich dabei nur um Psycho-Geschwätz? Wir könnten es auch folgendermaßen betrachten: Da wir den Sinn dessen, was in unserem Unbewussten verborgen ist (was offensichtlich für fast 95 Prozent unserer Motivationen, unserer Ängste, unserer blinden Flecken und Vorstellungen gilt), nicht finden können, müssen wir dies Verborgene in unser Bewusstsein holen, um es erkennen und die Verantwortung dafür übernehmen zu können.

Wir können nicht etwas heilen, was wir gar nicht erkennen. »Sünde« nannten die Religionen diesen versteckten, dunklen und »ungehorsamen« Aspekt unserer Natur. Für mich ist »Sünde« der Teil in uns, der nicht nach Wahrheit strebt und damit unserer wahren Natur und unserer ursprünglichen Bestimmung untreu wird. In seiner tiefsten Bedeutung sind wir somit alle Sünder und oft handeln wir aus dieser Sündhaftigkeit heraus. Der heilige Gregor von Nyssa erkannte in der Sünde schlicht unsere Weigerung zu wachsen.

Wann habe ich in meinem Leben Veränderungen meines Bewusstseins erfahren?

Was hat zu dieser Bewusstseinsveränderung geführt?

Vom Unbewussten zum Bewussten

Es sind meist die ungewollten Begegnungen, die schmerzhaften Beziehungen und Situationen und all das, was wir nicht kontrollieren können, die uns das bislang Unbewusste ins Bewusstsein bringen. Ungewollte Begegnungen, eine große Liebe oder unfassbares Leid sind die Erfahrungen, die uns am ehesten zu Bewusstsein kommen lassen. Sie sind es, die den sonst so gut bewachten Eingang zu unserer wahren Identität einfach durchbrechen und uns mit unserer ureigensten »Sünde« konfrontieren.

**Was waren die Ursachen für
das Aufbrechen des Unbewussten
in meinem Leben?**

Bildung für die männliche Seele

In der männlichen Mythologie ist meines Wissens nach kein einziges Beispiel zu finden, in dem ein Mann durch die Teilnahme an einem Kurs, durch das Studium der Philosophie, die Priesterweihe, das Eintreten in eine Gemeinschaft oder den Besuch einer Schule zur Erleuchtung gekommen wäre. Das sind zwar alles durchaus ehrenwerte Handlungen, doch sie selbst sind es nicht, die uns verwandeln.

In der mythologischen Tradition müssen dem jungen Mann Wunden geschlagen werden, er muss schwere Niederlagen erleiden und mit den rätselhaften Widersprüchen des Lebens konfrontiert werden, bevor er zur Erleuchtung gelangen kann. Ebenso wie Odysseus wird auch er lange Zeit zwischen den Meeresungeheuern Skylla und Charybdis gefangen sein. Doch genau aus dieser Situation erwächst ihm Weisheit.

Es ist für einen jungen Mann daher unvermeidbar, mit der Dunkelheit, dem eigenen Scheitern und dem Leid zu kämpfen. Körperlich wird er die Dunkelheit vielleicht als Schmerz oder ein Gebrechen erfahren. Intellektuell erfährt er sie durch die Begegnung mit dem Unerklärlichen, mit den Unwägbarkeiten und Absurditäten des Lebens. Es gibt keinen geraden, klaren und durchgängigen Weg ans Licht. Ebenso wie das physikalische Licht muss auch das wahre Licht die Dunkelheit in sich enthalten und zugleich überwinden (Johannes 1,5). Mit dem menschlichen Intellekt oder der Willenskraft allein ist dies nicht möglich.

**Was habe ich bislang getan,
um Erleuchtung zu erlangen?**

**Welche Erfahrungen wurden mir
dabei zuteil?**

Müssen wir das Paradies verlassen?

Wann immer sich der junge Held in Mythen mit dem Verbot »Tu das nicht« konfrontiert sieht, können wir davon ausgehen, dass es genau das ist, was er tun wird. Es gibt kaum Ausnahmen von diesem Verhaltensmuster, das bereits mit Adam und Eva begann. Denn genau das scheint der Kern des religiösen Gesetzes zu sein – es zu brechen, um sich anschließend daran abzuarbeiten (dies ist auch im Brief des Paulus an die Römer nachzulesen). Offenbar brauchen Menschen die Erfahrung von Trennung, Entfremdung und dem Verlust des großen Mysteriums, um schließlich zur eigenen Wahrheit zu finden. Nur durch Trennung kann die Sehnsucht nach Heimkehr in den Garten Eden geweckt werden.

Und so scheint es das Negative zu sein, welches das Positive schafft und wachruft. Erst der Sündenfall macht Erneuerung möglich. Erst die Vertreibung aus dem Paradies macht uns bewusst, wie sehr wir uns nach diesem sehnen. Indem wir die Regeln brechen, können wir deren ursprünglichen Sinn erkennen.

Wie hat das Negative das Positive in meinem Leben hervorgebracht?

Was wir vermissen

»Nicht die Gesunden brauchen den Arzt, sondern die Kranken. Ich bin gekommen, um die Sünder zu rufen, nicht die Gerechten« (Markus 2,17).

Wir müssen erst Einsamkeit und Entfremdung erfahren und den Sündenfall erleben, bevor wir die Sehnsucht nach Heimkehr verspüren können. Erst die schmerzhafte Trennung macht uns bewusst, was wir uns wirklich erhoffen und wünschen. Wir können den Garten Eden nur dann aus freiem Entschluss wieder betreten, wenn wir aus ihm ausgesperrt waren. Der sogenannte »Sündenfall« Adams und Evas ist nicht einfach nur ein unglückseliges Ereignis; es ist vielmehr die Blaupause dessen, was den meisten von uns widerfahren wird und wahrscheinlich sogar widerfahren muss.

Eines Tages wird jeder Mann aufwachen und erkennen: »Was war ich bislang nur für ein Idiot! Ich habe es bis oben hin satt, ein so krankes und kraftloses Leben zu führen.« Eine gereifte Spiritualität setzt genau mit dieser Erkenntnis ein.

An welchem Punkt in meinem Leben habe ich erkannt, wonach ich mich wirklich sehne und was ich wirklich vermisse?

Nicht-Wissen

»Ich bin das Licht der Welt. Wer mir nachfolgt, wird nicht in der Finsternis umhergehen, sondern wird das Licht des Lebens haben« (Johannes 8,12).

Erleuchtung kann weder produziert, manipuliert noch auf Bestellung geliefert werden. Sie wird einem zuteil. Weisheit ist kein Do-it-yourself-Projekt. Der Geist weht, wo er will. Für uns, die wir auf dem Weg sind, bedeutet dies, sich zu öffnen und für die Lektionen des Lebens bereit zu machen. Jesus nannte diese Haltung Vertrauen.

Letztlich können wir nichts anderes tun, als um die Gnade bitten, die verborgenen Tore erkennen zu können, die Gott für uns öffnet. Diese Tore führen fast immer ins Leiden – sei es körperlicher, emotionaler, intellektueller oder struktureller Art. Leiden ist ein Anzeichen dafür, dass wir unser Leben nicht mehr unter Kontrolle halten.

Erleuchtung hat weit weniger mit Wissen als mit Nicht-Wissen zu tun. Es geht dabei nicht um Lernen, sondern vielmehr um Verlernen. Erleuchtung hat mit Hingabe und Loslassen zu tun, nicht mit Erreichen und Festhalten. Um dorthin zu gelangen, bedarf es keiner mentalen Konzepte, sondern einzig der Bereitschaft, in das Mysterium einzutreten.

Erleuchtung ist gewährte Gnade und alles, was wir tun können, ist, sie mit einem dankbaren Herzen zu empfangen, wissend, dass das Mysterium unfassbar ist.

Wann habe ich Erleuchtung erfahren dürfen und was war der Anlass?

Gegen die Wand laufen

Jede heroische Heldenreise beginnt mit einem Fanfarenstoß großer Hoffnungen; dieser Impuls ist wichtig, um sich auf den Weg zu machen. Doch während es in unseren Zwanzigern noch einfach ist, ein Held zu sein, die Leiter gegen jede Mauer zu lehnen und an dieser emporzusteigen, um dies und jenes zu erobern, stoßen wir in der Mitte unserer Lebensreise an die ersten Grenzen. Unser Heldenmut droht uns zu verlassen. Vielleicht müssen wir nun feststellen, dass unsere Leiter an der falschen Mauer lehnt, wie Thomas Merton diesen Zustand beschrieb. Und schließlich muss jeder von uns erkennen, dass er nichts anderes als ein ganz gewöhnlicher Mann ist. Das zu akzeptieren, darin liegt vielleicht das wahre Heldentum eines jeden Mannes.

Gut möglich, dass dies der Grund dafür ist, weshalb das Leben Jesu diejenigen besonders anspricht, die an ihre Grenzen gestoßen sind. Jesus wirkt nicht wie ein typischer Held, sondern fast wie ein Opfer und nach landläufigen Maßstäben wie ein Versager: ein Mann, der in den besten Jahren seines Lebens verurteilt und hingerichtet wurde.

Es ist schade, dass die meisten Kulturen das Heldentum der frühen Jahre rühmen und honorieren, ihr Interesse an den Helden aber genau an dem Punkt verlieren, wenn deren Lebensweg schließlich in die stille Opferbereitschaft und Ergebenheit eines Heiligen mündet.

Halte ich auch dann an meinem Versprechen fest, wenn mich mein Lebensweg von all dem wegführt, das anfangs so hoffnungsvoll und lichtvoll war?

Harte Liebe

Die Jugend muss sich den Respekt und die Anerkennung älterer Männer verdienen. Daran ist nichts Schlechtes zu finden. In ihrem späteren Leben erinnern sich Männer gerade ihrer strengsten Lehrer und ihrer anspruchsvollsten Chefs mit größter Dankbarkeit. Sie wissen, dass dies die Menschen waren, die das Beste aus ihnen herausholten.

Denn dies waren die Lehrer, die sie wirklich ernst nahmen; dies waren die Mentoren, die den Wert und die Größe in ihnen sehen konnten. Es mag sich dabei um eine harte Art von Liebe handeln, doch es ist nichtsdestotrotz Liebe. Und solange sie nicht grausam und erniedrigend ist, schätzt und respektiert ein Mann diese Form von Liebe. Liebe, die zu schnell und zu leicht zu haben ist, taugt für einen Mann nicht. Sie macht ihn träge und manipulativ und verhindert es, dass er zu einem starken und charaktervollen Mann wird.

Jesus selbst zeigte sowohl bedingungslose als auch harte Liebe. Um zu wachsen, brauchen wir beides: eine harte Liebe, wenn wir stark und wild sind, und eine bedingungslose Liebe, wenn wir schwach und voller Selbstzweifel sind.

**Wer waren die Lehrer und Mentoren
in meinem Leben, die mich ernst nahmen
und mir ihre strenge Liebe anboten?**

**Wer sind die jüngeren Männer, deren Mentor
ich in meinem späteren Leben sein könnte?**

Wir brauchen auch Grenzen der Liebe

Um Erfolg im Leben zu haben, brauchen wir sowohl bedingungslose Liebe als auch eine Liebe, die uns Grenzen setzt. Wenn wir Glück haben, dann erhielten wir eine Mischung von beidem seitens unserer Eltern. Die bedingungslose Liebe gibt uns als Kind einen starken Rückhalt und unterstützt uns darin, ein gesundes Selbstwertgefühl zu entwickeln. Wir brauchen aber auch die Erfahrung des heiligen NEIN. Wir brauchen Erfahrungen, die uns unsere Grenzen bewusst machen, denn sonst sind wir nicht dazu bereit, uns auf die Suche nach innen zu begeben. Wir brauchen also beides: völlige Akzeptanz und zugleich Forderungen, die unserem natürlichen Egoismus Einhalt gebieten.

Die Liebe eines Vaters ist dann am wirksamsten, wenn sie auch Grenzen setzt, dem Sohn innere Disziplin vermittelt, seinem Ego vernünftige Grenzen setzt und ihn zugleich die Erfahrung machen lässt, seine eigene Macht zu spüren und den Ansprüchen des Vaters gerecht werden zu können. Ohne diese Herausforderungen entwickeln sie sonst diese weiche und selbstgefällige Art, die so viele Männer heutzutage charakterisiert.

Wann ist bedingungslose Liebe für mich am besten?

Wann brauche ich Grenzen in der Liebe?

Woher komme ich?

In den alten Sagen sind die Helden adliger Abstammung. Oft auch sind sie die verschwiegenen und ausgesetzten Söhne des Königs. Sie wissen zwar nichts von ihrer Herkunft und tragen doch die Ahnung von etwas Größerem in sich. Auch wir fühlen, dass wir von Höherem abstammen. William Wordsworth drückte dies in seiner Ode an die Unsterblichkeit aus: »Nach uns ziehend Wolkenglanz und Glorienschein, von Gott wir kommen, er ist unser Heim.«

Der Glorienschein ist in der Bibel Ausdruck göttlicher Identität und Beweis dafür, von Gott geschaffen und sein Ebenbild zu sein (Genesis 1,26). Jeder von uns ist weit mehr, als wir uns vorstellen können. Wir sind jenseits dessen, was unser Auge erkennen kann. Paulus sagte: »Euer Leben ist mit Christus verborgen in Gott« (Kolosser 3,3).

Diese verborgene Ahnung gibt die Richtung und die Dringlichkeit der Heldenreise vor. Sie führt uns an den Ort, von dem wir kamen (als wir ganz in Gott waren), noch bevor wir Richtiges oder Falsches taten und so eine eigene Identität erschufen. Die spirituelle Reise dient der Entdeckung unseres Geburtsrechtes und erfüllt uns mit der gleichen Aufregung, die Waisen oder adoptierte Kinder bei der Suche nach ihren leiblichen Eltern verspüren.

Wann habe ich meine eigene Herrlichkeit erfahren?

Welche Auswirkung hat dieses Wissen von meiner Abstammung auf mein Handeln?

Die Weisheit der Wildnis

Bis zur Besiedlung des »Wilden Westens« handelten fast alle Mythen in der Wildnis. Über all die Jahrhunderte hinweg war es die Wildnis, in die Männer – aber auch Frauen – zogen, um ihre Seele zu entdecken. Denn im Gegensatz zur zivilisierten und gezähmten Welt des Menschen ist die Wildnis die Schöpfung Gottes – seine erste und ursprüngliche Kathedrale.

Zwischenzeitlich leben wir in einer Gesellschaft, die das Zivilisierte idealisiert und sich von allem Ungezähmten abwendet. Viele Menschen haben geradezu Angst vor der Natur. Indem wir die Natur zähmen, versuchen wir auch, die menschliche Seele zu zähmen

Doch tief in uns spricht die Natur immer noch zu uns. Manchmal durchdringt uns der Blick eines Tieres bis in unser Innerstes. Der Blick eines Tieres ist numinos, fast göttlich. Die Welt jenseits des Menschlichen hat uns Wesentliches mitzuteilen. Zu Recht sagte C.G. Jung: »Wenn die Religion sich nicht mehr der Tiere annimmt, dann geht es mit ihr bergab.« Es ist die Wildnis, die uns in Verbindung mit unseren Sinnen und mit unserem wahren Selbst bringt.

Wie kann ich mir mehr Zeit nehmen, um sie mit Tieren und in der Natur zu verbringen?

Männlichkeit muss verdient werden

Frühere Kulturen gingen nicht davon aus, dass junge Männer von selbst die Werte der Gemeinschaft verinnerlichen und persönliche Disziplin entwickeln würden. Vielmehr waren sie davon überzeugt, dass diese Tugenden trainiert werden müssen. Die Verdienste des Mann-Seins wurden daher nur denen zuteil, die sich diese auch wirklich erarbeitet hatten. Die Gesellschaft wollte damit sicherstellen, dass junge Männer ihre Kraft nicht missbrauchen. Als Gemeinschaft wachte sie sorgfältig darüber, die Alleingänge von Männern zu verhindern. Denn damals wie heute tendieren junge Männer dazu, sich Rechte herauszunehmen, die ihnen noch gar nicht zustehen. Unglücklicherweise geben in der heutigen Zeit sowohl Eltern als auch Gesellschaft deren Forderungen allzu schnell nach, anstatt die jungen Männer zu lehren und ihren Charakter herauszufordern.

Früher gab es noch eine klare Grenze zwischen Lehrzeit und Meisterschaft. Die Älteren, die sich ihre Privilegien erarbeitet hatten, mussten diese den Jüngeren gegenüber nicht rechtfertigen. Junge Männer aber benötigten Herausforderungen, an denen sie reiften und mittels derer sie sich die angestrebte Stellung erarbeiten konnten. Oft haben sie sich dabei gegen die Regeln aufgelehnt, ihnen aber ebenso oft auch Respekt gezollt.

Klar zu erkennen ist, dass Männer etwas, das sie umsonst bekommen, nicht respektieren können.

Was waren meine Herausforderungen und Prüfungen?

Woran kann ich erkennen, dass ich innerlich dazu bereit bin, mehr Verantwortung und Macht zu übernehmen?

Verantwortung tragen

Initiierte Männer wissen, dass wir *nichts von denjenigen er-warten können, von denen wir wenig einfordern.* Was wir umsonst bekommen, ist uns nicht viel wert, wir vergessen es, weisen es zurück oder verlieren es einfach. Wie Esau sind wir dazu bereit, unser Geburtsrecht für eine Schüssel Suppe zu verkaufen (Genesis 25,34).

Ein junger Mann braucht Menschen um sich, die ihn wertschätzen. Er braucht eine Gemeinschaft, an die er Forderungen hat und die ihrerseits Forderungen an ihn heranträgt. Diese Gruppe wird ihn schließlich auf die Reise schicken, ihn initiieren und ihn bei seiner Rückkehr willkommen heißen. Für eine wahre Initiation ist solch ein Heimatstandort notwendig. Die Gruppe bildet ein verantwortliches System, das dem jungen Mann seine Illusionen nimmt und ihn zu konkretem Handeln zwingt.

Die große Schwäche vieler liberaler Kirchen liegt im Mangel an Verantwortlichkeit hinsichtlich dessen, woran sie glauben. Zu viel ist Gegenstand egoistischer Launen, persönlicher Stimmungen und jeweiliger politischer Korrektheit. Traditionelle und konservative Gruppierungen tendieren zu Entscheidungen, die fortdauern. Liberale Gruppierungen bieten zwar das benötigte kritische Denken, sind zugleich aber häufig auch zu individualistisch, um wahre Gemeinschaft zu ermöglichen. Was wir bräuchten, ist eine Mischung aus beiden.

Gehöre ich einer Gruppe an, die mich unterstützt und in der ich Verantwortung trage?

Wenn nicht, wo könnte ich solch eine Gruppe finden?

Die Aufgabe des Vaters

Jungen sehnen sich nach männlicher Aufmerksamkeit. Sie wünschen sich von ihrem Vater, dass er ihnen praktische Erfolgs- und Überlebenstechniken mit auf den Weg gibt. Und sie wollen, dass er gerne und freiwillig Zeit mit ihnen verbringt. Junge Männer genießen es, Schulter an Schulter mit anderen Männern und am liebsten mit ihrem Vater aktiv zu sein. Ein Sohn braucht die Zuwendung seines Vaters. Nichts begeistert ein Kind mehr und vermittelt ihm mehr Schutz als das aufscheinende Lächeln im Gesicht seiner Eltern, wenn es den Raum betritt.

Jungen wünschen sich von ihren Müttern, dass sie sie behüten und versorgen, mit ihnen reden und ihnen zuhören. Von ihrem Vater aber wollen sie, dass er sie in die Welt da draußen führt und ihnen Sicherheit, Selbstvertrauen und Visionen vermittelt, mit denen sie sich aus dem Nest herauswagen können. Wenn ein junger Mann die Welt ohne die Unterstützung, Führung und Ermutigung seines Vaters betreten musste, wird ihn eine lebenslange Traurigkeit quälen. Man kann es am nervösen Zucken im Mundwinkel und dem gehetzten Blick eines Mannes erkennen, wenn er diese Unterstützung nicht erhalten hat. Diesen Mangel spüren selbst noch ältere Männer.

Habe ich von meinem Vater die Unterstützung
erhalten, die ich brauchte?

Wenn nicht, wie kann ich diese
Vaterwunde versorgen?

Den Vater fangen

Die Beziehung zwischen Vater und Sohn lässt sich nur schwer in Worte fassen. In ihr verkörpert sich ein uraltes und ursprüngliches Verlangen. Ein Sohn erhofft sich von seinem Vater die Weitergabe männlicher Energie. Dabei möchte er jedoch auch das Gefühl haben, dass er seinem Vater etwas Ebenbürtiges zurückgeben kann. Gemeinsames Fangenspielen kann solch ein kraftvoller Austausch sein – es symbolisiert das gegenseitige Geben und Nehmen von Vater und Sohn.

Sich aneinander zu verschenken ist im Evangelium nach Johannes eine wesentliche Metapher für die Liebe Gottes. Die Liebe unseres Vaters ist unsere erste Erfahrung von Macht und Wichtigkeit im Leben eines anderen Menschen. Denn diese Liebe ist freiwillig:»Mein Vater entscheidet sich für mich, nicht weil er dies muss, sondern weil er mich wirklich mag. Ich muss es also wert sein!«

Wenn wir für unseren Vater bedeutsam sind, dann wissen wir, dass wir auch für die große und weite Welt da draußen von Bedeutung sind. Das mag der Grund dafür sein, weshalb so viele Menschen ein männliches Bild von Gott bevorzugen – auch wenn Gott natürlich kein Geschlecht hat.

Welche positiven Vater-Sohn-Erinnerungen habe ich an meinen Vater?

Welche positiven Vater-Sohn-Erinnerungen kann ich meinem Sohn bieten?

Die Rückkehr in den Garten

Männer hassen es, zu scheitern. Und doch müssen wir es lernen. Denn im Scheitern erfahren wir das, was die Mystikerin Juliane von Norwich beschrieb: »Wir fallen und stehen wieder auf. Beides ist die Gnade Gottes.« Es gibt einen Mann in uns, der immer wieder fällt und versagt. Sein Name ist Adam. Und es gibt einen anderen Mann in uns, der dankbar Ja zu allem sagt. Sein Name ist Christus.

Wir können die gesamte Bibel als den Versuch und die Sehnsucht Adams lesen, in den Garten heimzukehren, in dem er von Gott geformt wurde und seinen Namen *Adamah* erhielt, was so viel bedeutet wie »Staub der Erde« (Genesis 2,7). Gottes letzte Worte an Adam waren: »Staub bist du und zu Staub wirst du zurückkehren« (Genesis 3,19).

Adam muss lernen, seine Angst davor zu verlieren, Staub zu sein. Das heißt, er muss die Angst davor verlieren, zu sein, wer er ist. Dann wird er schließlich erkennen, was Gott alles mit Staub zu tun vermag. Wenn er sich nicht länger getrennt fühlt und seine Angst vor dem Scheitern überwindet, dann kann Adam in den ursprünglichen Garten zurückkehren.

**Wenn ich mein Leben so betrachte –
wo bin ich gescheitert und wo bin ich
zurückgekehrt?**

Naturerfahrung – Selbsterfahrung

Abraham, Moses, Hiob, Jonas, Elias und Jesus hatten ihre tief greifenden religiösen Erfahrungen nicht in Menschensiedlungen und auch nicht an heiligen Stätten, sondern in der Natur. Erst danach wurden diese Orte für heilig erklärt, weil an ihnen weitreichende Veränderungen stattfanden.

Männer sehnen sich nach etwas Bedeutungsvollem, Solidem, Authentischem und Ewigem. Sie verspüren ein ehrfürchtiges Gefühl, wenn sie Ruinen und alte Kunstgegenstände, Höhlen und Höhlenmalereien, Pfeilspitzen und antike Tonwaren sehen. Es gibt kaum einen Jungen, der nicht von diesen früheren Zeiten träumt. Darin zeigt sich die Suche nach unserer ewigen Seele, unserem unverfälschten göttlichen Ursprung, nach dem »Gesicht, das du hattest, bevor du geboren wurdest«, wie es die östlichen Meister ausdrückten. Alles Naturbelassene und Alte kann uns – im Gegensatz zu Plastik, Gips und Stahl – daran erinnern.

Wenn es im Leben eines Mannes nicht zu dieser ursprünglichen Begegnung kommt, dann hat die Religion kaum eine Chance, ihn auf seiner Reise zu begleiten. Denn jede spirituelle Erkenntnis ist ein *Wieder-Erkennen* einer früheren und tieferen Berührung des Göttlichen. Die Begegnung mit dem Natürlichen macht es uns möglich, das zu erfahren, was wir bereits wissen, doch irgendwie vergessen hatten. Die Religion unterstützt uns darin.

Wie viel Zeit habe ich in der Natur verbracht?

Welche bedeutsamen spirituellen Erfahrungen machte ich in der Natur?

Männliche Initiationsriten

Männer brauchen das, was die großen religiösen Traditionen ihnen versprochen haben: eine unmittelbare Begegnung mit ihrem eigenen tieferen Leben. D.H. Lawrence sagte: »Mehr als alles andere fürchtet die Welt eine wirklich neue Erfahrung.« Doch selbst wenn unser Ego, das Veränderung nicht mag, eine neue Erfahrung zu unterdrücken versucht, verändert uns diese doch. Eine reife Religion unterstützt Tiefenerfahrungen. Ihr geht es nicht nur um den Glauben an die Lehre, denn dieser verlangt uns kaum etwas ab.

Das Ziel einer jeden Initiation ist es, uns eine neue innere Erfahrung zu ermöglichen. Es handelt sich bei Initiationen um Riten und nicht um Lehren! Sie sind auch keine Therapiesitzungen, in denen Probleme gelöst werden, und sie sind keine psychologischen Erfahrungen. Vielmehr handelt es sich bei ihnen um die Offenbarung des Lebens selbst und um die Begegnung mit dessen anderer Seite, unserem eigenen notwendigen Tod. Interessanterweise findet gerade in der Begegnung mit dem Tod der größte Wachstumsschub statt. Die Initiation steht an dessen Anfang.

Bin ich selbst durch eine Initiation gegangen,
die mich mit Leben und Tod konfrontiert hat?

Wenn ja, worin bestand sie
und welche Auswirkungen hatte sie?

Der Mann in Kultur und Gesellschaft – Gott, Macht und Scham

Wir werden Schmerz fühlen.
Wenn wir nicht lernen, diesen zu verwandeln,
dann werden wir ihn an andere weitergeben.

Richard Rohr

Moderne Männer folgen ihrem Intellekt, nicht ihrem Instinkt.

Teil der männlichen Aufgabe ist es, ein Bauchgefühl dafür zu entwickeln, was authentisch und was unecht ist.

Wir leben in dem radikal gütigen Universum eines gütigen Gottes – können wir dies wirklich erkennen?

Wie können wir es lernen, Gott Gott sein zu lassen?

Die besten Lehrer sind diejenigen, die sich gemeinsam mit uns auf die Reise begeben.

Wie würde ich mich fühlen, wenn ich wirklich glauben könnte, dass alles in meinem Leben seinen Sinn hat? Bist du bereit, dich den unerbittlichen Fragen zu stellen:

- Was bin ich bereit aufzugeben, um das Richtige zu tun?
- Was ist meine Aufgabe hier auf Erden?
- Wo ist mein Platz in den sich ständig verändernden Gegebenheiten der Welt?
- Wie kann ich Sinn in Niederlagen finden?
- Wo kann ich wirkliche Kraft tanken?
- Warum bin ich wegen so vielem in meinem Leben unzufrieden?
- Wie kann ich mir ein Leben aufbauen, wenn es sich zugleich so anfühlt, als ob mir der Boden unter den Füßen weggezogen wird?

Unsere Erfahrungen erfahren

Die meisten Männer und insbesondere gebildete Männer leben hauptsächlich in ihrem Kopf. Sie versuchen, allem einen Sinn abzuringen. Als Folge sind sie oft nicht dazu in der Lage, das Leben tatsächlich zu leben. Sie wollen bereits im Voraus die Bedeutung dessen, was sie erleben werden, wissen. Sie leiden an Kontrollsucht und fehlendem Vertrauen, sie können nicht loslassen und Gott wirken lassen. Um etwas wirklich begreifen zu können, müssen wir uns jedoch der Erfahrung selbst ausliefern – ohne bereits davor interpretieren zu wollen, was wir erfahren werden.

Das Wunderbare an heiligen Geschichten ist, dass sie nichts kontrollieren oder erklären wollen. Dadurch wird es der Seele möglich, in die Geschichte hineinzuwachsen und auf vielen verschiedenen Ebenen deren Bedeutung zu erspüren. Reiner Buchstabenglaube geht immer mit Sinnverlust einher. Mythologische und heilige Texte wollen uns dazu bewegen, Erfahrungen am eigenen Leibe zu machen. Mittels unserer Erfahrung stellen wir schließlich fest, dass Begegnung nicht nur möglich, sondern wünschenswert ist. Und wir müssen uns fortan nicht mehr anstrengen, unsere Erfahrungen wirklich zu erfahren.

Wie kann ich von meinem kopfgesteuerten Leben zu einer wirklichen Erfahrung des Lebens gelangen?

Von der Weite des Universums

Die säkulare Kultur hat uns von der Suche nach dem tieferen Sinn unseres Lebens abgeschnitten. Ohne eine sinnstiftende Geschichte, in die wir unsere eigene kleine Geschichte einbetten können, gehen wir jedoch an unserer eigenen Bedeutungslosigkeit verloren. Die perfekte Reaktion auf jede männliche Initiation ist das, was auch Jesus erfahren hatte, als er sagte: »Ich bin ein geliebter Sohn!« Ohne eine transzendente Anbindung bleibt jeder von uns in seiner eigenen kleinen Psyche verstrickt, kämpft darum, Bedeutung zu erlangen, und produziert eine abgetrennte Identität. Wenn wir dann unweigerlich scheitern – da wir es alleine einfach nicht schaffen können –, schämen wir uns und betrachten dies als Niederlage. Oder wir versuchen so zu tun, als ob ein kleineres Universum – unser Land, unsere Volksgruppe, das eigene Sportteam oder die Glaubensgemeinschaft – das eigentliche Zentrum der Welt wäre. Das kann schlimme Folgen nach sich ziehen.

Wir brauchen das Wissen von einem größeren Universum, in dem wir unsere eigene Bedeutung erkennen können. Wir brauchen eine größere Geschichte, in der wir Sinn finden. Es reicht einem Mann nicht zu hören, dass er der Sohn eines liebenden Vaters ist, er muss auch glauben können, dass er der geliebte Sohn Gottes ist.

Hat die Kultur, in der ich lebe, meine eigene Sinnsuche beeinflusst?

Habe ich meine Bedeutung in einer größeren Geschichte erkannt? Wie ist dies geschehen?

Die Freundschaft Gottes

Indem wir nur in der Hoffnung auf eine spätere Belohnung und in der Vermeidung von Bestrafung leben, sind wir zu abwesenden Eigentümern unseres eigenen Lebens geworden. Wir wursteln uns einfach so durch, versuchen uns anständig zu verhalten und hoffen auf einen Platz im Himmelreich. Wir gehen am Sonntag brav in die Kirche, um später dafür belohnt zu werden und jede mögliche Bestrafung zu vermeiden. Religion wird so zur Brandversicherung anstatt zum Ausdruck von Liebe und Freiheit. Gott scheint immer später zu sein, nur nie jetzt.

Wir sollten glauben um des Glaubens willen: Wir sollten glauben, dass Gott wirklich Gott ist, dass er gut ist und entgegen all unserer Erwartungen auf unserer Seite ist! *Gottes Freundschaft ist bereits im Hier und Jetzt unsere Belohnung.* Diese Freundschaft existiert jetzt und damit auch später. Das ist es, was ich Himmel nenne. Wenn du diese Freundschaft jetzt nicht haben willst, dann ist sie dir anscheinend nicht so wichtig. Das ist es, was ich Hölle nenne. Himmel und Hölle sind in erster Linie *jetzt* und keine verzögerten Belohnungen oder Bestrafungen.

Ist mein Glaube vor allem in der Vorstellung von Strafe und Belohnung verankert?

Erfahre ich Glauben in der Verbundenheit mit meinem Schöpfer?

Bauchgefühl und Gewissen

»Unverkennbar seid ihr ein Brief Christi, ausgefertigt durch unseren Dienst, geschrieben nicht mit Tinte, sondern mit dem Geist des lebendigen Gottes, nicht auf Tafeln aus Stein, sondern – wie auf Tafeln – in Herzen von Fleisch« (2 Korinther 3,3).

Männer werden kaum dazu ermutigt, ihrem Bauchgefühl zu vertrauen. Unsere religiöse Kultur wertschätzt das instinktive Selbst nicht, sondern vertraut dem intellektuellen Selbst und den äußeren Gesetzen (siehe hierzu den Brief an die Römer 2,15). Wir wurden zu gläubigen Jungs erzogen, die ihre instinktive Natur nicht nur unterdrücken, sondern ihr auch misstrauen sollten.

Als Folge wurden wir eines ausbalancierten, nuancierten und untrüglichen Gefühls für das, was gut und schlecht ist, beraubt und damit unseres inneren Gewissens. Wir wissen nicht, was richtig und falsch ist, weil wir von Theorien und Gesetzen abhängig wurden. Paulus forderte Männer dazu auf, tiefer zu gehen und nicht nur den Tafeln aus Stein zu vertrauen. Wir müssen uns wieder unseren »Herzen von Fleisch« zuwenden. Sie können uns sagen, was wirklich und unwirklich, was gut und was schlecht ist.

Gab es in meinem Leben Zeiten, in denen
ich meinem Bauchgefühl vertraute?
Wie fühlte sich das an?

Gottes Gerechtigkeit

Viele Männer glauben, dass Gott als eine Art strenger Vater im Himmel regiert. Er ist für sie eine Gottheit, die sich durch harte Gerechtigkeit auszeichnet und alle Dinge in der Welt durch Vergeltung wieder ins rechte Lot bringt. Gottes Gerechtigkeit basiert jedoch nicht auf Bestrafung, sondern auf Gnade. Diese führt zu innerem Gleichgewicht, Harmonie und zu einer Neuordnung dessen, was ist. Wir haben unsere menschlichen Vorstellungen von vergeltender Gerechtigkeit auf Gott projiziert und ihm damit auf unser eigenes kleinherziges Niveau heruntergezogen.

Gott aber bewertet die Schöpfung nicht durch väterliche Strafe von außen, sondern durch positive Verlockung und Verwandlung von innen heraus. Könnte Gott weniger liebevoll sein, als gute Eltern es sind? Nein, Gott ist größer als die größte Liebe, die du jemals erfahren hast! Das ist die wichtigste Offenbarung des Alten und des Neuen Testaments. Wenn wir diese grundlegende Botschaft nicht erkennen, dann wird auch alles andere verfälscht und sogar zerstört.

Wie habe ich selbst Gottes Gerechtigkeit als positive Verlockung und Verwandlung von innen erlebt?

Was hält mich bislang davon ab, Gott in dieser Art und Weise zu erfahren?

Die erste Erlaubnis

Kennst du Männer, die sich einfach nicht wohlfühlen in ihrer Haut? Sie sind oft von einer unaussprechlichen Traurigkeit umgeben und sie versuchen sich für alles zu rechtfertigen. Manchmal sind sie auch besonders mürrisch oder kühl. Es handelt sich dabei um Menschen, die, als sie zur Welt kamen, nicht die erste und wichtigste Erlaubnis erhalten haben – die Erlaubnis zu leben.

Es gibt tatsächlich viele Menschen, die diese grundlegende Erlaubnis nie erhalten haben. Niemand hat jemals ihr Gesicht in die Hände genommen, ihnen in die Augen geblickt und gesagt: »Willkommen in der Welt, mein Liebstes. Ich bin so glücklich, dass du hier bist und dass du lebst. Ich liebe dich.« Das ist die essenzielle und unverzichtbare Aufgabe von Müttern und Vätern.

Habe ich selbst diese erste Erlaubnis erhalten?

Habe ich diese erste Erlaubnis anderen
Menschen gegeben, die mir nahestehen?

Spiegelung

Wahrhaft glückliche Menschen – jene also, die ihre Freiheit genießen und ein hohes Maß an Selbstvertrauen besitzen – haben die früheste Erlaubnis erhalten: die Erlaubnis, leben zu dürfen. In ihrer frühen Kindheit haben ihnen ihre Mutter oder ihr Vater, vielleicht auch jemand anderes, der ihnen sehr nahe stand, etwa ihr Großvater oder ihre Großmutter, versichert, dass sie durch ihre Anwesenheit die Welt bereichern.

Auf unserem weiteren Lebensweg brauchen wir noch mehr Bestätigungen dieser Art, sei es in Form von Freundschaften, Kameradschaften oder Liebesbeziehungen. Wenn wir diese Bestätigungen nicht erhalten, beginnen wir an uns selbst zu zweifeln. Da wir uns selbst nicht spiegeln können, sind wir auf die Spiegelung anderer angewiesen. Diese bereitet uns auf die letzte und umfassende Spiegelung durch Gott vor.

Die Erfahrung, dass es Menschen gibt, die glücklich darüber sind, dass es uns gibt, macht es uns überhaupt erst möglich, uns die bedingungslose Liebe eines grundgütigen Gottes vorstellen zu können. Wie traurig wäre es, wenn wir dieses frühe Geschenk nicht wenigstens an einen anderen Menschen weitergeben könnten oder wenn es uns nie vergönnt sein sollte, es selbst zu erhalten!

Wer hat mir in meinem Leben die Liebe eines grundgütigen Gottes gespiegelt?

Wir sind nicht Gott

Die meisten von uns wollen selbst das Sagen haben oder zumindest Kontrolle ausüben. Darin liegt, wenn wir ehrlich sind, auch das eigentliche Problem, das wir mit Gott haben – die Tatsache, dass wir selbst nicht Gott sind, sondern dass nur Gott Gott ist. Das ist nicht nur ein theologisches, sondern auch ein persönliches Thema.

Offen gesagt sind wir doch stinksauer darüber, dass es Gott ist, der für die Schöpfung verantwortlich ist, und dass wir selbst nur seine Geschöpfe sind – insbesondere dann, wenn wir auf all die Ungerechtigkeit, Sinnlosigkeit und Gewalt in der Welt blicken.

Ertappst du dich auch manchmal bei dem heimlichen Wunsch, diese Welt selbst gestalten zu können und das Heft selbst in der Hand zu halten? Ich denke, dass es sich dabei um einen notwendigen Kampf mit Gott handelt, eine Auseinandersetzung, wie sie auch Jakob hatte, der es tatsächlich wagte, mit dem Engel Jahwes bis zum Morgengrauen zu kämpfen. Er hinkte zwar mit schmerzender Hüfte von dannen, doch wurde er in dieser Begegnung von Angesicht zu Angesicht mit einem neuen Namen gesegnet (Genesis 32,23–32). Ein ziemlich guter Ausgleich, würde ich sagen!

Wie viel Zeit und Energie verschwende ich damit, mir zu wünschen, ich selbst wäre Gott und damit derjenige, der über sein eigenes Leben bestimmen könnte?

Zug um Zug

Wir meinen, wir könnten wie Gott sein, denn insgeheim glauben wir, dass wir bereits alle Antworten haben. Das ist ein großer Trugschluss. Gott aber hat Nachsicht mit uns und führt uns geduldig zu größerer Einsicht. Gewöhnlich tut er dies, indem er unsere selbst zusammengezimmerte Welt zum Einsturz bringt. Es ist notwendig, dass unser persönlicher Heilsplan von Zeit zu Zeit scheitert, denn solange wir an diesem festhalten, nähren wir nur die Wurzel des religiösen Dogmatismus.

Der Schmerz, den wir fühlen, wenn alles auseinanderfällt, ist eine Methode Gottes, uns zu zeigen, dass das Leben immer schon weit größer ist, als wir bislang annahmen. Es ist der Glaube, der uns durch das Leiden trägt und der uns erfahren lässt, dass wir alle aus einer weitaus mächtigeren Quelle gespeist werden.

Gott zieht uns immer näher zu sich, Zug um Zug und Stück für Stück. Und die meiste Zeit bemerken wir das nicht einmal.

Wann habe ich gemerkt, dass mein Leben
auseinanderfällt?

Habe ich dabei Gott erfahren?
Wie habe ich Gott gespürt?

Mit Schmerzen umgehen

Alle großen spirituellen Traditionen lehren uns Wege, mit dem Schmerz umzugehen. Wenn eine Religion uns nicht darin unterstützt, den Schmerz in etwas Sinnvolles zu verwandeln, dann taugt sie nichts. Nicht von ungefähr ist das zentrale Symbol des Christentums der Schmerzensmann, der sich vom Leid nicht besiegen lässt, sondern durch es hindurchgeht und aus ihm emporsteigt.

Befreie dich daher nie von einem Schmerz, bevor du nicht verstanden hast, was er dich lehren will. Dann, das versichere ich dir, geschieht Auferstehung von selbst.

Was hat mich mein Schmerz gelehrt?

Gott mag mich

Es ist für Männer ausgesprochen schwer zu akzeptieren, dass sie von einem liebenden Gott geliebt werden. Noch schwerer ist es für sie zu glauben, dass Gott sie *mag*. Irgendwo können wir schon akzeptieren, dass Gott uns liebt, denn das ist schließlich seine Aufgabe. Doch in Betracht zu ziehen, dass er uns vielleicht sogar mögen könnte, als der ganz gewöhnliche Mensch, der wir sind, und dass er sogar Vergnügen an unserer Gesellschaft finden könnte – das ist denn doch ein starkes Stück für die meisten von uns.

Gott muss also etwas in uns sehen können – was er ganz sicherlich auch tut –, das wir selbst nicht sehen können.

Glauben zu können, dass Gott uns wirklich mag, ist der Beginn eines mystischen und reifen christlichen Glaubens. Dieser Glauben macht uns sogar glücklicher, denn mit ihm beginnen wir uns selbst zu mögen. Gott kann sich schließlich nicht täuschen!

**Wie fühlt es sich an zu wissen,
dass Gott mich mag?**

Gott ist ganz anders, als wir glauben

Philosophisch betrachtet erscheint uns Gott als allmächtig, allgegenwärtig, allwissend und unendlich. Doch was ist, wenn wir an Jesus denken? Wenn er das vollkommene Abbild des Göttlichen ist (Hebräer 1,3) und die Enthüllung des unsichtbaren Gottes (Kolosser 1,15), wie lässt sich das vereinbaren mit dem machtlosen Mann am Kreuze? Selbst nach 2000 Jahren ist es für uns schwer zu begreifen, welch revolutionäres Symbol, welche Offenbarung und realistische Wucht der gekreuzigte Jesus darstellt. Mit seinem Kreuzestod sagt er uns: »Gott ist nicht das, was du über ihn zu wissen meinst.«

Das lässt sich durch Worte allein nicht verstehen, denn sonst könnten wir es durch das Studieren der heiligen Schriften lernen. Was Gott wirklich ist, können wir nur durch unser eigenes Leben erfahren. Es mag gewagt klingen, doch wir lernen Gott durch seine Begleitung in unserem Alltag kennen. Wir erfahren die Verbundenheit mit Jesus in unseren schmerzhaften Begegnungen. Er steht den Armen und Hilflosen ebenso bei wie allen leidenden Soldaten, egal, auf welcher Seite des Krieges sie zu finden sind. Tatsache ist und bleibt: Gott ist immer ganz anders, als wir glauben.

Was habe ich durch mein eigenes Leben über Gott erfahren?

Die Wahrheit

Hüte dich davor, zu einem dieser Männer zu werden, die sich etwas auf ihre Überzeugungen einbilden und Dinge sagen wie: »Ich kenne die Wahrheit. Ich brauche deine Fakten und Argumente nicht.« Viele Männer haben das, was ihnen heute als richtig erscheint, bereits sehr früh in ihrem Leben verinnerlicht, sodass sie für Neues nicht mehr offen sind. Das macht sie jedoch nicht nur für andere Menschen unausstehlich, sondern verhindert auch das Wirken der Gnade in ihrem Leben!

Eine der vielen großartigen Eigenschaften von Jesus war, dass er niemals vor Fehlerhaftem zurückscheute. Er suchte nicht nach Perfektion und Ordnung, sondern fand Gott im Chaos, bei den Sündern, Ausgestoßenen und Benachteiligten. Damit wies er den Weg zu einer neuen Form von Religion.

Bin ich bereit, immer wieder das zu überprüfen, was ich für die Wahrheit halte?

Bin ich willens, mich den Dingen zu stellen, die meine Sicht der Welt verändern könnten?

Tun, was zu tun ist

Es besteht ein grundlegender Unterschied, ob wir in der Suchtgesellschaft der modernen säkularen Welt leben oder in der
Freiheit der Lehre Jesu. In der Kultur der Abhängigkeit *tun
viele einfach das, was sie tun wollen.* Sie können gar nicht anders. Dies aber führt zur Abhängigkeit auf vielen Ebenen –
und in erster Linie zur Abhängigkeit vom Ego.

Diejenigen hingegen, die nach dem Evangelium Jesu leben,
haben die Gnade erfahren, dass *sie genau das tun möchten,
was sie tun müssen!* Was wäre Freiheit anderes? Was wäre
Liebe denn anderes?

Kann ich den Unterschied zwischen dem,
was ich tun möchte, und dem, was ich tun muss,
erkennen?

Wie kann diese Einsicht mein Leben
verändern?

Müssen wir uns Liebe verdienen?

Viele anständige Männer sehen die Welt als eine Art Gleichung, in der sie genau das bekommen, was sie verdienen – nicht mehr und nicht weniger. Wir glauben, dass wir etwas leisten müssten, um etwas zu erhalten. Dieses Denken hat sich tief in unsere Psyche eingeprägt. Das ist die Botschaft, die uns unsere Eltern, Lehrer, Betreuer, Priester, Vorgesetzten und letztlich die gesamte Gesellschaft mit auf den Weg gegeben haben. Ein anderes Wort dafür ist »Leistungsdenken«. In diesem Denken gibt es keinen Platz für Barmherzigkeit, Vergebung und die wahre Liebe Gottes.

Wir müssen erst viele Male stürzen und uns so einige Beulen einhandeln, bevor wir erkennen können, dass wir von Gott getragen werden. Erst wenn wir diese Erfahrung gemacht haben, kann die Liebe Gottes unsere Konditionierungen aufbrechen und es uns ermöglichen, einer Liebe zu vertrauen, die nicht verdient werden muss. Solange wir selbst diese Liebe nicht erfahren haben, können wir sie auch anderen nicht geben. Das ist es, was Jesus meinte, als er über die Sünderin sagte: »Ihre Sünden sind vergeben, denn sie hat viel geliebt« (Lukas 7,47).

Jesus hat uns aus dem starren Leistungsdenken befreit und so die Liebe wieder zum freien Fließen gebracht.

Glaube ich noch, dass ich mir Liebe verdienen muss?

Habe ich bereits erfahren, dass Gottes Liebe an keine Bedingungen geknüpft ist?

Bin ich dazu fähig, diese bedingungslose Liebe auch anderen Menschen zuteilwerden zu lassen?

Den Kreis schließen

Dies ist das erste und grundlegende Gebot Jesu: »Du sollst den Herrn, deinen Gott, lieben aus deinem ganzen Herzen und aus deiner ganzen Seele und aus deinem ganzen Verstand und aus deiner ganzen Kraft« (Markus 12,30).

Doch wie können wir einen Gott lieben und wertschätzen, wie können wir ihm vertrauen, wenn er nur die alte Geschichte von Ehre und Schande, von Belohnung und Strafe wiederholt, die wir im Kern aller Kulturen vorfinden? Wie sollten wir uns in der Gegenwart eines Gottes sicher und geborgen fühlen, der uns keine Fehler nachsieht? Würden wir solch einen Menschen zum Freund haben wollen? Selbst Menschen, die mir nicht nahestehen, behandeln mich besser. Ein solches Verhalten birgt keine göttliche Offenbarung in sich und ist ganz sicher keine »frohe Botschaft«.

Nur wenn wir Gottes bedingungslose Liebe unmittelbar und vorbehaltlos erfahren können, erfahren wir die Freiheit, ihn aus freiem Herzen zu lieben. Indem wir Gottes Liebe in uns aufnehmen und Gott durch uns und in anderen lieben, schließen wir den Kreis und können das erfüllen, was Jesus sagte: »Umsonst habt ihr empfangen, umsonst gebt« (Matthäus 10,8).

Wie hat mich das Leistungsdenken unserer Gesellschaft geprägt?

Und was hat es mir ermöglicht, die bedingungslose Liebe Gottes schließlich annehmen und akzeptieren zu können?

Das Problem mit der freizügigen Gesellschaft

Eine freizügige Gesellschaft ist nicht dazu in der Lage, jungen Männern ihre benötigten Grenzen in Form eines deutlichen NEIN aufzuzeigen. Als Folge können diese weder eine stabile Ego-Struktur noch ein in sich verwurzeltes Identitätsgefühl entwickeln. Sie sind zur gleichen Zeit überall und nirgends und fühlen sich ohne triftigen Grund zu allem berechtigt. Es fehlt ihnen an der Fähigkeit, ihre Impulse zu kontrollieren, was für jede Gemeinschaft und Freundschaft notwendig ist.

Unsere marktorientierte Gesellschaft ist nur an Gütern interessiert, die man kaufen und verkaufen kann. Deshalb ignorieren wir die Notwendigkeit eines klaren NEIN gegenüber unserer Habgier. Und die religiösen Institutionen rufen uns in einer Art panischer Überreaktion jede Menge Verbote zu, die jedoch schon lange nicht mehr sakral wirken, sondern nur noch moralistisch anmuten.

Was jeder junge Mann braucht, ist *eine große Vision und das Wissen von den eigenen Grenzen.* Hierfür benötigt er weise Ältere, die ihm die Begegnung mit dem Einen ermöglichen, der in diesem Raum zu finden ist – der Eine, der ihnen ein überzeugendes und eindringliches JA anbietet – ein JA, das so tief ist (2 Korinther 1,20), dass es sowohl das eigene innere Ja wie auch das benötigte Nein in ihnen wachruft.

Wie hat mich die freizügige Gesellschaft, in der wir leben, geprägt?

Wie hat sie meinen Sohn und andere junge Männer, die ich kenne, geprägt?

Misandrie

Misandrie als eine Form von Männerhass ist charakteristisch für unsere Zeit. Männer aus der wohlhabenden Bildungsschicht ziehen per se Kritik auf sich. Sie werden zur Zielscheibe von Karikaturen und zum Freiwild für Fernsehshows und öffentliche, politische und akademische Diskussionen.

Männlichkeit wird dabei meist geradezu selbstverständlich mit dem Patriarchat gleichgesetzt. Übersehen wird dabei, dass es sich beim Patriarchat um eine degenerierte Form der Männlichkeit handelt; wir könnten auch sagen, um die Kehrseite von Männlichkeit. Das Patriarchat liefert der Misandrie gute Gründe. Doch wir dürfen nicht übersehen, dass es viele Männer gibt, die ihre Macht nicht missbrauchen, und dass es auch Männer gibt, die nicht einmal Zugang zur Macht haben. Viele Frauen, die an die Macht kamen, sind dieser ebenso erlegen wie Männer. Und das, obwohl doch einige der neuen Theorien das Weibliche als das von Natur aus Tugendhafte postulieren und im Männlichen den Sitz des Bösen erkannt haben wollen. Das führt dazu, dass sich immer mehr Männer angeschlagen und unsicher fühlen. Niemand kann wirklich ermessen, welchen Schaden dies gerade Jungen und heranwachsenden Männern zufügt. Misandrie ist ein typisches Beispiel für die menschliche Neigung zu dualistischem und bewertendem Denken.

Wie kann ich mir Formen von Misandrie bewusst werden und verhindern, dass diese sich auf junge Männer und Knaben in meinem Umkreis auswirkt?

Der Mann der Mitte

Der Mann der bürgerlichen Mittelschicht pflegt seine Religion meist aus gesellschaftlichen oder familiären Gründen. In der ersten Hälfte seines Lebens ist er vor allem damit beschäftigt, die Karriereleiter zu erklimmen und sich Geld und Status zu sichern. Er lebt in einer männlichen Welt von Wettbewerb und Konkurrenz. Themen wie Gottesnähe, tief greifende Beziehungen, Liebe um der Liebe willen und das Mysterium des Lebens üben in dieser Zeit wenig Anziehungskraft auf ihn aus. *Er versucht, alle Mysterien zu lösen, ohne auch nur die geringste Bereitschaft, sich in eines hineinzugeben!*

Die meisten Männer, die dieses Buch lesen, gehören der Mittelschicht an und befinden sich wahrscheinlich in der Mitte ihres Lebens. Sie arbeiten hart, um ihre Familie zu versorgen, sie versuchen, in ihrem Beruf gut zu sein, und suchen nach einer angemessenen Balance zwischen Spiritualität und Alltag.

Ernsthaft einen spirituellen Weg zu gehen, kommt für Männer meist erst später im Leben in Betracht und manchmal noch nicht einmal dann. Denn die alten und überstrapazierten neuronalen Verschaltungen von Kampf und Flucht sind eines Tages die einzigen, die ihnen bleiben.

Was erhoffe ich mir von der Religion und von einem spirituellen Leben?

Das Evangelium vom armen Mann

Der arme Mann, der am unteren Rand der Gesellschaft lebt, wendet sich der Religion zu, um seine Existenzbedürfnisse zu erfüllen. Ihm geht es um die Fragen nach Leben und Tod. Theorien und Theologie interessieren ihn nicht. Er möchte sichergehen, dass Christen das, was sie predigen, auch wirklich leben. Und er möchte herausfinden, ob das, was Christen leben, auch für ihn von Nutzen sein kann. Ich bin sicher, dass Jesus deshalb bei seiner ersten öffentlichen Rede sagte, dass er gekommen sei, »um den Armen gute Nachricht zu bringen« (Lukas 4,18). Es sind die Armen, die uns dazu zwingen, uns den existenziellen Fragen der Seele zu stellen, die den Kern des Evangeliums bilden. Die betuchteren Klassen haben – übrigens ebenso wie die Geistlichkeit – viel zu lange mit dem Evangelium herumgespielt. Dadurch wurde es zu einer intellektuellen Abstraktion und zu einem Instrument, die bestehende soziale Ordnung aufrechtzuerhalten.

Indem wir das Evangelium den Armen verkünden, dienen wir auch uns selbst. Denn wir sind es, die Bekehrung brauchen. Wir sind es, die sich den grundlegenden spirituellen Fragen stellen müssen, unser Mitgefühl wiederentdecken müssen, um schließlich das Herz Gottes wiederzuentdecken.

Brauche ich Gott, um zu überleben?

Wie kann ich das Evangelium zu den ärmsten meiner Brüder bringen?

Co-Abhängigkeit

Co-Abhängigkeit stellt eines der größten Probleme in den Beziehungen zwischen Männern und Frauen dar. Es handelt sich dabei um eine Liebe ohne Erdung, die nur dazu da ist, die innere Bedürftigkeit gegenseitig zu nähren. Diese Art von Liebe enttäuscht immer und zwar schwer. *Nur das, was sich zu Beginn als getrennt und in gewissem Maße vollständig weiß, kann sich vereinen und etwas Starkes und Gutes hervorbringen.* Was wir heutzutage unter Liebe verstehen, ist oft nichts anderes als Co-Abhängigkeit. Es ist *bedürftige* Liebe, keine *geschenkte* Liebe. Doch kein anderer Mensch kann uns ganz oder heil machen. Das ist nur durch einen inneren Prozess möglich. Viel von dem, was wir Liebe und Loyalität nennen, ist nichts anderes als Angst und Unsicherheit: die Angst davor, sich auf den Weg zu machen, die Angst, allein zu sein, die Angst davor, sich den wirklichen Fragen zu stellen und ehrlich zu sich selbst zu sein. Ich wage zu behaupten, dass das beste Mittel gegen Einsamkeit das Alleinsein ist!

Wenn ich ganz ehrlich mit mir selbst bin – habe ich Beziehungen in meinem Leben, die man als co-abhängig bezeichnen könnte?

Falls dem so ist, was könnte mir dabei helfen, diese Beziehungen zu heilen?

Vom Glauben und der Freiheit des Nicht-Wissens

Das Christentum und die bürgerliche Religion versteht unter *Glaube* fälschlicherweise, Gewissheit über etwas zu haben. In Wirklichkeit ist genau das Gegenteil der Fall! Der biblische Glaube ist die Freiheit, nicht zu wissen, nicht auf alles Antworten parat zu haben und dazu in der Lage zu sein, das, was wir wissen müssen, mit dem zu verbinden, was wir nicht wissen können – denn es gibt ein tieferes Wissen als unser rationales Wissen. Glaube besteht darin, über genug Sicherheit zu verfügen, um Unsicherheit zulassen zu können, über genügend ganzheitliches Wissen zu verfügen, sodass nicht alles Verstehen dem Verstand alleine überlassen wird. Diese Art von Wissen muss Zweifel nicht eliminieren, sondern lässt den kreativen Prozess des Zweifelns ein – deshalb ist wahrer Glaube immer bescheiden und offen für neue Informationen.

Das mag vielleicht wie Arroganz oder Täuschung für diejenigen aussehen, die das nicht selbst erlebt haben. Wer solch einen Glauben hat, ist sicherlich kein besserer Mensch als der, der nicht glaubt, doch er ist vielleicht glücklicher, weil er sich und anderen nichts mehr beweisen muss. Wer solch einen gesunden Glauben hat, neigt weit weniger zu Dogmatismus als viele Atheisten, die ich kenne.

Wie erlebe ich meinen Glauben?
Wie reagieren andere auf
meinen Glauben?

Ist Gott verantwortlich?

Auch wenn wir vielleicht annehmen, dass Gott die Verantwortung für alles trägt, so tut er dies in Wahrheit doch sehr selten. Für die meisten von uns übernimmt Gott einige kurze Momente des Tages die Verantwortung. Konstant ist aber die Liebe, die er uns entgegenbringt. Gott befindet sich nicht im Kontrollmodus. Wenn er wirklich die Welt beherrschen würde, dann wäre sie nicht in dem Zustand, in dem sie ist. Es sieht vielmehr so aus, als ob Gott in seiner Liebe es uns geduldig gestattet, weitgehend die Geschicke der Welt zu lenken.

Er wartet darauf, dass wir die Bereitschaft zeigen, freiwillig an dem teilzuhaben, was er tut. Wenn wir gewillt sind, unser Leben Gott zu überantworten, und wenn wir ihn um Führung bitten, dann finden plötzlich alle Arten von Synchronizitäten, Zufälle und Überraschungen statt, also das, was die Heiligen *göttliche Fügung* nannten. Gott herrscht nur dann, wenn wir ihm die Herrschaft übergeben. Dann können sich wirklich gute Dinge ereignen. In der Zwischenzeit tut Gott alles, was er kann, um die Auswirkungen unserer Handlungen zu heilen.

**Versuche ich, Liebe zu vermeiden,
um die Kontrolle zu behalten?**

**Wie kann ich Gott die Herrschaft
zurückgeben?**

Workaholics im Dienste Gottes

Viele der erfolgreichsten und tüchtigsten Männer haben zwar die besten Absichten, doch faktisch leben sie ein Leben als Workaholics im Dienste Gottes und ihrer Familien. Durch ihre unermüdliche Arbeit wollen sie nicht nur ihre Familien versorgen, sondern streben zugleich auch nach Erlösung ihrer Seele und dem Verdienst des ewigen Lebens. Was für eine seltsame Strategie: Indem wir auf ein späteres Leben spekulieren, versäumen wir doch tatsächlich die Freuden und Tiefen des Lebens im Hier und Jetzt. Es ist an der Zeit, uns zu fragen: Ist es uns wirklich ernst damit zu leben?

Immer wieder versucht Gott uns behutsam in diese Richtung zu führen. Er tippt uns gleichsam auf die Schulter, um uns daran zu erinnern, dass es nicht nur um Leistung und Werte geht, sondern vor allem um gute Beziehungen. Brüder, vernachlässigt nicht die Beziehung zu Gott zugunsten vermeintlich guter Werke für Gott und Mensch! Das ist doch genau das, was so viele Söhne ihren Vätern später vorwerfen: »Er hat zwar das Geld für die Familie verdient, wollte aber nie Zeit mit uns verbringen.«

Wann bin ich wirklich würdig für Gottes Reich?

Schulter an Schulter

Frauen müssen häufig die Erfahrung machen, dass Männer nicht willens sind zu reden, dass es ihnen an Einfühlungsvermögen mangelt und sie keinen Zugang zu ihren Gefühlen haben. Untersuchungen zufolge verfügen Frauen über einen Wortschatz, der fünf Mal so viele Wörter für Gefühle und innere Zustände umfasst als der von Männern. Ganz offensichtlich scheitern Männer immer wieder in den Gesprächen, die für gute Beziehungen notwendig und wichtig sind.

Männer raufen sich in den Baugruben zusammen, sie wachsen durch gemeinsame Aufgaben zu Teams zusammen. Sie erleben Gemeinschaft, Loyalität und Fürsorge und schaffen Bindungen mit ihren Mitmenschen weniger durch Reden als vielmehr im Tun. Wenn es darum geht, im aktiven Tun nach Lösungen zu suchen, arbeiten Männer Schulter an Schulter zusammen. Es kommt dabei zu einem männlichen Grad an Vertrautheit, den Frauen nicht immer verstehen und akzeptieren können. Diese Vertrautheit kann Männer zu großer Liebe und harter Arbeit inspirieren und sogar dazu, sich für andere zu opfern. Das mag vielleicht erklären, weshalb Männer sich zu Sport, Krieg und körperlicher Arbeit hingezogen fühlen: Hier können sie sich durch gemeinsame Aktivitäten nahekommen und tiefe Bindungen miteinander eingehen.

Bei welchen gemeinsamen Aufgaben
stand ich Schulter an Schulter
mit anderen Männern?

Frauenarbeit

Viele Frauen wenden sich Rat suchend an unser Netzwerk, um die Männer in ihrem Leben besser verstehen zu können und sich mit den Themen auseinanderzusetzen, die sie als Frau betreffen. Ich bin immer wieder aufs Neue beeindruckt von der spirituellen Wissbegier von Frauen und ihrer Bereitschaft zu ständiger Weiterentwicklung. Die meisten Veranstaltungen religiöser oder sozialer Art, ehrenamtliche Arbeit ebenso wie Selbsthilfegruppen, werden größtenteils von Frauen organisiert und besucht.

In der westlichen Kultur wurden Frauen dazu ermutigt, manchmal sogar dazu gezwungen, sich weit mehr mit ihrem Gefühlsleben zu beschäftigen als Männer. Wem die Macht in der Außenwelt versagt wird, der wendet sich auf der Suche nach Macht nach innen. In vielen Kulturen wurde die innere Kraft der Frauen zu einer ihrer großen Stärken. Ganz offensichtlich fällt es ihnen weit leichter als Männern, mit Emotionen, Tränen, Berührungen, sozialen Kompetenzen, mit Gesprächen über Gefühle und dem Aufbau von Beziehungen umzugehen. Dadurch haben sie auch einen großen Vorsprung darin, mit spirituellen Themen umzugehen. Um mithalten zu können, müssen Männer in gewisser Weise erst einmal ihre Hausaufgaben machen. Nur so kann es zu einer wahren Partnerschaft zwischen Männern und Frauen kommen.

Wer sind die Menschen in meinem Leben – seien es Männer oder Frauen –, die wirklich in Kontakt mit ihrem Gefühlsleben sind?

Mutterliebe

Der Blick unserer Mutter ist unsere erste zwischenmenschliche Prägung; diese frühe Spiegelung wird unser gesamtes weiteres Leben beeinflussen. Wenn wir niemanden finden, der später ihren Platz einnimmt, dann bleiben wir »unreflektiert«, verlieren den Boden unter den Füßen und den Kontakt zu unserem Körper. Mir wurde gesagt, dass ein Baby anfangs genau so weit sehen kann, wie der Abstand zwischen den Augen und den Brüsten der Mutter ist. Jeder von uns hat schon einmal diesen Blickkontakt der Glückseligkeit zwischen Mutter und Baby während des Stillens gesehen. Es ist fast eine Art Gottesdienst.

Tatsächlich sehnen wir uns für den Rest unseres Lebens danach, diesen Blick in den Augen eines anderen Menschen wiederzufinden; wir möchten, dass ein anderer Mensch von uns entzückt ist. Es erschüttert uns zutiefst, wenn wir durch die Augen eines anderen Menschen diesen Segen erfahren, und nie können wir genug bekommen von diesem unendlichen Blick der Liebe. Es ist bedauerlich, wenn dieser Blick sich zu früh mit sexuellem Begehren vermischt, denn das ist meist nicht das, wonach die Seele sich sehnt. Der liebevolle Blick selbst ist bereits das Geschenk. Machen wir uns bereit dafür, dieses Geschenk anzunehmen.

Was ist meine Erfahrung mit Mutterliebe?

Väter und Söhne

Es ist nicht schwer, den Konflikt zwischen Vätern und Söhnen zu verstehen. Bevor der Sohn geboren wurde, gehörte dem Mann die ganze Liebe seiner Frau. Doch von einem Tag auf den nächsten und ohne es selbst richtig zu realisieren, überträgt die Frau einen Teil dieser Liebe auf den neugeborenen Sohn. Der Ehemann fühlt sich zurückgesetzt und verletzt. Und während der Sohn es genießt, das Wichtigste im Leben seiner Mutter zu sein, spürt er zugleich auch die Rivalität des Vaters. Dieser wiederum fühlt sich schuldig, weil er seinen Sohn ablehnt. Der Grund hierfür ist die Konkurrenzsituation, in der er sich mit seinem eigenen Sohn befindet. Beide sind verwirrt. Beide lieben die gleiche Frau, und diese liebt beide, wenn auch auf verschiedene Weise.

Während der Junge aufwächst, versucht er alles Mögliche, um seinem Vater zu gefallen, doch nichts scheint zu fruchten. Er wird immer wieder zurückgewiesen und fragt sich: »Was kann ich nur tun, damit dieser Kerl mich endlich mag?« Er beginnt, an sich zu zweifeln: »Was stimmt denn nicht mit mir?« Unweigerlich beginnt er zu glauben, dass er selbst das Problem ist, dass er einfach nicht liebenswert ist. Aus dieser Selbstwahrnehmung erwächst ihm sein weiteres Lebensskript.

Wie habe ich die Liebe meines Vaters erfahren?

Wie haben meine Kinder Liebe erfahren?

Gotteshunger

Wie können wir mit einem Gott kommunizieren, den wir gar nicht sehen können? Wir erhaschen einen Blick auf Gott immer nur in etwas anderem oder auf jemand anderen und denken dann: *Ja, das ist es.* Doch sobald wir uns ihm nähern, verschwindet er wieder. Und so verlieren wir unser Interesse, bis wieder etwas Neues unsere Sehnsucht erregt.

Wenn wir ein authentisches Leben führen und unserer spirituellen Suche treu bleiben, werden wir viel Einsamkeit erleben. Diese Einsamkeit ist notwendig, denn sie bringt uns auf unserer Reise voran. Doch niemand fühlt sich einsam wirklich wohl. Es ist weit einfacher, irgendetwas zu tun, um diese Lücke zu füllen: etwas Moralisches oder Handlungen, mit denen wir Gott zu uns zurückzulocken versuchen. Wir finden künstliche Anreize, die uns vorgaukeln, wir seien zufrieden. Denn niemand hat uns gelehrt, unserer inneren Sehnsucht zu vertrauen. Der heilige Johannes vom Kreuz sagte sinngemäß, dass Gott auf die Leere in uns wartet, um sie füllen zu können. Biete Gott diese Leere und fülle sie nicht selbst mit etwas!

Wir müssen uns darin üben, mit dem Gotteshunger zu leben, den er ist es, der uns die Energie für die große Reise liefert.

**Wann bin ich Gott in einer Weise begegnet,
die mich Liebe erfahren ließ?**

**Wann war ich am meisten von
meinem eigenen Leben enttäuscht?**

Die Wunden des Patriarchats

Es liegt für uns Männer noch viel Arbeit vor uns. Zuerst müssen wir die tief greifende Zerstörung erkennen, die das Patriarchat und dessen Missbrauch männlicher Macht uns und der Welt zugefügt hat. Das Patriarchat hat Frauen, Männern, Kindern, der Erde und den meisten sozialen Systemen, die immer noch auf Herrschaft statt auf Kooperation basieren, schweren Schaden zugefügt. Vor einiger Zeit habe ich lateinamerikanische Missionare gefragt, was sie als Erstes ändern würden, wenn sie es könnten. Übereinstimmend sagten sie nur ein Wort: »Machismo!« Er liegt der Korruption, die in der Politik, den Kirchen, Familien und Beziehungen zu finden ist, zugrunde. Und die Kirche kann nichts dagegen tun, da sie selbst Teil des Problems ist.

Aus meiner Sicht hat Jesus deswegen zwölf Männer für die Zusammenarbeit ausgewählt, weil er wusste, dass sie der Hilfe am meisten bedurften. Jesus sah in ihnen seine Test- und Forschungsgruppe. Er wusste, wenn es ihnen nicht gelingen sollte, die Machtverteilung zu verändern, dann würde sich die Geschichte ebenso wenig ändern wie die Menschen. Keinesfalls schloss er Frauen deswegen aus dem inneren Kreis aus, weil sie zur Führung unfähig wären. Dabei handelt es sich um eine Interpretation der patriarchalen Kirche.

Wem hat das Patriarchat in meinem Leben
schweren Schaden zugefügt?

Wie ist dies geschehen?

Von innen heraus

Die religiösen Institutionen bieten Männern keine authentischen Begegnungen mit dem Heiligen und nicht einmal mit ihrer eigenen Ganzheit. Vielmehr bekommen sie Regeln, Vorschriften, Wegweiser und schöne Bilder vorgesetzt, die dazu dienen, religiöse Identitäten und Grenzen zu etablieren. Es handelt sich dabei um Äußerlichkeiten, die keinerlei Auswirkung auf das Innenleben von Männern haben.

Wahre Freude, ebenso wie wahre Erleuchtung, findet immer von innen nach außen statt. Wer zu viel Zeit im Außen verbringt, neigt schließlich dazu, Formen, Rituale, Dogmen und Worte an die Stelle von Gnade, Barmherzigkeit und unmittelbarer Gotteserfahrung zu setzen.

Wenn ich eine wahre Begegnung mit dem Göttlichen herbeiführen könnte – wie würde diese aussehen?

Wahre Religion

Der Anfang jeder Religion ist die Mystik und an ihrem Ende
steht die Politik. Diese Entwicklung begann bereits mit Moses.
Ken Wilber sagte, dass Spiritualität immer elitär beginnt, um
egalitär zu enden. Das Problem jedoch ist, dass viele Menschen
in der Startphase des Elitedenkens stecken bleiben.

**Wo habe ich Anzeichen dafür gesehen,
dass die Religion zur Politik wurde?**

Jenseits der Dualismen

Homosexuelle Männer waren bei den Ureinwohnern Amerikas oft die Schamanen oder Medizinmänner des Stammes, da sie in ihrer Person maskuline und feminine Eigenschaften vereinten. In weiten Teilen Indiens gelten Homosexuelle als das dritte Geschlecht. Unser westliches dualistisches Denken kann dies nur schwer verstehen. Während wir alles in ein starres Entweder-oder zu pressen versuchen, gestatten andere Kulturen einfach mehrere Kategorien.

Wir alle sind dazu aufgerufen, die maskulinen und femininen Aspekte der eigenen Persönlichkeit anzunehmen und in uns zu vereinen und damit beide Geschlechter in einer heilenden und lebensbejahenden Weise zu lieben.

Die Christen, die Homosexuelle verachten, möchte ich bei dieser Gelegenheit an die verbindliche Anweisung des heiligen Paulus erinnern: »Im Gegenteil, gerade die schwächer scheinenden Glieder des Leibes sind unentbehrlich. Denen, die wir für weniger edel ansehen, erweisen wir umso mehr Ehre und unseren weniger anständigen Gliedern begegnen wir mit mehr Anstand« (1 Korinther 12,22–23).

Wie kann ich die männlichen ebenso wie die weiblichen Aspekte meiner Persönlichkeit akzeptieren und lieben?

Homosexuelle und heterosexuelle Männer

Die Beziehung zwischen heterosexuellen und homosexuellen Männern bedarf der Heilung. Hierfür ist es unabdingbar, dass heterosexuelle Männer die Erfahrungen ihrer homosexuellen Brüder anerkennen und ehren. Homosexuelle haben ihren eigenen Weg zu gehen und sie erfahren die bedingungslose Liebe Gottes in der Liebe durch einen anderen Mann widergespiegelt. Weshalb sollten wir ihnen das missgönnen? Oder sie dafür gar zur Hölle wünschen?

Auch Jesus fühlte sich wohl dabei, wenn ein anderer Mann den Kopf an seine Brust legte. Die Evangelisten zeigten keine Scheu, davon zu berichten, und auch der »geliebte Jünger« selbst hatte keine Angst, mit Stolz davon zu sprechen.

Gleichgeschlechtliche Liebe wird nicht verschwinden, nur weil es der dualistischen westlichen Zivilisation schwerfällt, damit umzugehen, oder weil die Kirchen Probleme damit haben. Und auch Toleranz reicht schon lange nicht mehr aus. Was unsere schwulen Brüder verdienen ist Respekt, Verständnis und echte Wertschätzung. Es ist eine Frage der Gerechtigkeit, der Menschenrechte, eine Frage der Liebe.

Respektiere und akzeptiere ich Männer, deren sexuelle Neigung eine andere ist als meine?

Sind wir es wert?

Gott füllt die Lücke menschlicher Unzulänglichkeit mit einem kosmischen Akt der Gnade und des Mitgefühls. Der heilige Paulus nannte diesen großen Akt *Christus*. Für Paulus existierte Christus bereits seit Anfang an und nahm in Jesus Gestalt an. In Christus verkörpert sich Gottes Mitgefühl, Gottes Plan und seine Bereitschaft, die Lücken zu füllen, die durch die Sünden der Menschen, deren Gebrochenheit, Not und Versagen entstanden sind.

Die Erlösung war von Anfang an Gottes Plan und ist nicht nur eine Reaktion auf unsere Fehler (das macht Paulus in den ersten Kapiteln der Briefe an die Epheser und Kolosser deutlich).

Christus war da von Anbeginn der Zeit. Er ist Gottes Plan eines vollständigen und endgültigen Sieges. Wir alle sind ausnahmslos durch Gottes Gnade und bedingungslose Liebe erlöst.

Weshalb also machen wir das Evangelium zu einem billigen Wertewettbewerb? Wer ist es denn schon wirklich wert? Der Papst? Ich? Du? Wieso können wir nicht akzeptieren, dass Gott uns nicht deswegen liebt, weil wir uns ändern? Gott liebt uns, *sodass* wir uns ändern können. Gott liebt uns nicht, weil wir gut sind; Gott liebt uns, weil Gott gut ist.

**Wie sehr vertraue ich der Gnade Gottes,
die sich meiner täglichen Unzulänglichkeit und
Sündhaftigkeit annimmt?**

Auf dem Grund

Es ist sehr viel wahrscheinlicher, dass wir die Wahrheit auf dem Grund oder am Rand der Dinge finden als an der Spitze oder im Zentrum (das gilt für alle sozialen, politischen und wirtschaftlichen Strukturen). Menschen an der Spitze oder im Zentrum der Macht müssen sich immer zu viel beweisen und haben zu viel zu verteidigen. Diejenigen, die unten oder am Rande stehen, mögen zwar manchmal zu Bitterkeit und Neid neigen, doch oft sind gerade sie es, die weit mehr erkennen können und zu einem großen Maß an Mitgefühl fähig sind.

Wenn es um spirituelle Belange geht, sind die Menschen an der Spitze oft sehr schwer von Begriff; erfolgreiche Menschen tun sich hart damit, die Botschaft des Evangeliums zu hören. Es sind die Menschen, die unten stehen, die einen Vorsprung haben, wenn es um Fragen der Wahrheit und Gerechtigkeit geht. Genau das drückte Jesus in der Bergpredigt aus: »Gesegnet sind die Armen im Geiste« (Matthäus 5,3). Wie konnten wir das überhören? Könnte es sein, dass wir selbst die Macht mehr schätzen als die Wahrheit?

Welche Aspekte in meinem Leben halten mich davon ab, der Wahrheit ins Auge zu blicken?

Wenn Glaube real wird

Jeder Mann, der ein Gewissen hat, muss sich der Frage stellen, weshalb es so viel Unterdrückung, Ungerechtigkeit und menschliche Grausamkeit in der Welt gibt. Warum leiden so viele Menschen Hunger? Weshalb sind christliche Länder oft keinen Deut besser und manchmal sogar schlimmer als andere bezüglich Gleichheit, Barmherzigkeit und Gerechtigkeit? Diese Fragen führen einen Mann dazu, über die Rolle multinationaler Konzerne, der Rüstungsindustrie und der menschlichen Sündhaftigkeit nachzudenken. Doch vielleicht ertönt hier bereits eine warnende Stimme – »Das ist doch nur politisches Gerede!« – und er unterlässt weitere Nachforschungen.

Der Erzbischof von Recife in Brasilien, Dom Helder Camara, hat dies in treffenden Worten zusammengefasst: »Wenn ich die Menschen speise, gelte ich als Heiliger. Wenn ich danach frage, weshalb es Arme gibt, nennen sie mich einen Kommunisten.« Ich begegnete Dom Helder, kurz bevor er starb, und er war einer der wenigen Menschen, der geradezu vor Freude und Frieden zu *leuchten* schien. Er gab den Armen zu essen, aber er fragte auch nach den Gründen für den weltweiten Hunger.

Wohin hat mich mein Gewissen bislang geführt?

Was ist es, womit ich mich auseinandersetzen muss?

Innere Autorität

In der katholischen Tradition neigen Männer dazu, sich Hierarchien unterzuordnen. Sie fragen: »Was sagt die Kirche dazu?«, und vergessen dabei, dass sie selbst die Kirche sind. In der protestantischen Tradition vertrauen Männer der Bibel als erste und letzte Autorität. Sowohl bei der Bibel als auch der Kirche handelt es sich um Quellen der Wahrheit, die tiefen Respekt verdienen; doch beide sind einen Schritt entfernt vom inneren Wirken des Geistes. Und wir können uns nicht der Verantwortung entziehen, diesem Wirken zu folgen. Wir sollten uns der vollen Bedeutung des »neuen Bundes« erinnern, der erstmals von Jeremia verkündet und von Jesus und der Kirche eingefordert wurde, demzufolge das Gesetz nicht länger im Außen besteht, sondern auf den Herzen der Menschen geschrieben steht (Jeremia 31,31–34).

Es ist der Heilige Geist selbst, »ausgegossen in unsere Herzen« (Römer 5,5), der den Menschen eine solide und gesunde innere Autorität verleiht. Diese Autorität basiert auf der Erfahrung von Gottes Liebe. Nur Menschen mit dieser inneren Autorität können ihre äußere Autorität angemessen anwenden. Alle anderen rebellieren entweder dagegen oder benutzen sie dazu, ihre eigene spirituelle Reise zu vermeiden.

Wessen Autorität erkenne ich an?

Treuesymbole

Alle Gruppen werden durch eine Art Treuesymbole zusammengehalten, sei es die Torah, der Koran, das Buch der Mormonen oder die Bibel. Es ist für mich erstaunlich, dass die meisten dieser Gruppen kaum je das befolgen, was in ihren heiligen Büchern geschrieben steht; oft streiten und spalten sie sich aufgrund deren unterschiedlicher Interpretationen. Es geht dabei immer weit mehr darum, *die eigene Identität zu verteidigen als um eine ewige Wahrheit, die wir wirklich lieben.*

Nach einiger Zeit erkennen wir, dass die Treue der meisten von uns dem Symbol selbst gilt. Dieses hält uns mental und als Gruppe zusammen – und deshalb wagen wir nicht daran zu zweifeln. Vielmehr bringen wir unseren Glauben lautstark zum Ausdruck, auch wenn unser Mangel an Liebe oftmals genau das Gegenteil enthüllt.

Wir können die Bibel nicht zu einem Symbol verkommen lassen – eine Flagge, mit der wir anderen Menschen beweisen, dass wir auf der richtigen Seite stehen. Flaggen und Symbole stehen echten Beziehungen oft im Wege. Was wirklich zählt ist die Wahrheit, für die das Symbol stellvertretend steht.

Welche Wahrheit repräsentiert
die Bibel für mich?

Wenn Wahrheit und Liebe leiden

Man kann nicht mit einem Mann diskutieren, der von sich glaubt, im Namen Gottes zu sprechen. Das macht jeden fruchtbaren Dialog unmöglich. Wer möchte schon mit Gott streiten? Dieser Mann glaubt, im Besitz Gottes zu sein und dessen Willen vollständig zu verstehen. Woher hat er nur diese Anmaßung? Dieses Verhalten finden wir häufig gerade bei sehr religiösen Menschen. Sie erklären einem unmissverständlich, dass sie einen nicht brauchen und schon gar nicht respektieren müssen. Denn sie haben bereits ihre Antworten und ihr Seelenheil gefunden und glauben, Gott in der Tasche zu haben. Für sie ist Gott ein *Objekt* anstatt der Partner einer Liebesbeziehung, die den Menschen transformiert.

Dieses Verhalten hat der Religion im Allgemeinen und dem Christentum im Besonderen ein schlechtes Ansehen in der Welt verschafft, besonders bei jungen Menschen. Es unterscheidet sich grundlegend von der Verbundenheit, der Demut und dem Mitgefühl, die Jesus zeigte. Wann war Jesus schon einmal über Sünder aufgebracht? *Aufgebracht war er nur über die Menschen, die es weit von sich wiesen, Sünder zu sein.*

Habe ich Gott jemals dazu benutzt, meine eigenen Angelegenheiten voranzutreiben?

Wenn ja, was war das Ergebnis?

Das Wohlstandsevangelium

Wenn Menschen etwas Gutes tun, dann erwarten sie meist, dass sie etwas zurückbekommen. Das erwarten wir sogar von Gott. So sind wir programmiert: Wir suchen automatisch unseren eigenen Vorteil.

In einigen amerikanischen Glaubensgemeinschaften dient das Evangelium Jesu dazu, Gott und Religion für unser kleines Selbst zu benutzen. In diesem »Wohlstandsevangelium«, manchmal auch »Cadillac-Glaube« genannt, wird die rührende Vorstellung vertreten, dass wir belohnt werden, wenn wir Jesus folgen. Jeder, der die Bedeutung des Kreuzes verstanden oder die Worte des heiligen Paulus gelesen hat, weiß, dass dies das Letzte ist, was das Evangelium je verkündete. Jedes Versprechen auf weltlichen Erfolg oder Reichtum ist eine völlige Verzerrung der authentischen Lehren des Alten sowie des Neuen Testaments.

Es gibt Leute, die sagen: *Wenn du lügen und ungeschoren davonkommen willst, dann erzähle eine richtig große Lüge, die Menschen hören wollen – und erzähle sie mit Leidenschaft.* Das wirkt meistens.

Betrachte ich glückliche Fügungen in meinem Leben als eine Belohnung Gottes?

Was erwarte ich von Gott im Gegenzug für ein gutes und anständiges Leben?

Auf der Suche nach Gerechtigkeit

Menschen, die in Unterdrückung und Armut leben, erfahren tagtäglich, dass das gegenwärtige Gesellschaftssystem nicht gerecht ist. Sie haben wenig zu verlieren und alles zu gewinnen, indem sie Gerechtigkeit einfordern. Menschen an der Spitze hingegen unterstützen immer das bestehende System. Weshalb auch nicht? Schließlich dient es ihren Interessen. Man wird immer das zu bewahren suchen, was einen dahin gebracht hat, wo man nun ist. Ohne Empathie für diejenigen, die Jesus die »geringsten seiner Brüder und Schwestern« nannte, handeln sowohl rechte wie linke Politiker aus Eigennutz und zeigen wenig Interesse an einem wirklichen Gemeinwohl.

Bereits im Buch Exodus, in dem sich Jahwe mit dem versklavten Volk der Israeliten identifizierte, zeigen die heiligen Schriften eine klare Vorliebe für die Unteren der Gesellschaft als Ausgangsbasis für Veränderung. Alle anderen haben zu viel zu verteidigen und zu verlieren, um wirklich verstehen und hören zu können, was für das Gemeinwohl aller notwendig ist.

Was hat es mich spirituell gekostet, um an die Spitze der Gesellschaft zu gelangen?

Eine höhere Macht

Wir leiden heute an unserer Seele, an unseren Beziehungen und an unseren Abhängigkeiten; es ist das Leiden von Menschen, denen es im Außen zwar gut geht, die sich jedoch innerlich leer und unterdrückt fühlen. Es ist eine Krise der Sinnlosigkeit, die uns dahin führt, nach Bedeutung in Besitztümern, Prestige und Macht zu suchen – alles Dinge, die außerhalb unseres Selbst liegen. Wenn wir auch darin keinen Sinn mehr finden, dann verfallen wir der Esssucht, dem Alkohol, den Drogen, oder wir werden zu Massenverbrauchern, um die Leere in uns zu füllen.

Bill Wilson und die von ihm gegründete Bewegung der Anonymen Alkoholiker haben gezeigt, dass wir die Suche nach äußerer Macht nur dann aufgeben können, wenn wir die eigene Macht im Inneren finden. Das Zwölf-Schritte-Programm der Bewegung führt aus der Suchtgesellschaft heraus. Wie alle Schritte, die zur Wahrheit unserer Seele führen, begleiten uns die zwölf Schritte abwärts und zur Macht in unserem Inneren. Denn genau da finden wir zu unserer höheren Macht.

Wie erfahre ich meine höhere Macht?

Dem wahren Jesus begegnen

Diejenigen, die den verwandelnden Weg durch Tod und Auferstehung gegangen sind, haben die Autorität erlangt, um sagen zu können:»Ich kenne Gott.« Ihr Wissen ist nicht theoretisch, sondern gelebte Erfahrung. Sie vertrauen auf ein Leben, das weit größer ist als das ihre. Anstatt einfach nur zu sagen,»Ich glaube, dass es einen Gott gibt«, was dem Menschen kaum etwas abverlangt, erfahren sie Gott als aktive Präsenz. Das ist es, was mit dem Ausdruck gemeint ist,»durch den Tod und die Auferstehung Jesu errettet zu sein«.

Bloße Glaubenssysteme erschaffen Menschen, die sowohl defensiv als auch offensiv beweisen wollen, dass»mein Gott besser ist als deiner«, was unweigerlich zu der Aussage führt: »Ich bin besser als du.«

Jesus hingegen ging immer dorthin, wo der Schmerz war, und *er führte Menschen durch diesen hindurch und schließlich über ihn hinaus.* Ich glaube, dass genau darin der Sinn jeder einzelner seiner Heilungen zu finden ist. Jesus lehrte Menschen, wie sie einer tieferen Quelle vertrauen können, um solch eine Verwandlung zu vollziehen.

Wann habe ich das Bedürfnis verspürt,
meinen **Gott zu verteidigen?**

Wo ist Gott?

Es ist nicht an uns zu entscheiden, wo Gott ist und wo er nicht ist. Die großen spirituellen Traditionen wissen, dass Gott allgegenwärtig ist. Weshalb also versuchen wir, die universelle Präsenz Gottes zu rationieren? Als ob wir das überhaupt könnten!

Die heilige Thérèse von Lisieux, eine der anerkannten Kirchenlehrerinnen, fand Gott vor allem in ihrer Schwäche, ihren Fehlern und Begrenzungen – und sie erfreute sich an ihnen, wissend, dass diese sie näher zu Gott brachten. Thérèse nannte diese Spiritualität ihren »kleinen Weg«, doch tatsächlich war das eine lang erwartete Enthüllung des Evangeliums.

Seit Jahrhunderten versucht das offizielle Christentum den Zugang zu Gott durch lehrmäßige und moralische Abschirmungen zu begrenzen und zu kontrollieren. Wir haben versucht, dem Schöpfergott zu erklären, wo Gott sein darf und wo nicht, wen er lieben darf und wen nicht. Aufgrund dieser Perversion fühlen sich viele Menschen Gottes Liebe nicht mehr würdig. Was für eine Ironie – möchte doch Gott nichts anderes, als sich immer und überall göttlich zu verschenken!

Wo habe ich Gott zuletzt gesehen?

Der Riss in der Seele

Männer glauben, sie könnten alles richten und managen. Deshalb fällt es ihnen außerordentlich schwer, aufzugeben. Die männliche Psyche tut sich schwer mit einem spirituellen Verständnis von Hingabe.

Alle großen Weltreligionen lehren die Hingabe in verschiedenen Formen, doch die meisten Männer lernen erst dann an sie zu glauben, wenn sie ein so großes Loch in ihrer Seele entdecken, dass sie es weder verstehen, reparieren, verändern oder kontrollieren können.

Wir, die in einer Wohlstandsgesellschaft leben, in der die meisten unserer Bedürfnisse gestillt werden, müssen die Begrenzungen in unserem Inneren erkennen. Mag sein, dass wir die Macht und das Geld haben, um die Probleme in der Außenwelt zu lösen, doch unsere Innenwelt können wir nicht so einfach reparieren und kontrollieren. Diese Einsicht lehrt uns die Notwendigkeit der Hingabe, und wir entdecken die Risse unserer Seele, durch die wir ausbrechen und Gott zu uns durchbrechen kann.

Was sind die Risse in meiner Seele?

Welche Teile von mir sind bedürftig, unterdrückt, missbraucht oder vergessen?

Etwas Neues und Großes

Die Bekehrung des Paulus war eine innere und machtvolle Erfahrung. Was Paulus an diesem Tag seiner Bekehrung und in den darauffolgenden Jahren lernte, hatte mit Lehrbuchwissen nichts zu tun.

Nach seiner Bekehrung wusste er etwas, das ihn schon bald in Konflikt mit der jüdischen Institution, ebenso aber auch mit Petrus und den Aposteln bringen sollte, die sich in Jerusalem versammelten. Paulus hatte aus sich heraus etwas Neues und Großes erfahren.

Jeder Mann muss die Erfahrung Gottes selbst machen. Bekehrung bedeutet einen grundlegenden Wandel der Einstellung, Perspektive und Identität. Nach einer wirklichen Bekehrung wird Gott nicht mehr als etwas außerhalb erfahren. Ein bekehrter Mann schaut nicht mehr länger auf Gott als etwas irgendwo da draußen, sondern er blickt nach außen durch den Gott in ihm. Das ist es, was ihm seine innere Autorität verleiht. Ein bekehrter Mann weiß, dass er Anteil hat an etwas weit Größerem, als er selbst ist. Es wurde ihm etwas zuteil; er weiß, dass es nicht länger er selbst ist, der handelt.

An welche Aspekte meiner Bekehrung kann ich mich erinnern?

Einzigartig für Gott

Das wahrscheinlich Mutigste, was ein Mann in seinem Inneren tun kann, ist, darauf zu vertrauen, dass seine kleine Seele sich in einer einzigartigen Beziehung mit Gott befindet und dass er selbst eine Facette der göttlichen Herrlichkeit widerspiegelt, die niemand sonst in genau dieser Art und Weise widerspiegeln könnte. Dabei handelt es sich nicht um einen Ego-Trip und auch nicht darum, sich selbst zu wichtig zu nehmen. Es hat vielmehr damit zu tun, dass wir uns in den Gott verlieben, der uns erwählt hat, der in uns lebt und *der uns in genau der Art und Weise liebt, in der wir in jedem Augenblick unseres Lebensweges geliebt werden müssen.*

Wer denkt, dabei handele es sich nur um einen frommen Wunsch, der höre einmal genau hin, was der Kirchenlehrer Johannes vom Kreuz sagte: »Gott führt jeden Menschen auf einem anderen Weg, und so werden wir kaum zwei Menschen finden, die auf dem gleichen Weg zu Gott sind« (Die lebendige Liebesflamme). Wie also kamen wir jemals auf die Idee, wir könnten durch allgemeine und als verbindlich geltende Gesetze die wunderbare Komplexität der Seele und deren Beziehung mit Gott regulieren?

Was sind meine Qualitäten auf meiner einzigartigen Reise mit Gott?

Durch was definiere ich mich?

Definierst du dich darüber, wie andere Menschen auf dich reagieren? Wenn ja, dann hast du dein Leben auf Sand gebaut. Denn du lieferst dich damit starken Stimmungsschwankungen aus, die davon abhängig sind, was andere über dich denken. Und wenn du dich über das definierst, was du fühlst, kreierst du jeden Moment ein neues Drama. Solch eine Identität besteht aus narzisstischen Reaktionen auf das, was wirklich ist. Dadurch wirst du nie genau wissen, welche Gefühle wirkliche Gefühle sind und welche überhaupt von Bedeutung sind.

Das ist es, was Jesus meinte, als er sagte: »Wie könnt ihr zum Glauben kommen, wenn ihr eure Ehre voneinander empfangt, nicht aber die Ehre sucht, die von dem einen Gott kommt?« (Johannes 5,44).

Das ist die Bürde des modernen Selbst: Substanzlos, verrückt und völlig abhängig glaubt es von sich, frei und gebildet zu sein. Wir alle müssen die Bedeutung unseres Daseins in uns selbst finden, in Hinsicht auf unsere radikale Verbundenheit mit Gott. Der heilige Franziskus sagte: »Wir sind das, was wir in Gottes Augen sind, nicht mehr und nicht weniger.«

Wo suche ich nach Selbstdefinitionen?

Einzeln und getrennt

Westliche Männer stehen in der Tradition eines krassen Individualismus. Wir sehen uns selbst als autonome Individuen. Wir fühlen uns von Anfang an getrennt und sehnen uns doch verzweifelt danach, Teil einer Gemeinschaft zu sein. Wir haben aber keine Ahnung, wie wir das anstellen sollen.

Während für viele arme Menschen in dieser Welt Gemeinschaft etwas Selbstverständliches ist, haben die meisten Männer in unserer Kultur Schwierigkeiten damit, überhaupt eine Gemeinschaft zu finden, zu der sie sich zugehörig fühlen. Wir haben die Fähigkeit verloren, für das Gemeinwohl anstatt immer nur für unser eigenes Wohl zu sorgen. Das hat es uns fast unmöglich gemacht, die grundlegende Lehre von Jesus zu verstehen. *Die Botschaft der Bibel ist, dass Gott die gesamte Menschheit rettet – nicht nur dich.*

Wenn wir nicht alle gemeinsam in den Himmel eingehen, wie könnte dies denn ein Himmel sein? Wie könntest du denn in alle Ewigkeit glücklich sein, wenn deine Frau, deine Kinder, deine Mutter, die Milliarden anderer unschuldiger Menschen der Geschichte nicht bei dir wären? Das wäre doch eine seltsame Art von Glück, so als wärst du der einzige Gast auf »der besten Party des Jahres«.

Wie erfahre ich Gemeinschaft?

Den Antrag stellen

Männer tun sich schwer mit dem Beten, denn immer, wenn sie in die Kirche gehen und zu beten beginnen, versuchen sie eine Verbindung wiederherzustellen, die sie nicht spüren können. Beten erscheint dann wie Heuchelei, ein Wunschdenken, eine fromme Pflicht, ein vergeblicher Versuch.

Dabei ist es doch unsere wichtigste Aufgabe, den Strom des Lebens zu spüren, der bereits immer schon in uns fließt. Gott antwortet nicht, weil wir zu ihm beten; vielmehr ist unser Wunsch zu beten bereits Gottes Antwort. Beten ist wie einen Antrag stellen. Du kannst darauf vertrauen, dass die Aktion immer von Gott selbst ausgeht.

**Wann gelingt es mir am leichtesten
zu beten?**

Die Balance finden

Es ist sicherlich nichts Neues, wenn ich sage, dass eine authentische Männlichkeit die andere Seite der weiblichen Energie ist. Männlichkeit ist deren Ergänzung, Ausgleich, Gegenstück, die benötigte Energie, um ein liebevolles Ganzes zu schaffen. Wenn sich beide Energien vereinigen, bringen sie neues Leben und Schönheit hervor. Getrennt voneinander neigen sie zu Übertreibung, Unausgewogenheit, Sterilität und Langeweile.

In der chinesischen Weltsicht ist das Männliche das Yang, das maskuline Prinzip, welches die notwendige Ergänzung zum Yin, dem femininen Prinzip, darstellt. In ihrer Zweisamkeit überwinden sie die dualistische Weltsicht und indem sie sich gegenseitig ehren, schaffen sie immer etwas Neues, sei es ein Kind, eine Inspiration oder Kreativität oder auch einfach nur Freude. Die Gemeinsamkeit der Zwei führt immer zu einem wundervollen Dritten. In theologischer Sprache nennen wir dies den Heiligen Geist – das Leben, das zwischen der Dyade von Vater und Sohn fließt.

Wo wirken Yin und Yang gemeinsam in meinem Leben?

Der Tanz heiliger Beziehungen

Männer haben nicht nur männliche Energien, ebenso wenig wie Frauen nur weibliche Energien haben. Die neue Menschheit, auf die wir uns zubewegen, ist ganzheitlich, vollständig, verbunden und geheiligt. Sie ist der Tanz heiliger Beziehungen. Junge Männer brauchen männliche Älteste als Mentoren, denn sie neigen entweder dazu, sich auf der männlichen Seite zu verfangen, oder sie sind noch gar nicht dorthin gelangt, was sie zu einer Art Neutrum macht. Die Väter, die selbst zu einer natürlichen Balance von Männlichkeit und Weiblichkeit in sich gefunden haben, sind daher geeignete Mentoren für junge Männer – und ebenso für junge Frauen, da sie die Ganzheitlichkeit in diesen fördern.

. **Wie bin ich mit der männlichen Energie verbunden?**

Die Wirklichkeit konstruieren

Ein Mann, der sich nicht in Verbindung mit seiner weiblichen Seele, seiner »Anima«, befindet, ist leider nur allzu leicht zu erkennen. Er orientiert sich in seinem Leben immer an äußeren Dingen. Sein Kopf ist sein Kontrollturm. Er erbaut, erklärt, gebraucht, repariert, manipuliert, erlässt Gesetze, schafft Ordnung, spielt mit allem, was er berührt, ohne etwas wirklich zu erfassen, denn er hat keine Ahnung von der inneren Beschaffenheit der Dinge.

Es fehlt ihm an Sensibilität, Vorstellungskraft und der Fähigkeit, mit dem Paradox des Mysteriums zu leben. Schlimmstenfalls fährt er die meiste Zeit seines Lebens mit irgendwelchen Maschinen im Kreise herum und zwar so schnell wie möglich. Er ist wie diese jungen Männer, die in ihren Videospielen auf andere schießen, ohne dabei selbst in Gefahr zu sein. Zwischenzeitlich tun dies ja sogar jede Menge ältere Männer!

Ein Mann ohne weibliche Seele versucht, die Wirklichkeit unter Kontrolle zu bekommen, anstatt sie so zu sehen, zu leben und zu lieben, wie sie nun einmal ist.

Wie ist die Verbindung zu meiner weiblichen Seele?

Das Weibliche ehren und respektieren

Viele Frauen haben einfach die Nase voll davon, von Männern manipuliert, objektiviert und abgewertet zu werden. Eigentlich hat die gesamte westliche Zivilisation die mangelnde Wertschätzung des Weiblichen gestrichen satt. Sie hat keine Lust mehr auf das rationalistische Modell der Wirklichkeit, die sich im Kommandieren und Kontrollieren erschöpft. Viel zu lange hat diese negative männliche Energie alles dominiert.

Deshalb ist es wichtig, dass Männer zu ihrer Spiritualität finden, um so zu einer positiven Interpretation von Männlichkeit zu gelangen. Der erste Schritt dahin ist es, das weibliche Prinzip nicht nur in Frauen, sondern in allen Dingen zu ehren und zu respektieren. Es gibt durchaus Männer, die das weibliche Prinzip besser repräsentieren als manche Frauen; es ist an keines der beiden Geschlechter gebunden.

Mit dem »weiblichen Prinzip« meine ich all das, was verletzlich, innerlich, machtlos, zart, persönlich, intim und beziehungsorientiert ist. Mit dem »männlichen Prinzip« meine ich all das, was klar, rational, linear, geordnet, kontrolliert, begrenzt, beweisbar und hart ist. Beide Prinzipien sind gut, aber sie müssen einander ausbalancieren.

Ehre und respektiere ich das weibliche Prinzip?

Die Wahrheit ist immer verhüllt

Wir wissen heute, dass die rechte Hirnhälfte die linke Seite unseres Körpers kontrolliert und die linke Hirnhälfte unsere rechte Seite. Forschungen haben zutage gebracht, dass jede der beiden Hälften die Wirklichkeit gänzlich anders wahrnimmt. Die rechte Hirnhälfte erfährt die Realität ganzheitlich. Sie blickt mehr auf den Kontext als den Text; sie nimmt die Dinge nicht auseinander, sondern bringt sie zusammen. Die linke Hirnhälfte hingegen bevorzugt die analytische Zugangsweise zum Wissen. Sie analysiert jeden Teil und jedes Wort einzeln. Das linksseitige Bewusstsein tendiert zum Entweder-oder-Denken: »Wenn das wahr ist, kann etwas anderes nicht wahr sein.«

Einer der Hauptgründe, weshalb die Bibel und die anderen heiligen Schriften in den letzten 500 Jahren so verfälscht und missverstanden wurden, ist darin zu finden, dass das westliche Denken von der linken Hirnhälfte dominiert wird und daher kein Sowohl-als-auch zulassen kann. Wir projizieren unsere Wahrnehmung der Wirklichkeit auf Gott, anstatt die Wirklichkeit Gott enthüllen zu lassen. Genau das aber ist es, was unsere Physiologie deutlich macht: Wir brauchen beide Hemisphären des Gehirns, um die Wirklichkeit wahrheitsgetreu erkennen zu können.

Ist mein Umgang mit dem Leben mehr von der rechten oder der linken Gehirnhälfte dominiert?

Links und rechts

In der modernen Welt brauchen wir Männer, die sowohl ein Gefühl für Ordnung haben (linke Hirnhälfte) als auch ein Gefühl für Kreativität (rechte Gehirnhälfte). Dort, wo diese beiden Teile sich gegenseitig beeinflussen und achten, treffen wir auf einen ganzheitlichen Mann. Die westliche Gesellschaft richtet Menschen – und insbesondere Männer – am Denken der linken Gehirnhälfte aus. Männer, die vor allem mit der rechten Gehirnhälfte denken, gelten vielen als zu kreativ und chaotisch, um in unser System zu passen. Für frühere Kulturen wären die meisten modernen Männer hingegen viel zu rational gewesen.

Wir haben zwar gelernt, uns motorisiert vorwärtszubewegen, doch wir wissen nicht, wie wir unsere spirituellen und seelischen Fähigkeiten mit voranbringen könnten. Wir brauchen aber all diese Fähigkeiten, um in der Wirklichkeit bestehen zu können. Wir müssen dazu in der Lage sein, die Wirklichkeit zu ordnen, denn sonst könnten wir diese Seite gar nicht lesen. Auf sich allein gestellt ist das linksseitige Gehirn jedoch verkümmert, denn es ist weder kreativ noch lebensspendend. Es bietet keine Quelle für innere Kraft und tiefes Verständnis. Es kann keine Beziehungen herstellen, doch wir brauchen genau diese Schaltstellen, um die Fülle von Wissen sinnvoll zu verknüpfen.

Wie kann ich die Funktionen meiner rechten Gehirnhälfte noch besser entwickeln?

Die Kirche der Armen

Das Evangelium wurde anfangs vor allem Menschen am Rand der Gesellschaft verkündet und es wurde von Männern verkündet, die selbst nahe am Rand standen. Es ist kein Zufall, dass Jesus gewöhnliche Handwerker wie Fischer zu seinen ersten Jüngern berief. Er wusste, dass sie seine Botschaft verstehen würden, ohne sie in eine abstrakte oder systematische Theologie packen zu wollen.

Die ersten dreihundert Jahre des Christentums, also bevor Konstantin es 313 tolerierte und es 380 Staatsreligion wurde, war die Kirche vor allem eine Kirche der Armen gewesen. Wie können wir als zeitgenössische christliche Männer mit dieser ursprünglich von armen Menschen für arme Menschen verkündeten Botschaft in Verbindung bleiben? Das ist eine zentrale Frage.

Wenn ich wirklich arm wäre, was würde sich damit an meiner Meinung über Kirche und Glaube verändern?

Was besitzt mich?

Die meisten Häuser der armen Bevölkerung in Afrika und Lateinamerika haben keine Schlösser an den Türen. Viele dieser Häuser haben noch nicht einmal Türen. In den Vereinigten Staaten haben wir mindestens zwei Türen an jedem Haus, die mit zwei oder mehr Schlössern gesichert sind. Spricht das nicht bereits Bände?

Auch als Nation versucht Amerika durch immer größere Raketen und bessere Gewehre seine Stärke zu demonstrieren. Wir regen uns über die Einführung der allgemeinen Gesundheitsfürsorge auf, haben aber kein Problem damit, dass alle Leute in diesem Land Waffen tragen dürfen. Was sagt das über unser Wertesystem aus? Oft sind es gerade Christen, die am lautesten einen Sicherheitsstaat fordern, während sie es doch tatsächlich wagen, die Bergpredigt zu lesen.

Je mehr wir haben, desto mehr wollen wir, und je mehr wir wollen, desto größer ist unsere Angst, es zu verlieren. Unsere Gesellschaft wird weit mehr von Gier und Materialismus beherrscht als von Glaube und Gottvertrauen.

Was besitze ich? Was besitzt mich?

Die gute Nachricht

Das von Jesus verkündete und von der frühen Kirche gelebte Evangelium richtete seinen Blick nicht nur auf die jenseitige Welt, sondern ebenso auf die Befreiung der Menschen in der *diesseitigen Welt*. Jesus überbrachte den Menschen die gute Nachricht, dass sie sich aus Unterdrückung, Verblendung und Tod befreien können – *und zwar hier und jetzt.* Wir aber haben das Evangelium zu einem harmlosen Fluchtplan in die nächste Welt gemacht. Wenn wir den Himmel nicht hier und jetzt haben wollen, weshalb sollten wir ihn später haben wollen?

Hölle und Himmel sind nichts anderes als die Fortführung dessen, was wir im Hier und Jetzt wählen, lieben und leben.

Welche Hoffnungen habe ich auf
den Himmel verlegt, die ich bereits hier
und jetzt leben könnte?

Die Falle des Reichtums

Die Lehren Jesu sind nicht nur für die Armen und Machtlosen bestimmt, auch wenn sie es waren, die sich als Erste von seinem Evangelium der Befreiung angesprochen fühlten. Das Evangelium richtet sich auch an die Reichen und Mächtigen. Jesus erkannte, dass gerade die Unterdrücker der Befreiung noch notwendiger bedürfen, denn sie haben sich in ihren Herrschaftsansprüchen verfangen (vgl. hierzu die Seligpreisungen nach Lukas 6,20–26). Menschen, die im Wohlstand leben, müssen erst einmal von sich selbst befreit werden, bevor sie bereit sind für Gott. Letztlich trifft dies auf uns alle zu.

Die Reichen werden durch ihren Reichtum versklavt, die Mächtigen sind die Opfer ihrer machtvollen Positionen und die Unterdrücker werden durch ihre eigene Herrschaft unterdrückt. Sie mögen es selbst vielleicht nicht erkennen, doch es gibt kaum einen spirituellen Lehrer, der davon nicht überzeugt wäre.

Die Dinge, die wir besitzen, besitzen uns. Und wenn wir zu viel besitzen, dann sind wir wirklich *besessen!*

Wie haben mich Besitz, Position und Macht beeinflusst?

Sucht

Was meinen wir denn, wenn wir von einer Kultur des »sex, drugs and rock'n' roll« sprechen? Weshalb erscheint uns diese als so schädlich? Ganz einfach deshalb, weil es sich dabei um eine süchtige Gesellschaft handelt. In ihr treten Menschen die Flucht in ihr Unbewusstes an, das in Wirklichkeit nichts anderes als Nicht-Bewusstsein und Tod ist. Das ist die Regression, die Alkohol, Drogen und Konsumsucht mit sich bringen. Sucht ist keine Bewusstseinserweiterung, sondern eine Bewusstseinsverengung.

Wir werden süchtig, weil wir unsere Gefühle nicht mehr fühlen wollen. Wir werden süchtig, weil wir unsere Gedanken nicht mehr denken und unseren Schmerz nicht mehr spüren wollen. Doch die Sucht hilft uns dabei nicht. Am Ende führt sie *zu zehnmal mehr Schmerzen, als wenn wir uns dem berechtigten Schmerz des Menschseins stellen würden.* Jede Religion muss uns dies von Anfang an unumwunden und ohne jede Beschönigung lehren.

Was sind die Situationen, in denen ich versucht bin, meine Gefühle zu vermeiden und meine Gedanken zu verdrängen?

Wer sind die Armen?

Die Worte des Evangeliums hören sich für einen Mann mit einem gefüllten Magen ganz anders an als für einen Mann mit einem leeren Magen. Deshalb wird das Evangelium von satten und zufriedenen Menschen so oft in grober Weise missverstanden. Sie verfälschen und missbrauchen es für ihre eigenen egoistischen Ziele, benutzen es zum eigenen Vorteil und für ihre Bequemlichkeit (auch arme Menschen tun dies mitunter).

Doch trotzdem muss das Evangelium zuallererst den Armen verkündet werden (Lukas 4,18). Ihnen obliegt die erste Auswertung. Denn sie sind diejenigen, die es hören können, ohne es umgehend zu ihrem eigenen Nutzen auszulegen. Sie haben einen Detektor für das, was nicht stimmig ist, und ihre Lebensumstände haben sie auf das grundlegende Paradox des Menschseins vorbereitet: zu lernen, indem man loslässt, an Niederlagen zu wachsen und Worte und Gebete nicht zum Ersatz für das Handeln zu machen.

Jesus sprach zu den Armen, damit sie seine Botschaft hören und verstehen können und sie an diejenigen von uns weitergeben, die sich noch gar nicht bewusst sind, dass sie arm sind.

Was ist meine Erfahrung mit Armut?

Am Rand

Das Evangelium wird am freiesten von Minderheiten für Minderheiten verkündet. Sie haben nichts zu verkaufen, nichts zu beweisen und auch nichts zu verteidigen, keine Position, keine Lobby und keine besonderen Interessen müssen berücksichtigt werden. Der christliche Glaube ist immer am überzeugendsten, wenn er von Rand- und Minderheitenpositionen verkündet wird. Um es noch deutlicher auszudrücken: *Der Heilige Geist arbeitet am besten im Untergrund!* Institutionalisierte Einstellungen haben dem Evangelium noch nie wirklich gutgetan, auch wenn sie der Religion dienten. Deshalb wollte mein spiritueller Vater, der heilige Franziskus, dass wir als Priester zu »Arbeiterpriestern« werden.

Wer arm und machtlos ist, dem erscheinen die manchmal harten Aussagen von Jesus einleuchtend und mutig. Für sie ist das Gleichnis vom Kamel, das nicht durch das Nadelöhr geht, nicht nur eine Metapher oder eine literarische Übertreibung, sondern ein wirklicher Hinweis darauf, wie schwer es für reiche Menschen ist, in den Himmel zu gelangen. Es ist für mich immer wieder erstaunlich, dass bibeltreue Christen, die sonst alles so wörtlich nehmen, gerade dieses Zitat nie wörtlich nehmen!

Wann habe ich erkannt, dass die institutionalisierte Religion sich in einem offensichtlichen Gegensatz zum Evangelium Jesu befindet?

Salz und Hefe

Jesus sagte zu seinen Jüngern, dass sie »das Salz der Erde« (Matthäus 5,13) sein sollten. Wir dürfen dabei jedoch nicht vergessen, dass das Salz selbst nicht die Nahrung ist; es gibt der Nahrung nur den guten Geschmack. Er sagte auch, dass wir die Hefe im Brot sein sollten (Matthäus 13,33), doch auch hier sollten wir nicht vergessen, dass die Hefe nicht das Brot selbst ist; tatsächlich ist es in diesem enthalten und wirkt in diesem, wie Jesus sagte. Ich frage mich schon, wie wir jemals auf die Idee eines christlichen Reiches kamen oder zu der Vorstellung, dass das oberste Bundesgericht die Grundlagen der Moral verwalten könnte. Dies ist mit den Lehren Jesu überhaupt nicht vereinbar.

Solange die Kirche eine kleine Gemeinde von vernünftigen und engagierten Gläubigen ist, bewirkt sie tatsächlich etwas im Leben ihrer Mitglieder und der Welt, ohne dass sie dabei den Versuchungen der Macht und des Geldes anheimfällt. Als eine Minderheit, die ihre Integrität wahrt, sind wir dazu in der Lage, die Lebensweise des Evangeliums zu leben und zu verkünden – und damit das Salz und die Hefe zu sein, die die Welt vor Tod und Selbstzerstörung bewahrt.

Kenne ich jemanden, der »salzig« ist?

Was zeichnet diesen Menschen aus?

Innere und äußere Macht

Die meisten Männer haben an ihrem Arbeitsplatz nicht viel Macht. Fabrikarbeiter tun das, was ihnen angewiesen wird, und das ist oft immer wieder das Gleiche. Vorgesetzte und Manager haben einen Boss, der ihnen sagt, was sie tun und lassen sollen. Ein Verkäufer muss immer darauf bedacht sein, die Kunden zufriedenzustellen. Selbst die Entscheidungen der obersten Führungskräfte werden durch Firmenprotokolle und Richtlinien, durch Aufsichtsgremien und durch die Bewegungen der Märkte kontrolliert. Wir können zwar trotzdem Freude an unserer Arbeit empfinden und diese mit Liebe und Integrität verrichten, doch wahre Freiheit und Macht brauchen wir uns von ihr nicht zu erwarten.

Noch ernüchternder ist es zu erkennen, dass wir über die meisten Bereiche unseres Lebens wenig Kontrolle haben. Es ist kein Wunder, dass so viele Männer, die ihre Hoffnung in ihre Rollen im Außen, ihre Leistungen und ins Fortkommen gesteckt haben, lethargisch oder wütend werden. Die Bibel sagt uns, dass wir zuerst die Macht in uns selbst finden müssen. Dann erst wissen wir, wie wir im Außen handeln können. Und erst dann kann ein Job zu einer Berufung werden.

Was erhoffe ich mir von meiner Arbeit?

Wo suche ich nach Freiheit und Macht?

Das Hamsterrad

In unserer Kultur nähren sich viele Männer von der Illusion, sie würden Entscheidungen treffen. In Wirklichkeit jedoch werden die meisten Entscheidungen von anderen getroffen. Der Druck, immer Termine einzuhalten, die Erwartungen von anderen zu erfüllen und zugleich zu wissen, dass immer schon der nächste Mann in den Startlöchern steht, um einem den eigenen Job wegzunehmen, sobald man einen Fehler macht – all das macht es unverzichtbar, immer wieder für kurze Zeit aus diesem Hamsterrad auszusteigen und zu entspannen. Viele Männer versuchen dem zu entkommen, was sie tun. *Wer hingegen seine innere Berufung gefunden hat, will seiner Arbeit gar nicht mehr entkommen, denn durch sie fühlt man sich wie neu erschaffen.*

Für viele Männer ist die Arbeit jedoch alles andere als erholsam und so werden ihnen oberflächliche Möglichkeiten zur Regeneration angeboten, die sie aber nicht wirklich entspannen und aufbauen. Gewöhnlich sind dies nur Zerstreuungs- und Verzögerungstaktiken. Doch das Leben ist auch nach dem Rockkonzert, der TV-Show, dem Fußballspiel oder dem Familienausflug immer noch das gleiche.

Was lässt mich fühlen, als wäre ich neu erschaffen?

Wie kann ich anderen dieses Gefühl geben?

Wie gewohnt

Unser gegenwärtiges System vermittelt den meisten von uns eine Illusion von Macht und Freiheit, während es uns in Wirklichkeit jede wahre Entscheidungsgewalt versagt. Um sich selbst zu erhalten, muss dieses System den Menschen eine Illusion von Erfolg durch Beförderungen, Gehaltsschecks und anderen Prestigesymbolen vorgaukeln. Die meisten Menschen spüren, dass selbst der Rückzug in eine Nische keinen Ausweg aus dem Spiel ermöglicht, das wir alle gezwungen sind zu spielen.

Ein größerer Schreibtisch, ein eigenes Büro, ein größeres Haus, ein neues Auto, ein kostspieliger Urlaub – dies sind die üblichen leeren Belohnungen, die wir dafür bekommen, dass wir unsere Freiheit aufgeben und unsere männliche Energie dem Tagesgeschäft opfern. *Das einzig wirkliche Abenteuer ist die spirituelle Reise.* Sie ist die Antwort auf den inneren Ruf und führt zur Enthüllung unserer tieferen Seele, unserem wahren Selbst und unserer ureigensten Weise, der Welt zu dienen. Wofür sonst wären wir denn geboren? Doch sicherlich nicht dafür, nur Rechnungen zu bezahlen.

Wie erlebe ich meine spirituelle Reise in meinem Alltag?

Steht mir diese Reise noch bevor?

Führen durch Dienen

Wenn ein Mann sich nicht dazu in der Lage sieht, wirklich etwas in der Welt zu bewegen, dann schafft er sich die Illusion von Überlegenheit, um sein Selbstwertgefühl zu schützen. Das Ego schafft und behauptet sich durch Vergleich und Wettbewerb. Das kann dazu führen, dass ein Mann einfach nur besser, größer, stärker, reicher, klüger sein will als ein anderer, ohne dabei aber etwas Eigenes und Großes zu schaffen.

Die Annahme, man wäre ein guter Mann, weil andere Männer nicht so gut sind wie man selbst, wirkt sich destruktiv auf die männliche Entwicklung aus. *Jeder wirklich glückliche Mann, den ich in meinem Leben getroffen habe, hat einen Weg gefunden, anderen zu dienen, anstatt sich bedienen zu lassen.* Ist es nicht genau das, wozu Jesus uns aufgefordert hat (Johannes 13,12–17 und Lukas 22,27)?

Wie oft in der Woche vergleiche ich mich mit anderen Männern?

Dein Reich komme – mein Reich gehe

Selbst wenn wir Männer klar erkennen, dass wir vom bestehenden System trivialisiert, narkotisiert und benutzt werden, akzeptieren wir das, weil wir glauben, dass das Leben so sein müsse. Wir können uns nichts anderes vorstellen, da uns niemand wirkliche Alternativen aufgezeigt hat.

Doch es gibt einen Ausweg. Wir müssen einfach woanders nach Lohnenswertem, nach wahrem Leben und Energie Ausschau halten. Wir vertrauen dem bisherigen System, solange wir nichts Besseres und Größeres haben, mit dem wir dieses ersetzen können. Jesu Bezeichnung für dieses größere Etwas, für ein wirklich alternatives Universum, ist »die Herrschaft Gottes« oder »das Reich Gottes«. Das fordert von uns, dass wir unser kleines Königreich hinter uns lassen. Doch genau davor haben wir Angst, denn dieses versorgt uns mit dem Status und der Sicherheit, die wir bislang kannten.

Was Jesus uns anbietet, ist ein völlig neuer Bezugsrahmen und liegt außerhalb der bisherigen Vergütungen und Vergünstigungen. Er verspricht uns etwas weit Besseres. Wir sollten uns nicht von unserem kleinen Königreich abhängig machen (Matthäus 6,19–20). Sein Lohn ist gering und die Anstrengung, die es uns abfordert, ist hoch.

Wie sähe mein Leben aus, wenn ich mein Streben nach den üblichen Vergütungen und Vergünstigungen aufgeben würde?

Zwei Arten von Freiheit

Nur weil wir die Wahrheit hören, heißt das noch nicht, dass wir sie auch verstehen können und begreifen, was sie von uns fordert. Du kannst keinen anderen Menschen befreien, solange sich dieser nicht nach Freiheit sehnt und bereit ist, den Preis dafür zu zahlen. Die Massen in Amerika applaudieren automatisch, wenn Politiker von Freiheit sprechen, doch keiner weiß, ob deren Freiheitsbegriff von der amerikanischen Kultur geformt wurde oder von der Botschaft des Evangeliums.

Unser politisches Verständnis von Freiheit bedeutet die Befreiung von äußeren Zwängen und Begrenzungen. Das jesuanische Verständnis von Freiheit hingegen bedeutet *Freiheit für das Gute, das Wahre und das Schöne*! Paradoxerweise finden unterdrückte Menschen einfacher zur zweiten Form von Freiheit als die Menschen, die bereits die erste Freiheit haben. Es handelt sich dabei tatsächlich um zwei völlig unterschiedliche Bedeutungen des gleichen Wortes. Viele Christen können Freiheit nur als politische Freiheit verstehen. Jesus aber lebte selbst in einem besetzten und unterworfenen Land und war doch frei. Und er wies anderen den Weg zur Freiheit.

Wie habe ich Freiheit erfahren und
was macht diese Erfahrung mit mir?

Die Mythen der (Post-)Moderne

Die Weltsicht der Moderne hat die meisten von uns bis etwa 1968 geprägt. Dann formierte sich die Postmoderne und prangerte die Fehler und falschen Versprechen der Moderne an. Nach dreihundert Jahren wissenschaftlichen und sozialen Fortschritts war die Moderne im 20. Jahrhundert noch von einem starken kulturellen Glauben an die umgestaltende Kraft der Massen durch Erziehung genährt. Tragischerweise wurde dieser Glaube gerade durch das kulturell hoch entwickelte Deutschland in zwei Weltkriegen zerschlagen. Völkermord und Kriege führten zu einer gravierenden Desillusionierung der Menschen und die Welt wurde als ein furchterregender und unberechenbarer Ort ohne jede Regel wahrgenommen. Das ist der Ausgangspunkt der Postmoderne.

Konfrontiert mit dem Verlust von Vernunft und Logik schlussfolgerten die postmodernen Theoretiker, dass es keine Logik und keine in sich schlüssigen Verhaltensmuster gäbe, sondern nur diffuse irrationale Handlungen. Traditionellen Erklärungen wurde in der Folge generell misstraut – auch denen der Religion. Das ist die zynische und sinnentleerte Welt, in der unsere Kinder aufwachsen. Meiner Meinung nach bezeugt das Evangelium, dass sowohl *die Modernen als auch die Postmodernen nur die Hälfte der Wahrheit erkannt haben!* Wir müssen sowohl rational als auch irrational sein, um das größere Ganze erkennen zu können.

**Wie halte ich mein eigenes Weltbild
in dieser hektischen und gestressten Zeit
im Gleichgewicht?**

Ein schlechtes Klima für Hochzeiten

Viele Männer und Frauen wurden zu sehr bemuttert und haben zugleich nicht genug Vaterliebe erfahren. Das ist charakteristisch in unserer Zeit der alleinerziehenden Mütter und fehlenden Väter. Das hat lebenslange und durchaus tragische Auswirkungen. Männer werden zu ewigen Jungs, die in sie vernarrte Mütter heiraten wollen anstatt reale Frauen, und Frauen suchen nach ihren Vätern anstatt nach ebenbürtigen Partnern. Schon bald fühlen sich beide in der Beziehung desillusioniert und suchen die Schuld beieinander. Angesichts dessen ist es fast erstaunlich, dass die Scheidungsrate nur bei fünfzig Prozent liegt.

Alles in allem sind wir noch nicht bereit für die Herausforderungen und das große Abenteuer des Lebens. Wir können eine fruchtbare Verbindung mit einem anderen Menschen erst dann eingehen, wenn zuvor eine gesunde Trennung zwischen diesem und mir bestand. Der heilige Paulus wies in diese Richtung, als er sagte: »Beugt euch nicht mit Ungläubigen unter das gleiche Joch« (2 Korinther 6,14). Viele Institutionen wie Schulen und Kirchen bemuttern Menschen, die nie wirklich genährt und erzogen wurden. Diese heiraten und bekommen ihrerseits Kinder, obwohl sie noch gar nicht reif dafür sind.

Wie hat dieses ungesunde Klima auch mich beeinflusst?

Was tue ich, um meine Weisheit mit der nächsten Generation zu teilen?

Die Tränen in allen Dingen

Was gibt einem Mann Substanz? Er muss sich dem menschlichen Schmerz und dem Leiden stellen und damit dem, was der römische Poet Virgil die »Tränen in allen Dingen« nannte. Wenn er das nicht tut, bleibt er ein Leichtgewicht und das, was der Schriftsteller John Lee den »fliegenden Jungen« nannte: ein ewiger Peter Pan.

Was für eine verblüffende Vorstellung: der Mann als ewiger Junge, der an der Oberfläche des Lebens entlanggleitet, ungebunden, niemals geerdet und moralisch nicht verankert. Das ist ziemlich einfach, wenn man behütet aufwächst und immer andere die Rechnung zahlen lässt. Doch solch ein Mann ist gefährlich, denn er bezieht in seinem Leben immer alles auf sich und alles soll einzig ihm von Nutzen sein. Er lebt nicht in der Wirklichkeit und ist gewöhnlich nicht dazu in der Lage, sich mit anderen Menschen auf einer tiefen Ebene zu verbinden. Und doch wird er im Mittelpunkt jeder Party stehen – denn es ist immer lustig mit ihm – und deshalb hat auch niemand den Mut, ihm zu sagen, dass er unreif und oberflächlich ist.

Solange ein Mann nicht dazu in der Lage ist, sich in den Schmerz anderer Menschen einzufühlen, wird er nichts anderes als ein fliegender Junge sein.

Worüber habe ich geweint?

Was haben mich meine Tränen gelehrt?

Der spirituelle Weg des Mannes in wenigen Worten

Ein junger Mann, der nicht weinen kann, ist ein Wilder; ein alter Mann, der nicht lachen kann, ist ein Narr.

Darin liegt für mich die Essenz der männlichen spirituellen Reise – mit seinem möglichen Beginn und seinem vorhersehbaren Ende. Wenn ein Mann dazu in der Lage ist, in seiner Jugend den Schmerz des Menschseins zu empfinden, kann er im Alter zufrieden lächeln.

Ich weiß nicht genau, weshalb das so ist, doch ich weiß, dass es so ist. Deshalb wurde dies zum Motto unserer Vereinigung MALEs (Männer als Lernende und Älteste) in New Mexico.

Wo befinde ich mich derzeit auf meiner spirituellen Reise?

Wer wird den Weg gehen?

Es ist eine Ironie des Schicksals, dass gerade die Menschen, denen die Welt bewundernd zu Füßen liegt, meist ein sehr oberflächliches Leben führen und sich keine Zeit für authentische Seelenarbeit nehmen. Politiker, Schauspieler, Sportler, Rockstars, diejenigen also, die in unserer Welt viel bewegen – sie vermeiden es, den Weg nach innen zu gehen. Es ist daher auch kaum anzunehmen, dass sie sich ihrem inneren Schatten gestellt haben, was für die Erlangung spiritueller Reife unabdingbar ist.

Das also sind die Menschen, die unsere Welt regieren – und die meisten von ihnen sind Männer.

Wir müssen eine neue Generation von Männern hervorbringen, Männer, die über wahre Macht verfügen und neue Formen von Autorität und Weisheit verkörpern. Mit unserer Vereinigung »Männer als Lernende und Älteste« haben wir die Vision, innerhalb der nächsten fünf Generationen die Praxis von Initiationsriten für Männer in der westlichen Zivilisation wiederzubeleben. Es ist ein wichtiges Anliegen, dem wir uns mit Bedacht widmen werden.

**Welche Art von Autorität steht mir
aufgrund meiner bisherigen
inneren Arbeit zur Verfügung?**

TEIL 3

Seelenarbeit für Männer – Wut, der Schatten, Initiation und Abstieg

Es gibt eine männliche Art und Weise zu fühlen.
Männer müssen diese wiederentdecken.

Richard Rohr

Seelenarbeit ermöglicht es uns, unserem eigenen Schatten zu begegnen.

Der Schatten ist der Ort in uns, an dem wir die unterdrückten und verdrängten Teile unseres Lebens aufbewahren.

Diese unterdrückten und verdrängten Teile rebellieren früher oder später im Leben eines jeden von uns.

Die Herausforderung besteht darin, den Schatten zu erkennen und wertzuschätzen, ohne sich von ihm tyrannisieren zu lassen.

Wir alle tragen die Wunden unserer Mütter und Väter in uns.

Gefühle wie Zorn sind weder falsch noch richtig, sie sind Hinweise darauf, was gerade in uns geschieht.

Wir müssen Zugang zu dem erhalten, was wir fühlen, um unsere Emotionen in angemessener und authentischer Weise ausdrücken zu können.

Jeder Mann trägt eine große Traurigkeit in sich, welche ihn mit allen Männern auf dem spirituellen Weg verbindet.

Du musst nicht alles und jeden »reparieren« können. Du musst nicht alles erklären können.

In dem, *was ist,* erfahren wir Gott.

Unser Herz leidet entsetzlich, wenn es nicht das akzeptiert, *was ist.*

Der direkte Weg für Männer führt nicht nach oben, sondern nach unten.

Der Weg führt genau durch die Wunde – dies ist der einzig mögliche Weg.

Wie Mann gemacht wird

Als Mann wird man nicht geboren, zum Mann wird man gemacht. Früher wurde der Übergang vom Jungen zum Mann durch ein Initiationsritual vollzogen. Dieser wichtige Übergangsritus ist uns verloren gegangen – und wir haben es versäumt, für einen wirksamen Ersatz zu sorgen.

Jeder Junge muss eines Tages aus der weiblichen und schützenden Welt seiner Mutter geholt und von den Ältesten an einen heiligen Ort gebracht werden, an dem er seine Männlichkeit als etwas Heiliges, Mächtiges und Wildes erfahren kann.

In den verschiedenen Initiationsriten früherer Zeiten wurde der Junge rituell verwundet, Prüfungen unterzogen und an seine Grenzen getrieben. Alles hing davon ab, wie er mit den Verletzungen umgehen würde. Die Initiation bot dem jungen Mann eine Gelegenheit, sich einer respektvollen Konfrontation mit einer weit größeren Welt als seiner bisherigen zu stellen, in sein eigenes Unbewusstes und in die Welt der Natur vorzudringen. In der Initiation erfuhr der Junge, dass es viel bessere Möglichkeiten gibt, mit der Welt umzugehen, als sie nur beherrschen, manipulieren und kontrollieren zu wollen. *Die Initiation lehrte den Mann, sich vor dem großen Mysterium, das im Herzen aller Dinge wohnt, ehrfurchtsvoll zu verbeugen.*

Wie kann ich dazu beitragen, die jungen Männer in meinem Leben auf die irrationale Welt des Geistes vorzubereiten?

Initiation zum wahren Selbst

Männer brauchen so etwas wie eine Taufe oder eine Initiation, um sich auf einen spirituellen Weg zu machen. Der Anlass kann eine große Niederlage sein, eine unstillbare Sehnsucht oder eine schwere Verletzung – sei sie körperlich, emotional oder psychisch. Wir müssen fallen, scheitern und in das Mysterium unseres eigenen Seins vordringen, denn sonst bleiben wir an der Oberfläche des Lebens (das ist es, was Jesus unter der Taufe verstand, wie in Markus 10,38 und Lukas 12,50 deutlich wird). Wir bleiben so lange in unserem kleinen und begrenzten Ich, bis wir in ein größeres Ganzes eintauchen (und damit getauft werden), das die Entwicklung eines größeren Selbst von uns verlangt.

Dieser Sturz in den Tod und in die Liebe (was oft gleichzeitig stattfindet!) ist der erforderliche Schritt vom falschen zum wahren Selbst. Ohne die Erfahrung eines großen Scheiterns werden wir immer mit unserem Ego versuchen, etwas zu verstehen und zu entschlüsseln, was mit dem Ego einfach nicht zu verstehen ist. Nur unser wahres Selbst – unser göttliches Selbst – kann mit diesen großen Fragen umgehen. Durch die Initiation erhalten wir einen ersten Einblick in unser wahres Selbst und in unsere Seele. Damit beginnt die wirkliche spirituelle Reise.

> Habe ich eine große Niederlage, Verletzung
> oder Scheitern erlebt? Haben diese mich näher
> zu meinem wahren Selbst geführt?

Die Vaterlücke füllen

Gemeinsam mit der Mutter stellt der biologische Vater oder der Pflegevater für den Jungen eine Art erste Gottesfigur dar. Als Menschenkinder brauchen wir diese ersten Abbilder des Göttlichen, denn die unmittelbare Erfahrung Gottes ist anfangs einfach zu intensiv und gewaltig. Schließlich jedoch müssen wir diese kindlichen Vorstellungen überwinden, denn Gott ist weit größer als jede menschliche Liebe. *So gut dein menschlicher Vater auch gewesen sein mag, Gott ist es noch weit mehr. So schwach und unzugänglich dein menschlicher Vater auch gewesen sein mag, Gott ist die Heilung dieses Mangels.*

Ohne Spiritualität bleiben die meisten Menschen in ihren Kindheitsprägungen und frühen Vorstellungen von Gott gefangen, die Abbild ihrer negativen oder positiven Erfahrungen mit ihren Eltern sind. Auf dem spirituellen Weg suchen wir nach männlichen Vaterfiguren, die es uns ermöglichen, den gewaltigen Sprung in das göttliche Mysterium zu wagen. Es ist die Aufgabe der Väter, Pflegeväter, Paten und Vaterfiguren, eine Brücke zu dem einen vollkommenen Vater zu bauen.

**Wer hat mir dabei geholfen,
mit dem Göttlichen in Verbindung
zu treten?**

Vaterverwirrung

Die meisten Männer erwarten von ihrem Vater zu viel. Sie wollen, dass er so etwas wie ein Gott ist! Das führt zwangsläufig zu Enttäuschungen. Letztlich bleibt uns nichts anderes übrig, als einen Vater anzunehmen, der sein Bestes versucht hat. Alle negativen Erfahrungen, die der Vater seinem Sohn auf dem Weg bereitet, helfen diesem letztlich dabei, erwachsen zu werden. Unglücklicherweise gibt es in unserer Kultur neben dem Vater nur selten einen anderen Mann, der mit der Aufgabe betreut wird, den Sohn zu initiieren. Die Übernahme der Patenschaft ist mittlerweile nur noch eine sinnentleerte Zeremonie.

Bei den Navajo-Indianern ist es ein Onkel, der den Jungen auf seinem Initiationsweg begleitet. Er lehrt den Jungen alles über Sexualität und Spiritualität. Er ist es, der mit dem Jungen über den Schmerz als Teil des Lebens und des spirituellen Weges spricht. Er ist dem Jungen nahe genug, um von diesem als Vertrauter respektiert zu werden, doch nicht so nahe, um mit dessen Enttäuschungen aus früher Kindheit belastet zu sein. Es ist für Väter tatsächlich schwierig, ihre Söhne zu unterrichten. Meist erfahren die Jungen in unserer Kultur alles, was sie über Sexualität und Spiritualität wissen müssen, von ihren Müttern!

Was habe ich von meinem Vater erwartet und wie hat das unsere Beziehung beeinflusst?

Wer hat mir beim Übergang vom Knabenalter zum Mannsein beigestanden?

Mit unseren Wunden leben

Ohne einen mythologischen Sinnzusammenhang oder ein symbolisches Universum, die uns die tiefere Bedeutung des Lebens erfahren lassen, verfangen wir uns in unserer eigenen kleinen Geschichte. Innerhalb dieser begrenzten Geschichte und ohne eine größere Perspektive kann es geschehen, dass wir zu verbitterten Opfern unserer Verletzungen werden.

Der christliche Weg will uns dahin führen, unsere Wunden anzunehmen und sie als unabdingbaren Teil unserer Lebensreise zu akzeptieren. Es ist an uns, diese Wunden mit Würde zu tragen, bis schließlich die Zeit kommt, in der wir vergessen werden, weshalb sie uns einst so schmerzten und schwächten. Ich halte es für sehr bedeutsam, dass selbst noch der auferstandene Körper Jesu von Wunden gezeichnet ist! Wir tragen unsere Wunden bis zum Schluss; sie werden sich niemals endgültig schließen. Sie lehren uns Demut, Geduld und Vertrauen. Heilung heißt, von seinen Wunden nicht mehr beherrscht zu werden und sie nicht zum Anlass zu nehmen, andere und sich selbst zu verletzen. Unsere Wunden können so zu einer täglichen Opfergabe für Gott werden und uns Mitgefühl für die Schwächen anderer lehren. Deshalb wohl sagte meine Lieblingsmystikerin Juliane von Norwich, dass »unsere Wunden unsere Auszeichnungen sind«.

Was sind die Wunden meines Lebens, die ich in die große Heilsgeschichte einbringe?

Brücken bauen

Auf dieser Reise hören wir irgendwann damit auf, die Wirklichkeit erklären zu wollen, und beginnen, sie einfach zu leben. Das bringt uns in Verbindung mit all den Gefühlen, die unser Leben verändern, mit Sehnsucht, Mitgefühl, Wut, Freundschaft, Verbundenheit und Liebe. Diese Gefühle kommen aus dem großen Unbewussten, daher sind sie schwer zugänglich und verwirrend und lösen oft Angst aus.

Wir können es nicht riskieren, dieses unbewusste Land zu betreten, bevor wir nicht eine klare Vorstellung von unserer Identität haben, ein angemessenes Gespür für unsere eigenen und die Grenzen anderer sowie die Erfahrung von Ordnung und Kontrolle. Dies zu erlangen ist die Aufgabe der ersten Hälfte unseres Lebens.

Unsere Seele ist dabei wie eine Brücke über den Fluss, die das Bewusste mit dem Unbewussten verbindet. Die Seele vermittelt zugleich auch zwischen Körper und Geist und baut eine Brücke ans andere Ufer, um die Verbindung zwischen dem Unbewussten und dem Bewussten zu unterstützen. Das ist Seelenarbeit. Diese Brücke zu bauen ist die Aufgabe der zweiten Hälfte unseres Lebens.

Welche Bilder hat meine Seele aus
dem großen Unbewussten in
mein bewusstes Leben transportiert?

Sich der Botschaft von oben nähern

Die meisten von uns lesen die Botschaft des Evangeliums nicht als das, was sie ist, sondern als das, was *wir* sind. Männer in guten und machtvollen Positionen neigen dazu, in der Religion eine Quelle persönlicher Heilung und spiritueller Inspiration zu sehen. Sie haben vielleicht ein etwas unbehagliches Gefühl und spüren, dass ihnen trotz all dem Komfort etwas im Leben fehlt. Deshalb wenden sie sich der Religion zu. Mag sein, dass es ihnen damit ernst ist, doch in erster Linie verfolgen sie damit ihre eigenen Interessen. Noch können sie nicht erkennen, dass Gottes Plan viel größer ist.

Männer haben die Heilige Schrift in ihrer Gesamtheit in eine persönliche Heilslehre überführt und ihr alle politischen und sozialen Implikationen genommen. Sie haben sich einen sehr privaten Himmel geschaffen, in dem kaum jemand sonst mehr Platz hat. So aber werden wir niemals»einen neuen Himmel und eine neue Erde« schaffen und auch kein neues Jerusalem für die Lebenden erbauen (Offenbarung 21,1–3).

Wie nähere ich mich dem Evangelium?

Wie beeinflusst meine eigene wirtschaftliche Position und meine berufliche Karriere die Art und Weise, wie ich Bibel und Religion auslege?

Unser goldener Schatten

Die männliche Reise zu einem erfüllten und freudvollen Leben beginnt, sobald ein Mann den Mut aufbringt, in sein Inneres vorzudringen und die Verantwortung für das zu übernehmen, was er dort vorfindet – und zwar für wirklich alles, was er findet! Er muss sich ehrlich in die Augen blicken und sich mit seinem eigenen Scheitern konfrontieren. Und zugleich muss er die Verheißungen, die Energie und das gute Leben, die er ebenfalls entdeckt, anerkennen und honorieren lernen. Denn beides ist in unserem Inneren zu finden. Ich nenne dies daher den »goldenen Schatten«. Er sieht zwar aus wie ein Schatten, transportiert zugleich jedoch viele wunderbare Möglichkeiten.

Der Schatten lehrt einen Mann, dass alles seinen Platz hat – das Gute, das Schlechte und das Hässliche. Es ist nicht einfach, Frieden mit dem Schlechten und Hässlichen zu schließen. Vielleicht dauert es ein Leben lang, sich diesem Schatten zu stellen und sich mit ihm zu versöhnen. Solange wir noch jung sind, fällt es uns schwer zu erkennen, dass alles sein darf, doch wenn wir älter werden, stellen wir fest, dass alles seine Berechtigung hat. Nicht umsonst sagte C.G. Jung: »Dort, wo wir stolpern und fallen, finden wir das reine Gold!«

Wann habe ich zum letzten Mal innegehalten und allem und jedem in meinem Leben gedankt?

Habe ich verstanden, dass alles einen Sinn und seine Berechtigung hat?

All diese anderen Menschen

Wir alle neigen zu Vorurteilen; wir urteilen pauschal über andere Menschen, ohne auch nur zu versuchen, uns in die möglichen Gründe ihres Verhaltens einzufühlen. Unsere Urteile sind Ausdruck unserer eigenen Abneigungen und Vorlieben. Menschen, die Ohnmacht, Unterdrückung und Ausgrenzung schmerzhaft am eigenen Leibe erfahren haben, bilden Subkulturen innerhalb der Dominanzkultur. Angst, Wut, Schuld, Aberglaube, Suchtverhalten und Hoffnungslosigkeit sind oftmals Kennzeichen dieser Subkulturen, die wir nicht verstehen können, solange wir nicht selbst Teil einer solchen waren. Genauso wenig können die Menschen aus diesen Subkulturen uns verstehen!

Diese »Anderen« – die oft anderen ethnischen, religiösen, geografischen oder sozioökonomischen Gruppen angehören – dienen uns dann als eine Art Leinwand, auf die wir unsere eigenen Ängste, Selbstzweifel und Selbsthass projizieren. *Das, was wir in uns selbst fürchten oder nicht anschauen wollen, meinen wir nun in anderen zu erkennen, und genau dafür hassen wir sie.* Das ist der zentrale Aspekt des universalen Sündenbock-Mechanismus, der größtenteils unbewusst abläuft. Jesus hat diesen mit seinem Kreuzestod sichtbar gemacht.

In welchen Situationen haben meine Vorurteile, Missverständnisse und Ängste dazu geführt, andere unfair zu beurteilen?

Habe ich den Mut, in mich zu gehen und die heimlichen Vorurteile, die ich mir selbst noch nicht eingestanden habe, zu erkennen?

Die Zersplitterung der Welt

Frage dich einmal selbst, ob du zu den Männern gehörst, die Menschen, die anders sind, von sich fernhalten. Drängst du die Armen an den Rand? Hältst du die geistig und körperlich Behinderten von dir fern? Hast du Angst vor Minderheiten, Flüchtlingen, Süchtigen, Homosexuellen, Strafgefangenen? Könnte es sein, dass sie das verkörpern, was du selbst am meisten fürchtest und deshalb am heftigsten verdrängst?

Hast du Angst davor, nicht erfolgreich zu sein? Wenn ja, dann werden die Armen dich mit Furcht erfüllen. Fürchtest du dich davor, dein Haus zu verlieren? Dann wird dich der Anblick des Obdachlosen, dem du auf dem Weg zur Arbeit begegnest, ängstigen – falls du ihn überhaupt sehen kannst. Hast du Angst vor deinen eigenen Handicaps? Dann werden dich behinderte Menschen erschrecken. Verletzen psychisch gestörte Menschen deine Sichtweise von einer rationalen Welt? Umgibst du dich vor allem mit Menschen, die so ähnlich sind wie du?

Brüder, wir grenzen uns von der Schwäche und Zersplitterung der Welt zu unserem eigenen Nachteil ab. Vielleicht ist es schwierig zu verstehen, doch Abgrenzung ist immer ein Verlust für uns selbst – und vielleicht sogar ein Verlust *von* uns selbst.

**Von wem versuche ich mich
fernzuhalten und warum?**

Der erste Schritt

Vom heiligen Paulus stammen die folgenden berühmten Worte: »Dreimal habe ich den Herrn angefleht, dass dieser Bote Satans von mir ablasse. Er aber antwortete mir: Meine Gnade genügt dir; denn sie erweist ihre Kraft in der Schwachheit. Viel lieber also will ich mich meiner Schwachheit rühmen, damit die Kraft Christi auf mich herabkommt. Deswegen bejahe ich meine Ohnmacht, alle Misshandlungen und Nöte, Verfolgungen und Ängste, die ich für Christus ertrage; denn wenn ich schwach bin, dann bin ich stark« (2 Korinther 12,8–10).

Das klingt fast wie ein Bekenntnis im Zwölf–Schritte-Programm. Sobald die Kirche ihr eigenes Evangelium vergisst, lehrt es der Geist in neuen Formen. Der erste der zwölf Schritte besteht immer darin, die eigene Machtlosigkeit zuzugeben. Es braucht lange, bis man diesen ersten Schritt wirklich vollziehen kann. Es sieht so aus, als ob Paulus daraus einen Lebensstil machte.

Wo zeigt sich Machtlosigkeit in meinem Leben?

Was bedeutet es für mich, wenn ich mich machtlos zeige?

Wie kann mich Gott in meiner Schwäche stark machen?

»Es ist wie ...«

Es ist hilfreich, sich in jeder Diskussion über Religion bewusst zu bleiben, dass die religiöse Sprache nichts anderes als eine Metapher ist. Das soll nicht heißen, dass die Religion nicht richtig oder wahr wäre, sondern ist ein Hinweis darauf, dass wir, wenn wir über Gott oder das Göttliche sprechen, es auch nicht anders halten sollten als Jesus selbst, der seine Gleichnisse über das Gottesreich meist mit den Worten einleitete: »Es ist wie ...«

Der Indologe Heinrich Zimmer sagte: »Über die besten Dinge kann man nicht sprechen und die zweitbesten Dinge werden fast immer missverstanden.« Die zweitbesten Dinge – Metaphern, Symbole, Bilder, Geschichten, Mythen – verweisen auf die besten aller Dinge. Alle Bilder von Gott sind Metaphern, bestenfalls Annäherungen, sie sind Finger, die auf den Mond zeigen. Unglückseligerweise verbringen wir viel mehr Zeit damit, uns über die Finger zu streiten, als auf den Mond zu blicken.

Jeder möchte diesen einen heiligen, katholischen, apostolischen Finger haben, der auf den Mond zeigt. Deshalb kämpfen wir darum, wer in Besitz des wahren Fingers ist. Ist es dein Finger, der uns retten kann, oder meiner? Keiner von beiden vermag dies! Nur Gott kann uns retten, nicht unsere Interpretationen von Gott.

Wie kann ich über etwas so Wichtiges wie Gott in meinem Leben sprechen, ohne dabei Schwierigkeiten und Missverständnisse heraufzubeschwören?

Das Leben vor der Lehre

Es ist einfach erschütternd, dass Menschen auf dem Scheiterhaufen verbrannt wurden, weil sie unbequeme Worte aussprachen oder weil sie an ihrem Glauben festhielten. Wenn die Religion sich ihre eigene Sprache erschafft, dann wird der wunderbare Prozess der Transformation, den sie ursprünglich einleiten sollte, mechanisch und beherrschbar. Interessanterweise wurden kaum jemals Menschen dafür verbrannt, weil sie es nicht schafften, ein religiöses Leben von Einfachheit, Gewaltlosigkeit und Vergebung zu führen.

Wir haben den geheimnisvollen und ewigen Schöpfergott so präsentiert, als könnten wir ihn vollkommen verstehen. Der wahre Gott kann aber nicht auf eine richtige Antwort in einer Art kosmischen Prüfung reduziert werden. *Er ist immer eine lebende, aktive Präsenz, jenseits aller Worte.* Diesem Gott geht es weit mehr darum, uns das Leben zu schenken, als uns Glaubenslehren und richtige Worte zu vermitteln. Wer nun glaubt, ich sei ein Häretiker, möge bei Thomas von Aquin nachlesen, der da sagte: »Prius vita quam, doctrina«: »Das Leben selbst hat Vorrang vor der Lehre« (De Anima, II, 37). Jesus machte dies sogar noch deutlicher, als er sagte: »Ich bin gekommen, damit sie das Leben haben und es in Fülle haben« (Johannes 10,10).

Welche Auswirkungen hat es für
mein Leben, wenn ich Metaphern mit
der Wirklichkeit verwechsle?

Flüchtige Blicke und Andeutungen

Wie können wir biblische Texte in Übereinstimmung mit religiösen Lehren bringen? Vielleicht ist es am besten, wenn wir sie wie lebendige Berührungslinien erfahren, wenn wir versuchen, so oft wie möglich einen flüchtigen Blick auf deren Wahrheit zu erhaschen und sie als vergängliche Noten eines unbekannten und doch vertrauten Liedes wahrzunehmen. Der Zugang hierfür ist unser Herz. Deshalb sind Mythen, Metaphern, Dichtung, Erzählungen, Kunst und Musik so wichtig. Sie transportieren die geheimnisvolle und verborgene Tiefe der Erfahrung. Sie begrenzen deren Bedeutung nicht durch bloßen Buchstabenglauben, sondern legen ganz neue Schichten frei. Die frühe Kirche verstand dies noch weit besser als wir heutzutage.

In den ersten 1000 Jahren der Kirchengeschichte war es für die Gläubigen selbstverständlich, dass es wortgetreue, historische, analoge, symbolische, mystische, moralische, inspirierte, kosmologische und eschatologische Interpretationen der Bibeltexte gibt. *Jede einzelne war auf ihrer jeweiligen Ebene wahr, doch auf anderen Ebenen nicht von Relevanz.* Keine Ebene galt höher als die anderen. Zu dieser lebendigen und andächtigen Erfahrung sollten wir heute wieder zurückkehren.

Wenn die Erfahrung Gottes nur in flüchtigen Augenblicken möglich ist – was in meinem Leben gibt mir die Möglichkeit, diese flüchtigen Augenblicke einzufangen?

Vom Guten und vom Bösen

Wenn wir uns in der Welt umblicken, so sehen wir gute Menschen, die ein glückliches Leben führen, und andere, die ein extrem hartes Leben führen. Zugleich sehen wir böse Menschen, die offensichtlich glücklich sind und denen es gut geht. Darüber hat bereits Hiob geklagt. Insgeheim hoffen wir dann, dass Letztere nicht wirklich glücklich sind, auch wenn alles auf das Gegenteil hindeutet. Gönnen tun wir es ihnen jedenfalls nicht. Wir wollen jetzt bereits unsere Abfindung in diesem Leben. Die gibt es aber nicht, sondern gerade genug, um uns Frieden zu gewähren. Ich glaube sehr wohl daran, dass ein gutes Leben die Belohnung bereits in Form von Frieden und Freude in sich trägt und dass auch das Böse bereits Strafe ist durch diffuse Ängste und Unruhe. Eine Lösung gibt es aber erst in der Ewigkeit.

Indem wir davon ausgehen, dass Ungläubige, Übeltäter und schlechte Menschen unglücklich sein müssen, bezeugen wir nur unsere eigene kleinliche und missgünstige Haltung. Wir befinden uns noch in einem Zwischenstadium des Glaubens, solange wir perfekte Logik, ausgleichende Gerechtigkeit und einen finalen Richterspruch in dieser Welt erwarten.

**Habe ich mein Leben nur deshalb gewählt,
weil es mir einfach und angenehm erscheint?**

**Lebe ich ein volles Leben zu Ehren von
Schönheit, Wahrheit und Freude?**

Verständnis

In den Zeiten, in denen du von Selbstzweifeln und Selbstkritik
überwältigt wirst, fühlt sich jedes kleine Zeichen von Verständnis, jedes Lächeln und die Freundlichkeit eines anderen Menschen fast wie eine Ganzkörpermassage an.

Wenn wir uns dessen bewusst werden, dann sollten wir
auch anderen so oft wie möglich eine Ganzkörpermassage ver-
abreichen!

An wen kann ich mich wenden,
wenn ich von Zweifel und Selbstkritik
überschwemmt werde?

Gefühle und Emotionen

Wir sollten unsere Gefühle und Emotionen zulassen, denn sie lehren und formen uns. Kein Gefühl währt ewig. Gefühle sind weder richtig noch falsch. Gefühle sind nicht moralisch. Sie machen uns deutlich, was in unserem Leben auf verschiedenen Ebenen gerade geschieht. Männer, die keinen Zugang zu ihren Gefühlen haben, haben auch keinen Zugang zu einem tieferen Wissen, aus dem heraus sie mit Integrität handeln können. Wenn wir hingegen dazu bereit sind, unsere Gefühle zuzulassen, dann erhalten wir Zugang zu den Geheimnissen in unserem Kopf, in unserem Herzen und unserem Bauch. Gefühle sind Geschenke Gottes, die uns gestatten, die Dinge auf einer tieferen Ebene zu berühren.

Wenn wir uns der Tiefe unserer Gefühle nicht stellen, dann betrügen wir uns um die Weisheit, die unser Körper in sich trägt. Wenn wir die Gefühle von unserem Körper fernhalten wollen, werden sie sich in verzerrter Form umso tiefer in ihn eingraben. Früher oder später kommen sie dann in Gestalt von Magengeschwüren, Stress, Herzinfarkten, Depressionen, Reizbarkeit und unkontrollierter Wut hervor – all das, weil wir uns weigerten, uns zu gegebener Zeit um unsere Emotionen zu kümmern und sie mit anderen zu teilen.

**Wie komme ich in Kontakt mit meiner
eigenen Traurigkeit?**

**Wo ist ein geeigneter Ort für mich,
an dem ich meine Gefühle
ausdrücken kann?**

Wutmanagement

Wut ist eine wegweisende und wichtige Emotion und keine »Sünde«. Manchmal erschreckt uns die Kraft und Intensität unserer Wut jedoch so sehr, dass wir es vermeiden, sie auszudrücken, selbst dann, wenn dies ehrlich und angebracht wäre. Viele meinen, dass die Wut von selbst verschwindet, wenn wir sie einfach nicht beachten. Andere hingegen haben sich bereits daran gewöhnt, von permanenter Wut und ihren Ausbrüchen heimgesucht zu werden.

Von sich aus ist erst einmal überhaupt nichts gegen die Wut einzuwenden. Und es ist wichtig, sich über die Wurzeln der eigenen Wut bewusst zu werden, bevor wir versuchen, sie loszuwerden. Um unsere Wut und ihre Ursachen zu verstehen, müssen wir uns ihr stellen und uns durch sie hindurcharbeiten. Ziellose Wut hilft überhaupt niemandem und schon gar nicht dem, der sie fühlt.

Das Neue Testament gibt uns den weisen Rat: »Lasst euch durch den Zorn nicht zur Sünde hinreißen! Die Sonne soll über eurem Zorn nicht untergehen. Gebt dem Teufel keinen Raum!« (Epheser 4,26–27). Als inspirierter Autor würde ich dies folgendermaßen zusammenfassen: Spüre deinen Zorn, erfahre, was er dir zu sagen hat, doch identifiziere dich nicht mit ihm, denn sonst könnte er dich töten.

Wie gehe ich mit meiner Wut um?

Woran erkenne ich, dass ich wütend bin?

Der Ego-Container

Wir sind darin geschult, die Wirklichkeit, wann immer sich dies als nützlich erwies, so weit als möglich von uns fernzuhalten. Wir haben uns eine Art *Ego-Container* geschaffen, um wohlbehalten durch die Schule zu kommen, Karriere zu machen und unsere Eltern, kulturelle Normen und die Kirche zufriedenzustellen. So haben wir uns eine äußere Person geschaffen und eine Maske aufgesetzt. Sie besteht aus all dem, was wir der Welt von uns zeigen wollen, und verbirgt alles andere.

Auf die Art und Weise konnten wir zu einer Art Bunker werden, der das wirkliche Leben und all das, was uns falsch, ungewollt oder gar gefährlich erscheint, von uns fernhält. Je älter wir werden, desto entschiedener wird jedoch das Leben, das immer auch die dunkle Seite von allem beinhaltet, sein Recht einfordern. Der Ego-Behälter muss sich ausdehnen, um immer mehr Erfahrungen aufzunehmen, mehr Widersprüche in sich zu vereinen, mehr Schmerz und ebenso auch Freude zuzulassen.

Wir dürfen nicht vergessen, dass der Container nur ein Werkzeug ist. Es geht nicht nur darum, den Container instand zu halten. Damit kommen wir weder dem wahren Inhalt unseres Lebens noch Gott näher. Unser Container ist dazu da, das Geschenk des Lebens aufzubewahren und dieses Geschenk wächst immerzu.

Wie würde ich meinen Ego-Container beschreiben?

Was zeige ich der Welt von mir?

Das gute Ego bewahren

Gute Eltern lehren ihre Kinder schon von klein auf, wie sie klare und gesunde Grenzen setzen können, denn ohne Grenzen ist ein wirkliches Gefühl von Identität nicht möglich. Darin liegt auch der Zweck von Ritualen, Traditionen, Gesetzen, Sitten und Gebräuchen. Kinder mögen das und kleine Jungs kämpfen für Regeln; es sind weit mehr die Älteren unter uns, die allergisch darauf reagieren. In allen großen Mythen und Legenden geht es darum, dass ein junger Mann etwas Heiliges, einen Sinn, einen Ort, Gott oder eine gute Sache verteidigen muss.

Bevor wir unser Ego loslassen, müssen wir zuerst einmal ein Ego haben. Bevor Jesus seinen Leib verließ, lebte er in diesem für mehr als dreißig Jahre. Du musst zuerst ein Selbst haben, bevor du es sterben lassen kannst. Du musst erst auf sicherem Grund stehen, bevor du dich vorwärtsbewegen kannst. Diese zwei unterschiedlichen Aufgaben auf dem spirituellen Weg müssen klar auseinandergehalten und in der richtigen Reihenfolge gelöst werden. Konservative Menschen sind in der Regel besser darin, ihre Identität zu behaupten, während Progressive sich leichter tun mit der Vorwärtsbewegung.

Welche Grenzen waren gut für mich,
als ich aufwuchs?

Von Helden und hohen Türmen

Die Errichtung eines stabilen Ego-Containers steht am Anfang einer jeden Heldenreise. Es besteht jedoch die Gefahr, dass der Held den Container mit dem Inhalt selbst verwechselt. Er beginnt zu glauben, dass die Person, die er in der Welt repräsentiert, das abbildet, was er in Wirklichkeit ist.

Wenn sich ein Mann zu sehr mit seinem Ego-Container oder seiner Rolle identifiziert, dann verbringt er vielleicht den Rest seines Lebens damit, diesen Container, an dem er so lange gebaut hat, zu verteidigen. Das kann man an Männern sehen, die selbst noch in fortgeschrittenem Alter mit ihrem Selbstimage befasst sind. Sie haben einen Container gebaut, der nun so hoch wie ein Turm ist, und sie haben darüber vergessen, wieder auf die Erde zurückzukehren und auf dem schlammigen Boden zu laufen, auf dem wir alle uns bewegen.

Habe ich mich selbst so mit meiner äußeren Person identifiziert, dass ich darüber meine innere Reise vergessen habe?

Falls dem so ist, wie kann ich auf die rechte Spur zurückfinden?

Die männliche Art zu fühlen

Wir leben in einer Zeit, in der die Macht des Weiblichen erwacht. Das ist eine notwendige und wichtige Ausbalancierung der herrschenden Zustände. Denn unser Wohlbefinden als Männer und Frauen hängt sehr davon ab, ob es uns gelingt, die Wunden zu heilen, die uns das Patriarchat in den vergangenen Jahrhunderten zugefügt hat.

Männer müssen sich bewusst werden, dass Frauen in all dieser Zeit für die Gefühle in der Familie zuständig waren. Unsere Mütter, nicht unsere Väter, haben uns gelehrt, was es heißt zu fühlen. Daran ist sicherlich nichts falsch, doch wir haben noch einiges hinzuzugewinnen, wenn wir nun auch eine männliche Art zu fühlen erlernen.

Männer müssen ihre eigene Bandbreite an Gefühlen wiederentdecken und akzeptieren und aufhören, diese zu verleugnen oder zu unterdrücken. Meine eigenen männlichen Emotionen zeigen sich in ihrer besten Ausformung in ruhigen, gesammelten und reflektierten Gefühlen, die das Resultat eines wechselseitigen Austausches von Einsicht und Tiefe sind. Dieses wundervolle emotionale Gleichgewicht zu erleben, zeigt, dass diese Art zu fühlen möglich ist und sowohl männlich als auch gesund ist.

Wie bin ich selbst im Kontakt mit der Welt der Gefühle?

Was ist

Gottes bester Verbündeter ist das, was ist – nicht das, was sein sollte, sein könnte oder sein müsste. Im Hier und Jetzt kann Gottes Gnade am besten wirken. Auf dem Unwirklichen, Gefälschten und Illusorischen kann Gott nicht bauen, weil es keine Substanz hat.

Das »Wirkliche« ist immer eine Mischung aus allem, es ist hell und dunkel, ganz gleich, ob es sich dabei um deine Familie oder Freunde, die Gruppen und Institutionen, denen du angehörst, oder um dich selbst handelt. Das Problem liegt nie außerhalb deiner selbst – nicht bei Eltern, die dich nicht genug liebten, einer Partnerin oder einem Partner, die nicht die richtigen sind, einem Chef, der dich nicht wertschätzt.

Beginne bei dir selbst. Du bist nicht perfekt. Und das ist okay. Du musst auch nicht jeden und alles in Ordnung bringen, musst nicht alles erklären können. Lass doch einfach den vollkommenen Gott dein unvollkommenes Ich lieben. Das ist die Art, wie Gott liebt! Beginne damit und dann schau, wohin dein nächster Schritt dich führt.

Wie kann ich mich auf das Eigentliche konzentrieren, anstatt auf das zu blicken, was sein sollte, könnte oder müsste?

Spiritueller Menschenverstand

Entweder wir finden uns mit der Realität ab und akzeptieren die Enttäuschungen, die uns das Leben bereitet, oder wir halten die immer etwas schmuddelig wirkende reale Welt von uns fern. Letzteres bereitet uns auf lange Sicht aber noch viel mehr Leid.

Das ist spiritueller Menschenverstand, der leider nicht sehr weit verbreitet ist.

Was ist meine Wirklichkeit, jetzt und hier, in diesem Augenblick?

Seele und Körper

Männer können ihre Güte und ihre inneren Werte am besten in der Beziehung zum Weiblichen erfahren. Der liebende Blick der Mutter kann einem Mann den Weg zu seiner Seele weisen. Dies vermag auch die erste Freundin oder seine Frau und Lebenspartnerin, ebenso aber auch ein anderer Mann, der seiner eigenen weiblichen Seele bereits begegnet ist.

Wenn unsere Seele und unser Körper vom anderen Geschlecht gerufen werden, gerät unser physischer und äußerer Körper oft auch in eine Welt von Konkurrenz und Wettbewerb, in der er getestet und bewertet wird. Wenn wir uns dessen nicht bewusst sind, besteht die Gefahr, dass wir uns zu Unrecht besiegt oder als Sieger fühlen und damit auch die Trennung zwischen den Geschlechtern vorantreiben.

Am Ende gilt es zu erkennen, dass Gott es ist, der uns nach seinem Ebenbild eine Seele verleiht und unserem Körper einen Namen gibt (Genesis 1,26).

Wo habe ich Unterstützung durch das Weibliche gefunden?

Und wo habe ich Bestätigung durch das Männliche erhalten?

Das feminine Gesicht Gottes

Es ist kein Zufall, dass gerade in den katholischen Kulturen, die am meisten vom Machismo und Patriarchat geprägt sind, zugleich die größte Verehrung Marias stattfindet. Ich habe einmal in einer katholischen Kirche elf große Bilder von Maria gezählt, während von Jesus kaum etwas zu sehen war.

Kein Wunder, dass die Protestanten von uns denken, wir hätten Maria zu einer Göttin gemacht. Theologisch mag dies zwar bedenklich sein, doch psychologisch war dies ein gelungener Schachzug. Denn der Seele werden damit die Bilder angeboten, die sie braucht, um bedingungslose Liebe auszudrücken. Deshalb stellen wir Katholiken unsere »segensreiche Mutter« überall hin. Ihr gelingt es, auch die Menschen zum Glauben zu führen, die durch Männer verletzt wurden. Sie ist die weibliche Vermittlerin für all diejenigen, die männliche Liebe niemals als schützend und gütig erleben durften.

Es ist für Männer schwierig, sich einem Gott anzuvertrauen, der ausschließlich als männlich gezeichnet wird. Denn von ihm befürchten sie, dass er sie verurteilt und für unzulänglich befindet. Als ich einmal evangelische Pastoren fragte, wie sie so ganz ohne eine weibliche Seite Gottes auskämen, sagte einer: »Wir haben in der Sonntagsschule unseren Jesus zum Ausgleich blond und blauäugig und mit einem sehr hübschen Gesicht gemalt!«

Wo finde ich die weibliche Seite Gottes?

Die weibliche Seite Gottes

Viele Statuen von Maria stellen diese mit weit ausgebreiteten Armen und einem Lächeln dar. Bei diesem Anblick fühlen sich viele Männer daran erinnert, wie sie einst von ihrer Mutter empfangen wurden, wenn sie von der Schule heimkamen. Mit ihrer Begrüßung signalisierte sie: »Komm heim, mein Sohn, ich bin für dich da.«

Auch wenn wir noch so viele rechtgläubige Theologien in unseren Köpfen haben, am Ende und ganz tief drin sind es doch unsere Instinkte, die über uns bestimmen. Die Seele bahnt sich immer einen Weg zur göttlichen, alles akzeptierenden Gnade. Für viele Menschen ist die weibliche Seite Gottes die einzige, zu der sie Zugang haben und auf die sie reagieren. Ist es nicht wunderbar, dass Jesus, obwohl er in einem männlichen Körper lebte, ganz offensichtlich eine ausgesprochen weibliche Seele hatte? Er war in keinster Weise machohaft, tyrannisch oder patriarchal. Gott sei Dank, denn sonst wäre es vielen von uns nicht gelungen, uns ihm vertrauensvoll hinzugeben.

Wenn ich Gott bislang nur als männlich erlebt habe, was hat meine Seele dabei vermisst?

Wenn ich sowohl die weibliche als auch männliche Seite Gottes erfahren habe, welchen Einfluss hatte dies auf meinen spirituellen Weg?

Die heilige Hochzeit

Wir sind in einer patriarchalen Religion aufgewachsen, die geprägt ist von Gesetz, Struktur, Ordnung, Gehorsam, Gruppengeist und Loyalität. Das sind zwar durchaus lobenswerte Tugenden, doch sie sind nur eine Seite der Medaille. Das menschliche Bewusstsein erreicht nun den Punkt, an dem wir für die heilige Hochzeit einer reifen Weiblichkeit mit einer reifen Männlichkeit bereit sind. Eine reife Weiblichkeit ehrt Mitgefühl, Gnade, Ausnahmen, heilige Unordnung, Vergebung und Heilung und balanciert damit die männlichen Eigenschaften aus.

Unsere Aufgabe ist es, zu dem zu finden, was in beiden Geschlechtern vorhanden ist. Wir müssen den tragischen Bruch zwischen beiden heilen. Wenn wir die weibliche Seele in unserer Kirche und Kultur stärker entwickelt hätten, hätten wir unsere Erde niemals so ausgeplündert, Millionen Menschen im Krieg getötet, Unschuldige missbraucht und vergewaltigt, viele von der Rettung ausgeschlossen, so wenige medizinisch ausreichend versorgt und zugleich so viele grausame Diktatoren unterstützt, wie wir es in den vergangenen Jahrhunderten getan haben. Christliche Nationen wären dann als versöhnend und heilend erlebt worden und nicht für ihre Kriege und ihre Gier bekannt geworden.

Wie würde eine mehr mütterliche Religion aussehen? Wie würde sich diese für mich anfühlen?

Der Große Geist

Wir müssen gar nicht weit gehen, um Beispiele für die heilige Hochzeit des Weiblichen mit dem Männlichen zu finden. Die Ureinwohner Amerikas haben ein gelungenes Gleichgewicht zwischen beiden geschaffen; ihre wesentliche Gottheit, der Große Geist, wurde zwar als männlich imaginiert, zeigte sich jedoch mütterlich, nährend und respektvoll gegenüber der Erde.

Als Papst Johannes Paul II. zu Besuch nach Arizona kam, um dort zu den Ureinwohnern Nordamerikas zu sprechen, sagte er, dass es nichts in deren Religion gäbe, das nicht mit dem Christentum kompatibel wäre. Vielmehr seien sie, im Gegensatz zu vielen traditionellen Christen, dazu in der Lage, den Großen Geist in allem zu erkennen.

Viele der frühen Stämme Nordamerikas hatten bereits eine hoch entwickelte Spiritualität, die nicht auf dem rituellen Töten von Tieren oder Menschen basierte und auch nicht auf deren Misshandlung und Ausbeutung, sondern sich in Harmonie und Einheit mit dem großen Kreislauf des Lebens befand. Alle Wesen wurden wertgeschätzt und respektiert.

Wir haben noch viel von anderen zu lernen und so einiges in unserer eigenen Kultur zu verlernen.

**Wie kann die Natur meine Vision
von Gott unterstützen?**

Die Sehnsucht nach dem ewig Weiblichen

Männer verspüren in sich oft eine tiefe Sehnsucht nach etwas, das sie nur schwer ausdrücken können. Es ist wie eine Erinnerung, die nicht weggeht. Sie scheint verknüpft zu sein mit unserer Mutter und durch sie mit dem ewig Weiblichen. Es ist eine Sehnsucht nach Ganzheit, nach Gott und nach sich selbst, und das alles zur gleichen Zeit. In jeder von Liebe getragenen Beziehung, die wir mit einer ausgeglichenen Frau oder einem ausbalancierten Mann erleben, gelingt es uns, das ewig Weibliche etwas besser zu verstehen.

Woran erinnert uns dieses Gefühl? Es ist, als ob wir unseren Zwilling verloren hätten und von etwas getrennt wären, das unabdingbar zu unserer Identität dazugehört. Ein Mann wird vielleicht bis ans Ende seines Lebens nach diesem verlorenen Teil seines Selbst suchen, bewusst oder auch unbewusst.

Für viele von uns bringt dieser verloren gegangene Teil eine lebenslange Unruhe und eine innere Unausgeglichenheit mit sich.

**Wann habe ich festgestellt,
dass ein großer Teil von mir fehlt?
Was habe ich daraufhin getan?**

Ganzheit und Heiligkeit

Die Suche nach unserem verlorenen Zwilling, nach dem vermissten anderen, kann dazu führen, dass wir uns von uns selbst entfremdet fühlen. Wir glauben dann, wir könnten nur durch einen anderen Menschen wieder ganz werden. Diese Ganzheit kann jedoch nur *in uns selbst* gefunden werden und ganz sicher nicht in unzähligen Affären, Flirts oder sexuellen Begegnungen.

Unsere ursprüngliche göttliche Identität kennt keine Trennung von Männlich und Weiblich (Galater 3,28). Sie ist die Einheit des heiligen Weiblichen mit dem heiligen Männlichen. Deshalb fühlt sich Sexualität immer wie die Sehnsucht nach dem verlorenen Zwilling an, nach dem geliebten Anderen, nach dem »Nicht-Ich«. Es sei daran erinnert, dass das Wort *sex* von dem lateinischen Verb *secare* kommt, was so viel bedeutet wie »durchschneiden« oder in »zwei Teile schneiden«. Das Zölibat sollte ein Zeichen setzen, dass innere Ganzheit möglich und auch lebbar ist. Jeder unglückliche und neurotische Zölibatär widerlegt diese Botschaft jedoch und macht sie zunichte.

Letztlich ist unsere Suche nach dem Anderen Ausdruck unserer tiefsten Sehnsucht nach der Vereinigung mit Gott. Deswegen sind wir auch nicht dazu bereit, sie einer obskuren Moral, unserem Autonomiestreben oder der Furcht zu opfern.

**Wie würde ich meine eigene Sehnsucht
nach Gott beschreiben?**

Wie drückt sich diese körperlich aus?

Der wechselseitige Blick

In unseren kontemplativen Momenten fragen wir uns vielleicht selbst: »Wem gehört dieses Gesicht und dieser Blick, nach dem ich immerzu auf der Suche bin? Was sehe ich in der Welt um mich herum, das mich an ihn oder sie erinnert?«

Vielleicht sind dies die einzigen Fragen, auf die wir eine Antwort finden müssen. Vielleicht ist es tatsächlich die Sehnsucht nach dem vollkommenen Partner, die uns die Energie für unsere spirituelle Suche verleiht (nachzulesen im 2. Korintherbrief 3,18).

Das mystische Christentum hat der Seele ein Bildnis des Geliebten eingeprägt. Gott ist unser göttlicher Geliebter. Wir brauchen Gesichter, um uns zu verlieben. Wir können uns nicht in Konzepte, Vorstellungen und Ideen verlieben. Jesus wurde für uns zu diesem schützenden, annehmenden und herrlichen Blick Gottes.

Wo habe ich ein Bildnis des Geliebten erhalten?

Wo bin ich dem Blick des Liebenden begegnet?

Was wir noch nicht sind

Es ist der Schmerz, den wir über den Verlust unseres Zwillings verspüren, und das Gefühl der Trennung und des Nicht-Ganzseins, die unsere Suche am Leben erhalten. Wir müssen immer weiter suchen nach dieser anderen Hälfte, sie hier und dort in der Welt entdecken, uns in sie verlieben, wo immer wir sie finden – sei es in Menschen, Tieren, Ereignissen oder im Gebet. Doch damit ist es nicht genug.

Wir müssen auch Wege finden, um mit diesem fortwährenden Kreislauf von Erfüllung und Verlust, in dem wir uns zeit unseres Lebens befinden, umzugehen und Frieden zu machen. Kein geliebter Mensch kann dich ganz zufriedenstellen. Doch er kann dir genau das vor Augen führen. Sei daher dankbar für alles und wisse, dass nichts auf dieser Welt ganz Gott sein kann.

In der zweiten Hälfte unseres Lebens beginnen wir zu verstehen, dass wir uns immer in das verlieben werden, was uns bislang noch fehlt. Von einem psychologischen Standpunkt aus betrachtet geht es nun um die Zurücknahme unserer Idealisierungen und Verblendungen, wodurch wir schließlich dazu befähigt werden, die Fülle in uns selbst zu finden. Darin liegt – spirituell betrachtet – die Reife und Heiligkeit des Lebens.

Wie gehe ich mit der Spannung
zwischen Erfüllung und Verlust um?

Welche Beispiele gibt es dafür
in meinem Leben?

Schwarz und Weiß

Rassismus ist immer noch eines der größten Probleme unserer Zeit. Das macht es fast unmöglich, die Begriffe *weiß* und *schwarz* für *gut* und *schlecht* zu verwenden. Doch seit der antiken Mythologie werden diese Begriffe so verwendet. Warum? Die Dunkelheit symbolisiert die Nacht, eine Zeit, in der die Dinge verborgen und nicht sichtbar sind; sie repräsentiert die Schattenwelt, in der es kein Bewusstsein, kein Licht und keine Vision gibt. Mit der Hautfarbe hat dies aber überhaupt nichts zu tun!

Und doch haben dunkelhäutige Menschen aufgrund dieser Symbolik in der Geschichte viel Unrecht erfahren. Denn je dunkler die Hautfarbe eines Menschen ist, desto einfacher scheint es für uns zu sein, die ungewollten Anteile unseres Selbst in diesen Menschen hineinzuprojizieren. Das ist keine logische, sondern eine archetypische Bildhaftigkeit. Selbst die afrikanischen Völker bewerten die Schatten der Dunkelheit.

Die meisten Menschen mit einer weißen Hautfarbe sind sich nicht einmal der damit einhergehenden Privilegien bewusst. Sie realisieren nicht, in welchem Ausmaß das herrschende System zu ihrem Vorteil arbeitet. Es sind daher wir Weißen, die am meisten der Befreiung durch das Evangelium bedürfen. Es ist an uns, die Initiative zu ergreifen und dieses rassistische System von oben nach unten zu dekonstruieren.

Wenn ich auf die vergangene Woche meines Lebens zurückblicke – in welchen Situationen war Rassismus im Spiel?

Die Bürde des weißen Mannes

Die Herausforderung, der sich alle weißen und privilegierten Männer stellen müssen, besteht darin, in die Schuhe eines anderen Mannes zu schlüpfen und den Dingen auf den Grund zu gehen. Wir können das System der weißen Privilegierung, in dem wir immer schon die besten Karten des Spieles in Händen halten, nur von innen heraus verändern. Es ist an uns, Herrschaft, Prestige und die Vergünstigungen abzugeben, mit denen uns dieses eigennützige System großzügig ausgestattet hat.

Wenn wir an all die hart arbeitenden Menschen in der Welt denken, die um das kämpfen müssen, was wir einfach so erhalten, dann brauchen wir uns nicht der Illusion hinzugeben, dass wir unseren Reichtum verdienen, weil wir härter arbeiten würden. Wir leben mittlerweile in einem solch künstlichen System, dass wir nicht einmal mehr eine gesellschaftlich relevante Arbeit verrichten müssen, um erfolgreich zu sein; unser Geld schafft Geld einfach dadurch, dass wir unsere Papiere und Anlagen geschickt verwalten.

Die arme Welt braucht eine Befreiung von den äußeren gesellschaftlichen Strukturen, die sie unterdrückt. Die überentwickelte Welt braucht Befreiung von ihren systeminternen Illusionen, die sie davon abhält, zur Wahrheit zu gelangen und zum Gemeinwohl aller zu handeln.

Wie werde ich selbst von diesem ungerechten System begünstigt?

Was ist Wahrheit?

Du kannst nicht behaupten, Jesus zu lieben, solange du nicht die Wahrheit liebst. Denn wenn du Jesus liebst, dann liebst du auch das, was er liebt (Johannes 8,32).

Die Wahrheit liegt in der unerbittlichen Forderung, dein eigenes kleines Selbst aufzugeben. Josef Pieper, den man nun wahrlich nicht als einen liberalen christlichen Gelehrten bezeichnen könnte, sagte, dass es sich bei der Wahrheit nicht um eine platonische, doktrinäre Rechtgläubigkeit handele, in deren Besitz nur einige Intellektuelle kämen, sondern dass der Schauplatz der Wahrheit die »innermenschlichen Beziehungen« sind. »Das Wort ist Fleisch geworden« (Johannes 1,14), sagen wir Christen und *im Fleisch finden wir sowohl die Wahrheit als auch Jesus.*

Große christliche Männer kann man daran erkennen, dass sie bereit sind, sich selbst und ihre persönlichen und kulturellen Vorurteile jederzeit zu opfern und zugunsten der Wahrheit ihrer Brüder und Schwestern über Bord zu werfen.

Was war meine letzte Begegnung mit dieser Art von verwirklichter Wahrheit?

Die eigenen Filter erkennen

Es mag zwar abgedroschen klingen, doch ein Mann muss zuerst einmal sich selbst erkennen, bevor er ein authentisches Leben führen kann. Und er sollte sich unbedingt davor hüten, über Spiritualität oder Gott zu sprechen, solange er nicht genau weiß, wie er die Welt überhaupt wahrnimmt. Er muss sich zuerst einmal fragen: Wo bin ich befangen? Was ist meine Konditionierung? Habe ich feste Vorstellungen? Was sind meine Ängste und meine ehrgeizigen Ziele? *Solange du dir dessen nicht bewusst bist, fehlt dir jegliche Voraussetzung für die Erkenntnis der »Wahrheit«. Bei dem, was du siehst, handelt es sich dann immer nur um deine eigene Wahrheit.*

Männer, die sich selbst nicht kennen, sind meist auch nicht dazu in der Lage, Gott zu erkennen. Ihre Vorstellung von Gott ist in erster Linie eine Projektion ihrer eigennützigen Wünsche und ihrer kindlichen und religiösen Prägungen. Sie nehmen Gott nur als das wahr, was sie sich erhoffen, und nicht als das, was Gott wirklich ist.

Wir zahlen einen hohen Preis für diese falschen Götter. Denn wenn der wahre Gott unsere eigennützigen Wünsche und Erwartungen nicht erfüllt, wenden wir uns bewusst oder auch unbewusst von ihm ab.

In welcher Form habe ich mein eigenes Ego und meine Bedürfnisse in meine Wahrnehmung von Gott hineinprojiziert?

Vom wahren Mut

Zu akzeptieren, dass unsere Fehler notwendig und sogar im Sinne Gottes sind, zeugt von Mut und Demut. Weshalb also fürchten wir uns so davor, Fehler zu machen? *Es ist überhaupt nichts schlimm daran, falschzuliegen. Hat Jesus denn jemals gesagt: »Das ist mein Gebot: Habe immer recht!«?* Menschliches Versagen und Aufbegehren sind der Kern der biblischen Offenbarung. Traurigerweise würde es kein Einziger aus der Bibel und selbst Jesus nicht nach den derzeitigen Richtlinien der katholischen Kirche zur Heiligsprechung bringen.

Die heiligen Texte künden von wirklichen Spannungen und wirklichen Problemen und wirklichen Menschen – davon also, wie das Leben nun einmal ist. Sie beschönigen in den Erzählungen nichts. Wir haben die ursprüngliche biblische Bedeutung von Heiligkeit verfälscht und vergessen. Die Bibel zeigt uns törichte und zerbrochene Menschen, die jede Menge Fehler begehen und doch irgendwie ihren Glauben an Gott bewahren und von diesem gebraucht werden!

Wann bin ich am wenigsten dazu bereit, meiner eigenen Erfahrung zu vertrauen?

Die wirkliche Revolution

Bist du auch schon einmal einem Mann begegnet, hast ihm zugehört, von seinem harten Leben erfahren, von all den Sünden, die er begangen hat, und hast dabei gespürt, dass er ein weitaus besserer Mann ist als du selbst? Das Leben kennt weder Logik, Ordnung noch Fairness. Trotz aller politischen Verheißungen von Gleichheit und Gerechtigkeit, die durch die Französische und amerikanische Revolution geweckt wurden, gibt es keine wirkliche Gleichheit und Gerechtigkeit in der Welt. Und zwar ganz einfach deshalb, weil die wirkliche Revolution noch aussteht: die Revolution des Evangeliums, von der die meisten unserer kulturellen Überzeugungen auf den Kopf gestellt werden.

Denn selbst zweitausend Jahre nach Jesus gelingt es Christen immer noch nicht, die revolutionäre Weltsicht Jesu zu akzeptieren. Diese fordert unser Eintreten für die Gerechtigkeit anderer ein, ohne dabei etwas für uns selbst zu erwarten (Matthäus 5,6–12). Das ist zweifelsohne eine der schwierigsten Herausforderungen der jesuanischen Botschaft. Sie erfordert ein weites Herz und einen weiten Geist. Ich bin mir noch nicht ganz sicher, ob das Herz oder der Geist an erster Stelle kommen, doch letztendlich braucht es beide, um solch eine unlogische Logik zu leben.

Welche Auswirkungen hatte die Revolution
des Evangeliums bislang auf mein Leben?

Die Anerkennung des Mangelhaften

In jedem traditionellen Navajo-Teppich ist ein deutlich sichtbarer Fehler hineingewoben. Genau an dieser Stelle kann der Große Geist im Teppich ein und aus gehen! Im indianischen ebenso wie im östlichen Bewusstsein (das übrigens auch Jesus in der jüdischen Kultur entwickelte) wird Fehlerhaftigkeit in dieser Art und Weise verstanden. Das östliche Denken geht weit müheloser mit den Widersprüchen, Mysterien und der Nicht-Dualität des Lebens um als das westliche Denken, das sehr stark von der griechischen Logik geprägt ist. Jesus jedoch sprach nicht griechisch, sondern aramäisch, und diese Sprache ist subtil, indirekt und nuanciert.

Vollkommenheit bedeutet im östlichen Denken nicht die Auslöschung von Fehlerhaftigkeit. *Göttliche Vollkommenheit ist vielmehr die Fähigkeit, Fehlerhaftigkeit zu erkennen, zu vergeben und in sich aufzunehmen* – das ist es, was Gott mit uns allen tut. Wahrhafte Vollkommenheit ist nicht der Ausschluss von Mangelhaftigkeit, sondern vielmehr deren Anerkennung und Einbeziehung!

Diese Erkenntnis kann dein ganzes Leben verändern. Denn das Geschenk des nicht dualen Denkens und Erkennens ist eine radikale Gnade, die allem heiligen Erkennen und Handeln zugrunde liegt.

In welcher Hinsicht strebe ich noch immer nach Perfektion?

Die Entscheidung zur Liebe

Jesus *befahl* uns, zu lieben (Johannes 13,34; 15,12). Seitdem wissen wir, dass Liebe nicht nur ein Gefühl ist, denn wir können Menschen nicht befehlen, so oder anders zu fühlen. Liebe ist etwas weitaus Substanzielleres und Beständigeres als eine Emotion. Liebe ist eine Entscheidung.

Jesus sagte nicht: »Liebe, wenn du heil bist, wenn du erwachsen bist, wenn du selbst geliebt wirst, wenn du es schaffst, dann liebe; wenn du alle Verletzungen seitens deiner Mutter, deines Vaters, deiner Kinder geheilt hast.« Nein, diese Aufforderung gilt für alle von uns und zwar jetzt. Liebe ist eine Entscheidung, die wir jede Minute erneut treffen können.

Auf welche Heilung und auf welche Lösung warte ich noch, bevor ich aus ganzem Herzen zu lieben beginne?

Jenseits der Fragen

Jesus benutzte die Metapher von den Geburtswehen, wenn er das Schmerzhafte erklären wollte, aus dem Größeres entsteht (Markus 13,8). Wenn wir etwas Gutes in die Welt bringen wollen, ist dies nur unter Schmerzen möglich. Die Götter kreieren in manchen Mythen durch ein Fingerschnalzen. Göttinnen hingegen gebären Neues unter Schmerzen.

Männer hoffen, dass sie die Geburtswehen vermeiden könnten, und versuchen diesen zu entkommen. Das dürfte der Grund dafür sein, weshalb wir die Lehren Jesu über Verwandlung nicht verstehen können. Wenn wir eine Vorstellung von Gott als der großen Mutter hätten, die immerzu Neues gebiert, würden mehr Prediger und Lehrer über Geburtswehen sprechen. Sie hätten eine Ahnung von der Verwandlung, die Schmerz mit sich bringt. Katholische und orthodoxe Christen haben sich zumindest ein Bild von Maria als der schmerzensreichen Mutter am Fuß des Kreuzes (Johannes 19,25) und von ihrem durchbohrten Herzen bewahrt (Lukas 2,35).

Jede Frau, die ein Kind zur Welt brachte, hat etwas von dem erfahren, was kein Mann jemals verstehen wird: die unauflösbare Verbindung von Schmerz und neuem Leben.

In welcher Art und Weise habe ich selbst Geburtswehen erlebt, wenn neue Qualitäten und eine tiefere Weisheit in mein Leben traten?

Die Chance der Schuld

Bei dem Folgenden handelt es sich um drei der zwölf Schritte der Anonymen Alkoholiker:

- Wir machen eine gründliche und furchtlose Inventur unseres Inneren.
- Wir geben Gott, uns selbst und einem anderen Menschen gegenüber unverhüllt unsere Fehler zu.
- Wir sind dazu bereit, all diese Charakterfehler von Gott beseitigen zu lassen.

Die Geschichte von der Ehebrecherin ist ein perfektes Beispiel dafür, wie Jesus diese Schritte anwendete (Johannes 8,3–11). Er ließ die Frau ihre Schuld erkennen und gab ihr damit die Chance zur Veränderung, ohne sie dabei zu beschämen. Nachdem er ihre Verfolger weggeschickt hatte, sagte er, »ich verurteile dich nicht« (denn Menschen zu beschämen ist nutzlos) und »geh und sündige von jetzt an nicht mehr« (übernimm die Verantwortung für dein eigenes Leben und, wenn nötig, verändere es).

Wirklich erstaunlich ist zudem, dass Jesus gegen die Schriftgelehrten und Pharisäer antritt, die das Gesetz nur an der Frau ausagieren wollen. Jesus scheint zu sagen: »Sagt mal, Jungs, und was ist denn eigentlich mit dem Mann?« Er macht deutlich, dass sich auch der schuldige Mann einer mutigen moralischen Prüfung unterziehen muss – ebenso wie die Schriftgelehrten und Pharisäer.

Welche Schuld muss ich mir erst eingestehen, bevor ich verwandelt werden kann?

Spiegel

Wenn wir so sehen wollen, wie Jesus zu sehen vermochte, dann müssen wir zu Spiegeln werden. Das ermöglicht es uns, die Dinge genau so wahrzunehmen, wie sie sind, ohne sie aufgrund unserer Vorlieben oder Abneigungen zu verzerren. Dann erst kann unsere Liebe wahrhaftig sein.

Um zu lieben bedarf es einer Transformation unseres Bewusstseins, einer Transformation, die das Ziel aller religiösen Gründerväter, Heiligen, Mystiker und Gurus war, seitdem die Menschen begonnen haben, über Liebe zu sprechen. Wir müssen uns von uns selbst befreien und erst unser Selbst aus dem Weg räumen. Solange uns das eigene Bildnis im Wege steht, können wir niemand anderen wirklich reflektieren.

Wir müssen von der Tyrannei unserer eigenen Urteile, Meinungen und Gefühle über alles und jeden befreit werden – von den »undisziplinierten Truppen unserer Emotionen«, wie T.S. Eliot diese in seinen *Vier Quartetten* nannte. Denn unsere Wertungen und Meinungen lassen den Spiegel beschlagen und verhindern es, dass wir klar sehen können. Solange wir uns nicht von uns selbst distanzieren können und zu einem klaren und offenen Spiegel geworden sind, können wir auch keine authentischen Emotionen haben. Diese haben dann vielmehr uns.

**Welche Wertungen und Meinungen
beschlagen und verzerren meinen Spiegel?**

Einsamkeit

Kennst du das Gegenmittel gegen das Gefühl tiefer Verlassenheit? Es ist die Einsamkeit! Ja, das ist wirklich wahr. Denn in der Einsamkeit gestatten wir es der Wirklichkeit – Gott –, uns von innen heraus neu zu strukturieren. Solange wir uns im Außen Hilfe oder Antworten erhoffen, hangeln wir uns nur von einer Ablenkung zur nächsten. Doch wenn wir damit aufhören, in der Außenwelt nach Zerstreuung, Unterhaltung oder hohler Befriedigung zu suchen, dann scheinen die großen Antworten in uns auf.

In der Einsamkeit beginnen wir Auge in Auge mit der Präsenz zu leben, die im Gegenzug nichts anderes von uns erwartet, als ebenfalls präsent zu sein. Wenn wir uns der Präsenz bewusst werden, dann erfahren wir die wahre Geburt der Seele. Wer noch niemals in der Gegenwart dieser Präsenz gelebt hat, dem raubt sie anfangs fast den Atem. Sie wird uns mehr formen als all die guten und schlechten oder auch heiligen Dinge, die wir bislang vollbracht haben. Wir treten in Beziehung zu allem, was uns umgibt: den Steinen unter unseren Füßen, der Luft, die wir bewusst atmen, den kleinen Tieren auf dem Boden und den Vögeln weit über uns, und schließlich mit Gott, den wir nun in allen Dingen erkennen und preisen können. Es ist die Einsamkeit, die uns mit allem in Verbindung bringt.

Wie fühle ich mich, wenn ich wirkliche
Einsamkeit erlebe?

Ist es unangenehm oder erleichternd?

Vom Fallen

Der Weg, der an den Grenzen unserer Sünden entlangführt, ist es, der die Sehnsucht nach einem tieferen Leben im Zentrum unseres Selbst auslöst. Es mag vielleicht schockierend sein, doch ich glaube, dass es keinen anderen Weg gibt.

Rücksichtsloser Ehrgeiz kann einen Mann zu Misserfolg und in die innere Leere führen. Dies ist der Ort, an dem Bekehrung stattfinden kann. War sein Ehrgeiz nun also gut oder schlecht? Müssen wir wirklich erst sündigen, um gerettet zu werden? In gewisser Hinsicht scheint dies tatsächlich notwendig. Denn es ist die Dunkelheit, die uns nach dem Licht streben lässt, und je näher wir ans Licht gelangen, desto offensichtlicher wird die Dunkelheit.

Das soll nicht heißen, dass wir von nun an bewusst sündigen sollten. Vielmehr geht es darum, die ganze Struktur zu erkennen und Gnade und Barmherzigkeit als Teil dieses Ganzen anzunehmen. Juliane von Norwich hat dies mit den folgenden Worten wunderbar zum Ausdruck gebracht: »Zuerst fallen wir und anschließend erholen wir uns vom Fall – beides ist die Gnade Gottes.« Gott führt uns in die Dunkelheit und ebenso wieder aus dieser heraus.

Bin ich bereit, ganz zu leben – selbst wenn dies Scheitern mit sich brächte –, um so zu einem erfüllten und wahren Leben zu gelangen?

Kann ich auf meine Fehler, mein Versagen und meine Sünden zurückblicken und dabei die Gnade Gottes am Werke sehen?

Vom Heiligen und Heidnischen

Einige der ehemals heidnischen Feste wurden später zu christlichen Feiertagen. Diese Tage galten als die »durchlässigen Zeiten« – Schattenzeiten, Grenzbereiche –, in denen Gott und das große Mysterium sich im Wechselspiel von Dunkelheit und Licht enthüllen. Die Grenze zwischen Himmel und Erde ist an diesen Tagen am durchlässigsten. Allerseelen und Allerheiligen zu Beginn des Novembers zusammen mit Maria Lichtmess Anfang Februar sind die wichtigsten dieser durchlässigen Tage. Sie finden ziemlich genau in der Mitte zwischen den Sonnenwenden und den Tagundnachtgleichen statt. Zu Beginn des Novembers werden die Seelen aus der anderen Welt eingeladen, die Lebenden durch den kommenden Winter zu geleiten. Anfang Februar werden Kerzen gesegnet und Murmeltiere gesucht als ein Versprechen und Zeichen des kommenden Lichts.

Es ist wichtig, diese Schattenzeiten mit ihrer Durchlässigkeit in unser Leben einzuladen. Durch sie können wir unsere wahre Natur als eine Mischung aus Dunkelheit und Licht erkennen und annehmen. Sobald wir in die Tiefe von etwas gehen, entdecken wir das Sakrale und Heilige, das wir ebenso auch das Christliche nennen können.

Welche Rituale bringen mich in Verbindung
mit der inneren Wahrheit des Sakralen
und Heiligen?

Sehnsucht

Die meisten Männer wissen gar nicht, wonach sie sich wirklich sehnen. Für viele ist »Sehnsucht« ein unangenehmes Wort, das umgehend etwas Sexuelles evoziert und damit den Eindruck erweckt, es könnte sie von Gott wegführen. Als »Wollust« und »Begehrlichkeit« wird dieses Verlangen in der Bibel bezeichnet und deren Unterscheidung von »guter Sehnsucht« eingefordert. Vielleicht könnten wir unsere positive Sehnsucht am besten als eine Art *heiliges Verlangen* bezeichnen.

Es ist die Aufgabe spiritueller Lehrer, Männern dabei zu helfen, ihre tiefste Herzenssehnsucht zu entdecken, und sie davon zu überzeugen, dass sie dieser folgen können und müssen. Was wir uns genügend ersehnen, erhalten wir sehr wahrscheinlich auch. Gott pflanzte in uns die Sehnsucht nach dem, was er uns schenken will. Ist uns das bewusst? Hierfür müssen wir nur warten und auf unseren tiefsten Herzenswunsch hören. Was wir uns ersehnen, formt das, was wir erhalten werden und was wir zutiefst sind. *»Eifersüchtig sehnt er sich nach dem Geist, den er in uns wohnen ließ«* (Jakobus 4,5). Das ist eine meiner Lieblingsstellen in der Bibel, die weitgehend unbekannt ist.

**Fürchte ich mich immer noch davor,
meiner tiefsten Sehnsucht zu folgen?**

**Glaube ich immer noch, dass es sich bei dieser
nur um sexuelles Verlangen handelt?**

Der Weg durch das Labyrinth

Die westliche Zivilisation ist vom Mythos des Fortschritts indoktriniert. Bereits der kleine Junge lernt, dass das Ziel des Lebens darin besteht, so schnell wie möglich von hier nach dort zu kommen und dies auf so direktem Weg wie möglich. Der rationale Geist stellt sich das Leben als eine gerade und aufstrebende Linie vor. In der Realität gleicht unser Leben jedoch weit mehr einer Spirale oder einem Labyrinth. Das frühe Christentum wusste darum. Die Menschen kamen zusammen, um gemeinsam durch ein Labyrinth zu gehen, bevor sie es wagten, die heiligen Mysterien zu zelebrieren. Viele dieser Labyrinthe wurden entfernt, als die Kirche sich der Herrschaft der Rationalität unterwarf. In der Kathedrale von Chartres ist das Labyrinth im Eingangsbereich noch erhalten.

Wer auf dem spirituellen Weg ist, wird feststellen, dass den drei Schritten nach vorne oft zwei Schritte zurück folgen. Der Weg fordert die volle Aufmerksamkeit eines Mannes ein. Er wird schließlich feststellen können, dass die Schritte zurück ihn ebenso viel lehren können wie die Schritte nach vorne – wenn nicht sogar mehr.

**Wie fühlt es sich für mich an,
wenn ich zwei Schritte vorwärtsgehe
und drei zurück?**

Zulassen, statt bevorzugen

Sobald wir mit der Kontemplation beginnen, stellen wir fest, in welchem Ausmaße unsere Weltsicht von unseren Stimmungen und unseren inneren Befindlichkeiten geprägt wird. Sie entscheiden darüber, was wir sehen und was wir nicht sehen können. Sie bestimmen, worauf wir unsere Aufmerksamkeit richten und was wir ignorieren, was wir wollen und was wir nicht wollen. In unserer Ich-zentrierten Welt sind wir ständig dabei, zu wählen und zu bevorzugen – und sind aufgrund dessen auch immerzu verärgert, weil das Leben selten so verläuft, wie wir es uns vorstellen.

Wir neigen dazu, alles aus dieser egozentrischen Haltung zu betrachten. »Wird mir dies Unannehmlichkeiten bereiten?«, fragen wir uns, oder: »Wie werde ich mich dabei fühlen?« Solange wir von unserem Ego dominiert werden, können wir nicht klar sehen. Wir gestatten es den Dingen nicht, so zu sein, wie sie sind, sondern nur so, wie wir sie haben wollen.

Die Seele hingegen bevorzugt nicht. Sie gestattet einfach. Sie lehrt uns, in Liebe zu verharren. Der heilige Johannes vom Kreuz sagte: »Gott kann nur durch Liebe erfahren werden.« Im Gebet ist es uns möglich, die Dinge in einem neuen Licht zu sehen – wir können sie zulassen und klar erkennen.

**Wo findet in meinem Leben
Kontemplation statt?**

Der göttliche Spiegel

In gewisser Hinsicht werden wir alle zu Opfern der Spiegelungen durch andere. Wir akzeptieren blindlings die Bewertungen unserer Mütter, Väter, Lehrer, Priester und Freunde, als ob sie die Wahrheit repräsentieren würden. Doch selbst an ihren besten Tagen können andere unser bestes Selbst nicht widerspiegeln; das vermag allein Gott.

Nur wenige Menschen sind dazu in der Lage, sich gegen die negativen Meinungen anderer zu behaupten. Einige rebellieren, doch das führt zu einer negativen Grundhaltung. Wir verinnerlichen die Stimmen der anderen, seien sie positiv oder negativ, bis uns *schließlich ein größerer und wahrer Spiegel vorgehalten wird, dem wir uns anvertrauen können.* Das fällt uns umso schwerer, je stärker die frühen Stimmen uns geprägt haben. Diese Prägungen aufzugeben steht im Kern jeder Heilung.

Solange wir keinen transzendenten Bezugspunkt haben, bleiben wir von den Bewertungen anderer abhängig. Die tiefe Bejahung und totale Annahme, nach der sich die Seele sehnt, kann uns letztlich nur in unserer Nacktheit vor Gott zuteilwerden. *Er ist der Spiegel, der seinen Sohn in uns sieht und liebt –* bis wir diesen schließlich selbst sehen können. (Wenn du das nicht glaubst, dann lies Römer 8,29, 2. Korinther 3,18 und Kolosser 3,10).

Wessen Stimmen haben mich am meisten
gespiegelt und geformt?

**Wohin kann ich mich wenden,
um von Gott gespiegelt zu werden?**

Das Raster

Wir haben uns in der Moderne und Postmoderne Raster und Filter geschaffen, mit deren Hilfe wir all das ausblenden, was unser Gewissen belasten und uns aus unserer kulturellen Komfortzone stoßen könnte. Einige, vor allem die Linken, nennen dies dann »politische Korrektheit« und die im rechten Lager bezeichnen es als »religiöse Korrektheit«. Bestimmte Informationen lassen wir durch und alle störenden Informationen filtern wir aus. Manche Psychologen sind davon überzeugt, dass diese Fähigkeit notwendig für unser Überleben ist.

Wir Menschen hatten immer schon die Fähigkeit, das zu verdrängen, womit wir im Augenblick nicht umgehen wollen oder können. Ich bin mir sogar sicher, dass Gott dafür Verständnis hat. Doch unglücklicherweise nutzt unser Ego – das, was Paulus das »Fleisch« nannte – dies oft schamlos aus. Und das wirkt sich nachteilig auf unsere Seele und deren Suche nach Weisheit und Wahrheit aus. Denn wir filtern auch vieles von dem aus, was Jesus uns lehrte, da Weisheit von unserem herrschsüchtigen Ego als destabilisierend wahrgenommen wird.

Welche Arten von Information filtere ich bevorzugt aus?

Liebe ist der Beweis

Kein Mann in Gottes Welt kann sich über einen anderen erheben, indem er ihn erniedrigt; ein solches Verhalten beleidigt nicht nur ihn und sein Gegenüber, sondern auch Gott. Niemand kann Gott lieben, wenn er andere Menschen hasst. Johannes nannte einen solchen Menschen zu Recht einen »Lügner« (1 Johannes 4,20)! Und doch haben Fanatismus, Hass, Folter, Vorurteile, Mord, Exkommunikation und Ausgrenzung die gesamte christliche Geschichte geprägt – ungestraft und selbstgerecht! »Es kommt die Stunde, in der jeder, der euch tötet, meint, Gott einen heiligen Dienst zu leisten« (Johannes 16,2). Wie konnten wir dies nur zulassen?

Die einzige Schule, in der wir Gott kennen und lieben lernen, ist die Schule der Menschlichkeit. Sie ist unser täglicher, lebenspraktischer Pfad zur Erleuchtung. Für uns Christen ist dies der Weg zur Menschwerdung; auf ihm beginnen wir und mit ihm enden wir. »Wir wissen, dass wir aus dem Tod in das Leben hinübergegangen sind, weil wir die Brüder lieben« (1 Johannes 3,14). Es ist die Liebe, nicht Dogmen oder Kirchenzugehörigkeit, die den Beweis erbringt, dass wir zu Gott gehören.

Was tue oder sage ich, um andere Menschen zu erniedrigen?

Wie kann ich dieses Verhalten verändern?

Der einzige Weg

Jeder biblische Held sah sich an irgendeinem Punkt auf seinem spirituellen Weg dazu gezwungen, alle Privilegien, Vergünstigungen, Macht und Rang hinter sich zu lassen, um die Wahrheit auf einer tieferen Ebene hören und verstehen zu können. Der Preis für spirituelle Transformation ist hoch.

Auf diesem Weg treffen wir auf Josef, der von seinen Brüdern in die Grube geworfen wurde; auf Jonas, der von seinen Schiffskameraden über Bord geworfen wurde und im Bauch eines Wales landete; auf Jeremia, der von seiner Glaubensgemeinschaft in die schmutzige Zisterne gestoßen wurde; auf Hiob, dessen eigene Selbstzweifel ihn auf dem Misthaufen landen ließen; und schließlich auf Jesus am Kreuz, der die Sinnlosigkeit und das Übel der ganzen Welt trägt.

So also sehen die Szenarien für diejenigen aus, die Gottes Weg folgen. Der Preis ist sehr viel höher, als wir angenommen hatten (Jesus kannte ihn). In den meisten Fällen sind es die äußeren Umstände oder andere Menschen, die ihn uns abfordern.

Wann wurde ich selbst dazu gezwungen, Rang, Macht, Privilegien und Vergünstigungen hinter mir zu lassen? Was war geschehen?

Die Unterweisungen Gottes

Weshalb sollte ein Mann, der mit seinem Leben zufrieden ist, sich ruhig und vertrauensvoll auf der Höhe seines Erfolgs zurückziehen? Vielleicht ist der Anlass dafür das Aufscheinen einer Dunkelheit oder Unsicherheit, vielleicht ist es ein innerer Durchbruch oder die große Begeisterung für etwas, das seiner Seele einen neuen Horizont eröffnet. Dies ist eine Einladung. Ihr zu folgen mag sich anfangs wie eine Niederlage oder ein Verlust anfühlen und der Ausgang erscheint ungewiss.

Ich kann dir aber versprechen, dass dieser ungewöhnliche Weg nicht von Gott und dem, was wirklich wichtig ist, wegführt. Der Weg selbst ist das Ziel. Er wird dich zur Liebe und zu Gott führen, auch wenn er sich riskant und vielleicht nicht einmal sehr »religiös« anfühlt. Doch dies ist *der* Weg zur Erlösung. Du wirst vielleicht nicht viele Begleiter und Unterstützer auf ihm haben und auf ähnlich wohlmeinende Kritiker wie Hiobs Freunde treffen. Doch auf diesem Weg wird dir die Gnade Gottes zuteilwerden. Es wird dir deine betuliche Ordnung, dein bisheriges Selbstbild und diese ganze erbauliche Religion weggenommen, um dich mit dem zu beschenken, was wirklich zählt.

**Wann hat sich mir ein neues Leben
mit Gott angeboten?
Wie habe ich darauf reagiert?**

Ganz da sein

Einen Großteil unserer Lebenszeit verbringen wir damit, zu arbeiten, Besorgungen zu machen, das Haus in Schuss zu halten, den Rasen zu mähen, in Schlangen zu warten, Konferenzen zu besuchen und sich um all die vielen Nebensächlichkeiten zu kümmern, aus denen das Leben nun einmal besteht. Unser Leben ist kein Indiana Jones-Abenteuer. Ein Großteil ist eintönig und immer wieder das Gleiche. Genau deshalb ist es so wichtig, sich der Dinge bewusst zu werden, die uns in Schwung halten: ein Film, ein Konzert, ein Essen mit Freunden. Alles, was du mit ganzem Herzen tust, macht dich glücklich. Alles, was du nur halbherzig tust, wird dich langweilen. Die meisten Menschen sind weniger aufgrund ihrer vielen Tätigkeiten, sondern aufgrund ihrer Halbherzigkeit während dieser Tätigkeiten erschöpft. Wer etwas mit ganzem Herzen tut, ist als ganzer Mensch präsent. Und Menschen, die präsent sind, sind meist auch dazu fähig, die Präsenz Gottes zu erfahren.

Wenn wir inmitten des Gewöhnlichen und inmitten der Eintönigkeit für diese Präsenz offen sind, erfahren wir Freude, Gnade und Vergnügen. Wir brauchen dann keine religiösen Höhepunkte mehr, um Gott zu erfahren; die niederen und mittelmäßigen Momente sind großartig genug.

**Wie kann ich mein gewöhnliches Leben
mit ganzem Herzen leben?**

Vom Versagen

Junge Männer müssen lernen, dass Scheitern unvermeidlich ist und dass es in Ordnung ist, wenn sie versagen. Wir müssen ihnen hierfür ein Netzwerk zur Verfügung stellen, das es ihnen ermöglicht, ihren Niederlagen mit Verständnis, Mut und Weisheit zu begegnen.

Im Allgemeinen sind Zwölf-Schritte-Gruppen dafür weit besser geeignet als religiöse Gruppierungen. Sie stellen ihren Mitgliedern Netze zur Verfügung, die den benötigten Absturz in die Tiefe erlauben. Oft ist es erst das erbärmliche Scheitern, der völlige Zusammenbruch und der Verlust all dessen, was bislang Bedeutung hatte, der Süchtigen die Tür zu einem wirklichen und erfüllten Leben öffnet. Ich hoffe jedoch, dass nicht jeder erst zu einem Abhängigen werden muss, um sich dem eigenen Schatten zu stellen, Demut zu lernen und sein höheres Selbst in einer tätigen und vertrauensvollen Weise zu entdecken.

Im Leben eines jeden Mannes muss es etwas geben, das *seine volle Aufmerksamkeit erregt, sein falsches Selbst demütigt und seine tiefste Sehnsucht erweckt.* Ohne diese Erfahrung ist Religion wie eine Brandschutzversicherung. Es gibt einen Spruch, der besagt: Religion ist für Menschen, die Angst vor der Hölle haben. Spiritualität beginnt dann, wenn wir durch die Hölle gegangen sind.

Woran bin ich gescheitert und was habe ich durch mein Scheitern erfahren?

Auch die Sonne stirbt

Die Sonne stirbt, wenn auch langsam. Jede Sekunde verwandelt sie Millionen Tonnen ihrer selbst in Licht, das alles auf unserem Planeten am Leben erhält. In diesem Universum existiert alles Flüssige, Gasförmige und Feste für eine bestimmte Zeit, doch schließlich (vielleicht über einen Zeitraum von Millionen von Jahren) verliert alles seine Form und verwandelt sich in etwas anderes. Das Sterben vollzieht sich oft gewalttätig, erscheint verschwenderisch und sinnlos. Wir Menschen haben uns angewöhnt, die Formen zu lieben, und finden es tragisch, wenn sie sich verändern und vergehen. Und doch tun sie dies immerzu – und wir leiden unablässig am Verlust. Doch wir würden nicht leiden, wenn wir zuvor nicht geliebt hätten.

Alles ist dem Kreislauf von Leidenschaft, Tod und Auferstehung unterworfen. Das hat Jesus uns vorgelebt. Er lehrte uns, dass Verlust unvermeidlich ist und dass wir im Glauben Vertrauen in diesen Prozess erlangen und Gott im Ostergeheimnis von Tod und Auferstehung finden können. Letztlich wird es immer ein Mysterium bleiben, dem wir Menschen Widerstand entgegenbringen. Jesus selbst musste diesen Weg bis zu seinem dramatischen Ende gehen, um uns zu zeigen, dass alles so, wie es ist, in Ordnung ist.

Welche meiner Anhaftungen haben mir letztlich Schmerzen zugefügt?

Was ist die Frage?

Die meisten gläubigen Menschen sehen in Gott die Antwort auf alles. Doch stellen wir uns auch die richtigen Fragen?

Braucht Gott uns eigentlich, um sich seiner eigenen Existenz zu versichern? Ist Gott sich seiner so unsicher, dass er uns dazu benötigt, ihm seinen richtigen Namen zu geben? Ist sein Name wirklich die einzig mögliche Antwort auf die größten Fragen der Menschheit? Existiert Gott, damit wir uns über ihn Gedanken machen können? Macht dieser Gott, der Milliarden von Galaxien in die Welt setzte, sich wirklich Gedanken über unsere armseligen PR-Kampagnen in seinem Namen? Benötigt dieser Gott, der Berge, Mondaufgänge und Pfauen geschaffen hat, uns Menschen, um der Welt zu zeigen, wer er ist? Braucht Gott wirklich mich, um mein Verständnis von ihm mit anderen zu teilen?

Wenn wir auf die Geschichte der Religion und die Geschichte der Gewalt blicken, können wir sehen, wie sehr diese beiden miteinander verknüpft sind. Richtige Antworten haben also nicht immer liebevolle oder engagierte Menschen und eine heile Welt hervorgebracht. Es steht zu vermuten, dass zu viele Menschen, die sich im Besitz der Antworten wähnten, es versäumt haben, die richtigen Fragen zu stellen.

Welche Fragen begleiten
mein derzeitiges Leben?

Männliche Rituale

Ein persönlicher Zusammenbruch führt häufig zu einem spirituellen Durchbruch. Solche Erfahrungen gilt es zu ritualisieren, damit wir uns ihrer dramatischen Botschaft erinnern und ihre transformierende Wirkung freisetzen können.

Unsere Kultur ist nicht sonderlich gut darin, Männern geeignete Rituale zu vermitteln; das wäre die Aufgabe der Ältesten und der spirituellen Initiatoren. Doch die Initiation der Seele hat im Westen seit einigen Jahrhunderten an Bedeutung verloren. Die kirchlichen Initiationsriten (Taufe, Kommunion und Konfirmation/Firmung) wurden so verniedlicht und vergeistigt, dass die meisten Männer sich damit nicht mehr ernsthaft identifizieren können.

Diese Kirchenrituale dienen zwar der Aufnahme in die Gemeinschaft der Gläubigen, sie verändern jedoch nicht das eigene Leben und führen ganz sicher nicht dazu, Jesus im Grab zu begegnen und mit ihm symbolisch zu sterben (Römer 6,4).

Männer aber interessieren sich nur dann für Rituale, wenn sie klar und brutal ehrlich sind. Es ist kein Zufall, dass sie sich vom Ritual des Aschekreuzes, das ihnen als Zeichen des Todes auf die Stirn gezeichnet wird, angezogen fühlen.

An welchen Ritualen habe ich in der letzten Zeit teilgenommen?

Welches Ritual wäre in meiner derzeitigen Situation gut für mich?

Götter, die scheißen

Wenn du initiiert wurdest, weißt du fortan ganz tief drin, dass das Leben sich nicht allein um dich dreht, sondern dass du für das Leben da bist. Kannst du den Unterschied erkennen? Du bist ein einzigartiger Teil der Schöpfung, doch du bist nicht das Zentrum der Schöpfung. Wenn dir dies bewusst wird, dann fühlst du dich mehr denn je zugehörig, doch du siehst dich nicht mehr als den Ausgangspunkt von allem. Du bist ein geliebter Sohn Gottes und zugleich ein »kleiner Scheißdreck«, wie ich es gerne ausdrücke. Diesen Ausdruck habe ich Ernest Beckers aufrüttelndem Buch »Die Überwindung der Todesfurcht« entnommen. Die Wahrheit, mit der wir uns alle nicht so recht anfreunden wollen, doch sollten, ist, dass wir Menschen »Götter sind, die scheißen«.

Vielleicht fühlst du dich durch diese Entdeckung sogar erleichtert. Denn du musst nicht mehr länger alles kapieren und in Ordnung bringen, du musst nichts mehr richtig machen, sondern darfst einfach nur menschlich sein. *Als Gottes geliebter Sohn bist du wichtiger, als du jemals dachtest, und brauchst dich fortan überhaupt nicht mehr wichtig zu nehmen.* Solange du nicht initiiert wurdest, fühlt sich das wie ein Widerspruch an. Danach jedoch macht es völlig Sinn.

Habe ich verstanden, dass das Leben sich nicht um mich dreht, sondern dass ich Teil des Lebens bin? Was ist meine Reaktion auf diese Einsicht?

Eine neue Sicht auf die Unfehlbarkeit

Der Psychoanalytiker C.G. Jung verhalf uns zu einer tiefgründigen Einsicht in die Dynamik des menschlichen Schattens. Er sagte, *je heller das Licht eines Menschen ist, desto größer ist auch der Schatten, den er wirft.* Menschen mit großen Fähigkeiten in einem Bereich haben meist ebenso große blinde Flecken in anderen. Dem kann ich nur zustimmen, denn es trifft auch auf mein Leben zu. Wir können dies auch am Leben von Petrus erkennen. Jesus nennt ihn den Felsen, auf dem er seine Kirche bauen wird (Matthäus 16,18). Und doch zeigt sich Petrus immer wieder als ein schwacher Mensch mit vielen Fehlern. Seine erste Reaktion ist meist falsch und wenn sie einmal richtig ist, dann ist seine zweite Reaktion falsch (Matthäus 16,22–23). Seltsamerweise erkannte dies die katholische Kirche nie so recht. Petrus verkörpert eine äußerst ungewöhnliche und gänzlich neue Art von »Unfehlbarkeit«. Und es gibt ganz sicher einen Grund, weshalb Jesus diesen mit Fehlern gesegneten Mann zum Repräsentanten der zwölf Apostel machte.

Was sind meine Talente – und was sind meine Schattenseiten?

Die Suche nach dem Unvollkommenen

Wir müssen erkennen, dass *die Suche nach Perfektion der größte Feind Gottes ist.* Gott schuf den Menschen und er befand ihn in all seiner menschlichen Unzulänglichkeit für gut (Genesis 1,31). Er nannte ihn weder perfekt noch unfehlbar. Unsere religiöse Suche nach dem Vollkommenen und Unfehlbaren hält uns von der Liebe und Akzeptanz fern und damit auch von all dem, was Jesus sah und lehrte und akzeptierte.

Petrus war ein großes Licht und er warf einen unübersehbaren Schatten. Er ist der einzige Mensch, der von Jesus als Teufel bezeichnet wurde. Licht und Dunkelheit können in allen Menschen und in allen geschaffenen Dingen koexistieren. Auf ihrem Weg zur Weisheit lernen Männer dies in sich selbst und damit in allem anderen in diesem Universum zu sehen und zu akzeptieren. Das ist eine neue und wirklich nützliche Sichtweise von Unfehlbarkeit, die uns davor bewahrt, zu Götzendienern zu werden.

Gibt es in meinem Leben Bereiche, in denen
mein Bedürfnis nach dem Vollkommenen
zum Feind des Guten wird?

Kenne ich erfolgreiche Männer,
die zutiefst menschlich geblieben sind?

Der Schatten

Jesus hat sich immer wieder der Sprache von Dunkelheit und Licht bedient, um die spirituelle Situation des Menschen zu erklären (vgl. Lukas 11,33–36). Der Grund, weshalb viele von uns so gerne C.G. Jung zitieren, ist, weil dieser genau das Gleiche mit modernen Worten sagt, zu denen wir leichter Zugang haben.

Jung sagte, dass der Schatten an sich nicht schlecht sei, sondern einfach nur der Ort, an dem wir die Eigenschaften und Wesenszüge aufbewahren, die wir an uns selbst nicht akzeptieren können. Von frühester Kindheit an wurde uns in der Erziehung beigebracht, was verboten ist. Diese verbotenen Anteile haben wir daraufhin in die Schattenwelt abgedrängt. Sobald sich der Schatten in einem Individuum zeigt, denken die Menschen sofort an das Böse! Wenn eine ganze Gruppe ihren Schatten lebt, kann er für diese den Anschein von Legitimität erhalten, außer in seinen extremen Auswüchsen wie einem Genozid.

Das Problem mit dem Schatten besteht darin, dass er uns blind machen kann für das Böse oder das Potenzial des Bösen in uns selbst. Wir verletzen andere und insbesondere diejenigen, die wir lieben, weil wir uns des eigenen Schattens nicht bewusst sind. Deshalb ist jedes Erscheinen des Schattens eine hilfreiche Offenbarung und Schattenarbeit ist eine gute und wichtige Arbeit. Partnerbeziehungen sind geradezu prädestiniert dafür.

Wann bin ich meiner Schattenseite begegnet?

Wie bin ich damit umgegangen?

Wo Himmel und Erde sich begegnen

Am zweiten Tag schied Gott den Himmel von der Erde (Genesis 1,6–8). Nirgends steht geschrieben, dass der zweite Tag gut war. Und es ist auch nicht gut, Himmel und Erde zu trennen. Jede tiefe religiöse Erfahrung enthüllt uns, dass es nur *eine* Welt und *eine* Wirklichkeit gibt und dass letztlich alles »überirdisch« ist. Wir haben früher zwar vermutet, dass es eine klare Trennung zwischen dem Natürlichen und dem Übernatürlichen gäbe – dies ist die erste Annahme fast jeder Religion –, doch sobald wir Gott begegnen, erkennen wir, dass Trennung nichts anderes als Illusion ist.

Es gibt nur *eine* Welt, *eine* Geschichte, und sie ist die Welt Gottes – und zugleich auch unsere. Sobald wir diese Einheit erfahren, verändert sich unser Leben von Grund auf. Die Bäume beginnen zu strahlen und wir erkennen Gottes Fingerabdrücke, wohin wir auch blicken. Alles gehört zu dieser einen Welt. Es ist nicht gut, wenn das Licht von der Dunkelheit, der Himmel von der Erde getrennt werden. Wir sollten uns daran erinnern, dass in jeder wahren Religion alles miteinander verbunden ist. Das ist die unmittelbare Auswirkung einer authentischen religiösen Erfahrung und sie ist es, die uns dauerhaftes Glück beschert.

Wie habe ich diese *eine* Welt,
diese *eine* Wirklichkeit erfahren?

Trenne ich die Welt noch in »irdisch« und »überirdisch«?

Geh es an, Mann!

Der Spruch »Geh es an, Mann!« ist ein guter Ratschlag, denn alles, was wir vermeiden, hat trotzdem Auswirkungen auf unser Leben. Das zu unterdrücken, was wir nicht sehen wollen, ist wie der Versuch, einen Basketball unter Wasser zu halten, während man sein Leben ganz normal weiterlebt. Das mag für eine gewisse Zeit gelingen, doch sobald die Herausforderungen des Lebens unsere volle Aufmerksamkeit einfordern, taucht urplötzlich dieser Ball auf – und meist gerade dann, wenn wir ihn überhaupt nicht brauchen können.

Was wir unterdrücken – den Schattenaspekt unseres Lebens –, wird uns früher oder später heimsuchen. Wir haben dann zwar keine Ahnung, weshalb wir uns deprimiert oder verärgert fühlen und wieso alles und jeder uns nervt. Wir wissen auch nicht, weshalb wir Angst haben und uns angegriffen fühlen. Gerade weil Männer ihre Angst verleugnen und sich ihr nicht stellen, konnte diese einen so großen Platz in ihrem Leben einnehmen. Wenn die Angst plötzlich wie dieser Basketball auftaucht, dann wissen sie noch nicht einmal, was es ist. Sie spüren nur, dass sie verwirrt sind und in schlechter Verfassung. Und wenn sie dann nichts haben, woran sie sich festhalten könnten, greifen sie zur Flasche.

**Welche Ängste und Schattenteile
versuche ich zu unterdrücken?**

**Wie sind diese Teile in meinem Leben
wieder aufgetaucht?**

Verlier nicht deinen Humor!

Kannst du über dich selbst lachen? Wenn es einem Menschen oder einer ganzen Kultur an gesundem Humor mangelt, dann ist dies ein sicheres Anzeichen für die Anwesenheit eines mächtigen und unterdrückten Schattens. Wenn du oder die Gruppe, zu der du gehörst, nicht über sich selbst lachen kann, dann steckst du wirklich in Schwierigkeiten. Denn das ist eine verlässliche Daumenregel im spirituellen Leben: Männer, die sich von anderen nicht auf die Schippe nehmen lassen und die nicht über sich selbst lachen können, schleppen immer einen riesigen Schatten mit sich herum, den sie aber verleugnen und unterdrücken.

Menschen, die sehr ernst und moralisch sind, haben meist einen signifikanten, unterdrückten Schatten. Sie laufen mit einem erhobenen Zeigefinger der Missbilligung durch das Leben und verurteilen einfach alles! Es gelingt ihnen nicht, sich einfach mal zu amüsieren. Heimlich tun sie aber dann genau das, was sie öffentlich so energisch bekämpfen. Sie sind in sich selbst gespalten.

Ein Mensch, der über das Leben lachen kann, strebt nicht nach Kontrolle. Kontrollierte Menschen können zwar sarkastisch sein, verfügen jedoch über keinerlei Sinn für Humor.

Wann war ich zum letzten Mal streng und moralisch? Was hat diese Reaktion ausgelöst? Was hat es in mir berührt, das auf meinen Schatten hindeuten könnte?

Schattenboxen

Es erfordert viel Energie und Anstrengung, das zu unterdrücken, was wir an uns selbst nicht akzeptieren können. Dabei
bleibt uns oft nur noch wenig Energie für alles andere. Manche Menschen befinden sich in einem Kessel diffuser Ängste,
namenlosem Grauen, einem Gebräu von Furcht, allgemeiner
Verärgerung und gereizter Erschöpfung. Das alles sind Anzeichen dafür, dass wir einen großen Teil unseres ungeliebten
Selbst ins Exil geschickt haben. Wir haben dann keine Geduld,
kennen kein Pardon, keine Gnade und nur noch barsche Urteile. Das Evangelium ist uns fern.

Wir projizieren unsere eigenen kranken Anteile auf die
Leinwand der Außenwelt und glauben, das sei die Realität.
Wir sehen die Welt nicht so, wie sie ist; wir sehen sie nur durch
die Brille unserer eigenen Ängste und negierter Emotionen.
Damit schaffen wir eine Welt der Verschwörungstheorien, der
Bürgerwehren und der lärmenden Radio- und TV-Charaktere,
mit denen wir unsere Ängste und verdrängten Schattenanteile
bekämpfen. Wenn es zu keinem wirklichen Schattenboxen mit
dem Selbst kommt, wird der Boxring des Lebens wirklich zu
einem furchterregenden Ort. So sieht dann unsere Welt aus,
Brüder!

**Welche Schatten bekämpfe ich
im Augenblick?**

Sich schuldig fühlen

Männer, die nicht in Kontakt mit ihrem Schatten sind, tendieren dazu, sich grundlos schuldig zu fühlen. Sie sind von der Vorstellung besessen, dass sie perfekt sein müssten, um ihrem Vater-Gott zu gefallen. Zugleich haben sie nicht einmal eine Ahnung vom Ausmaß ihres Schuld- und Schamgefühls, weil sie es so erfolgreich verdrängt haben. Der Anspruch, perfekt zu sein und immerzu die Kontrolle über sich zu haben, lähmt ihre Fähigkeit, mit ihrem Schatten in einer konstruktiven Weise umzugehen.

Wie können wir uns unserem Schattenanteil stellen, ohne ihn zu verurteilen und ohne uns mit ihm zu identifizieren? Für Menschen mit einer frühen religiösen Konditionierung ist das kindliche Bild von Gott oftmals das Grundproblem. Sie glauben, dass Gott nur vollkommene Menschen liebt, und versuchen verständlicherweise, ihre Unvollkommenheiten zu verleugnen. Doch was für ein kleiner und schwacher Gott wäre das denn? Hat uns nicht Jesus die Idee eines weitaus mitfühlenderen Gottes nahegebracht – eines Gottes, der sich an uns erfreut? Wem also glauben wir mehr: Jesus oder unserer emotionalen Konditionierung? Wir sollten auf die Heiligen und Mystiker hören, die uns sagen, dass Gott die Seele nicht durch Schuld, Scham und Angst führt, sondern mit Liebe um sie wirbt.

Wie, glaubst du, reagiert Gott auf deine Unvollkommenheiten, Schwächen und Sünden?

Stimmt deine Vorstellung von Gott mit dem überein, was Jesus über den Vater lehrte?

Der Balken im eigenen Auge

Es gibt jede Menge zorniger Menschen, die so tun, als ob sie nicht zornig wären – dabei kann jeder außer ihnen dies deutlich erkennen.

Deshalb ist die Schattenarbeit so wichtig. Wenn wir erkennen, verzeihen und heilen, was sich in unserem Schatten verbirgt, dann hören wir damit auf, die Wirklichkeit zu verzerren und all das, was wir an uns selbst hassen, in andere Menschen und die Welt um uns herum zu projizieren. Solange wir dies nicht tun, objektivieren und dämonisieren wir andere Menschen oder ganze Gruppen und hassen an anderen genau das, was wir an uns selbst hassen. Und wer glaubt, dies sei nur eine Überzeugung aus der modernen Psychologie, der lese das Gleichnis vom Balken und vom Splitter im Auge (Matthäus 7,1–5). Jesus macht darin unmissverständlich deutlich, dass das Böse zuallererst im Auge des Betrachters liegt.

Therapie, geistliche Begleitung, Männerarbeit, Kontemplation, spirituelle Führung und ehrenamtliche Tätigkeit sind Wege, um den Hass, die Wut, die Enttäuschungen und zerbrochenen Träume, die wir viel zu lange mit uns herumgeschleppt haben, zu heilen und uns selbst zu vergeben. Dann müssen wir nicht mehr länger unseren Schmerz auf die Welt projizieren. Dann können wir endlich in Frieden leben.

Welche negativen Eigenschaften erkenne ich sehr schnell in anderen?

Wie kann ich mit meinem Schatten arbeiten, anstatt ihn zu bekämpfen und zu verdrängen?

Sich dem Schatten stellen

Stelle dich deinem Schatten, doch identifiziere dich nicht mit ihm! Er verkörpert nur einen Teil dessen, was du bist. Wer sich mit seinem Schatten identifiziert, bringt damit nur Übel in die Welt. Menschen, die sich als ihren Schatten wahrnehmen, sind an diesen gebunden und werden von Angst, Schuld und Scham getrieben.

Wenn wir es wagen, unserem Schatten zu begegnen, werden wir bei dessen Anblick weniger von Wut, als vielmehr von Traurigkeit erfüllt. Wenn wir dem ins Auge blicken, was wir so lange vor uns selbst verborgen haben, fühlen wir großen Schmerz und wir erhalten auch eine Ahnung davon, wie tief verwundet wir sind.

Der Held in uns möchte all das, was sich im Schattenreich tummelt, bekämpfen, bereinigen oder verleugnen. Oder er neigt dazu, dieses in dramatischer Weise mit anderen zu teilen, um so ein Gefühl von Kontrolle zurückzuerhalten. Der Heilige hingegen bricht beim Anblick seines Schattens in Tränen aus und vergibt diesem – und vergibt sich selbst dafür, menschlich zu sein. Er umarmt all das, was bislang ausgestoßen war, und heißt es willkommen. Der heilige Franziskus tat dies, als er den Leprakranken umarmte und küsste. Dies war für ihn der Moment seiner Bekehrung.

Was sind meine ersten Reaktionen,
wenn ich meinen Schattenaspekten begegne?

Was sind konstruktive Möglichkeiten, mit diesem Schatten umzugehen?

Über die Moral

Jesus wusste, wie wichtig es ist, sich mit dem eigenen Schatten anzufreunden. Es ist ein wirklicher Durchbruch, wenn wir die Dynamik unseres Schattens verstehen lernen, denn damit beginnen wir auch die wahre Bedeutung von Moral und unserer moralischen Suche zu verstehen. Jesus hat diese Erkenntnis in einigen seiner Gleichnisse vermittelt, insbesondere in der Geschichte von dem Mann, der guten Samen auf seinem Acker säte und doch Unkraut auf seinem Weizenfeld vorfand (Matthäus 13,24–30).

Den meisten von uns geht es ähnlich wie diesem Mann. Wir halten uns für gute Männer und gute Bürger. Wir gehen zur Kirche, versorgen unsere Familien, arbeiten hart und halten uns von Schwierigkeiten fern. Doch eines schrecklichen Tages weist uns plötzlich jemand auf das Unkraut hin, das inmitten unseres Weizenfeldes gedeiht. »Woher kommt das Unkraut?«, fragte der Knecht seinen Herrn. Auch wir sind überrascht, vielleicht enttäuscht darüber, dass jemand anderes das sehen kann, von dem wir dachten, dass es gar nicht da wäre oder dass wir es gut versteckt hätten. »Das hat ein Feind von mir getan«, war die erste Vermutung des Gutsherrn. *Ganz sicher nicht ich* – das ist es doch, was wir alle denken.

Welches Unkraut ist in meinem Leben gewachsen?

Wer, ich?

Wenn wir das Unkraut in unserem Leben entdecken, dann erhalten wir eine Ahnung davon, wer wir wirklich sind: Wir sind weder völlig gut noch schlecht, sondern schlicht und ergreifend menschlich und damit auch fehlerhaft. Mit dieser Erkenntnis kann das große Abenteuer der Erforschung unseres Inneren beginnen.

Unser erster Impuls wird wahrscheinlich sein, das Unkraut herauszureißen, denn es ist schockierend, uns zum ersten Mal in aller Deutlichkeit zu sehen und zu erkennen, dass auch wir nicht anders sind als all die Menschen, auf die wir normalerweise herabblicken. Was wir nun brauchen, ist die Unterstützung eines weisen und klugen Menschen – eines guten Beichtvaters etwa, einer Vaterfigur oder eines Mentors. Sie wissen darüber Bescheid, wie man aus der Erde seine Seele schöpft und wie uns Gnade aus dem Sand erwächst.

Im Gleichnis Jesu wollte der Knecht, der das Unkraut entdeckt hatte, dieses sofort herausreißen. Sein Herr jedoch gebot ihm Einhalt: »Nein, sonst reißt ihr zusammen mit dem Unkraut auch den Weizen aus« (Matthäus 13,29). Er befahl seinen Arbeitern: »Lasst beides wachsen bis zur Ernte«, danach wird Gott sie voneinander trennen. Wieso hat uns dies noch niemand erklärt?

**Befolge ich den Rat Jesu und unterlasse es,
das Unkraut aus meinem Leben zu reißen?**

Welches ist das Unkraut?

Jesus rät uns, mit der Trennung von Weizen und Unkraut zu warten, bis die Pflanzen reif zur Ernte sind – denn erst dann können wir das Gute vom Schlechten unterscheiden. Davor sind wir zu dieser Unterscheidung nicht fähig. Wir haben nämlich keine Ahnung, was unsere wirklichen Talente und was unsere wirklichen Sünden sind. Oft erweist sich das, was im Alter von zwanzig Jahren noch als ein wahres Talent erschien, in der Mitte unseres Lebens als unser größter Fehler. Und was uns zuerst als unsere größte Sünde erschien, erweist sich später als das, was uns direkt in Gott hineinkatapultiert! Wir müssen uns die Zeit zur Erlangung von Weisheit geben, um zwischen wirklich Gutem und wahrem Übel unterscheiden zu können. Das ist wahrscheinlich der Grund, weshalb gleich am Anfang der Bibel das Verbot, vom Baum zu essen, zu finden ist (Genesis 2,17)! Deshalb befahl der Gutsherr seinen Arbeitern, erst bei der Ernte den Weizen vom Unkraut zu trennen (Matthäus 13,30).

Gott ist geduldig und willens, mit unserer Ehrlichkeit und Bescheidenheit zu arbeiten. Er lässt uns an dem Wachstumsprozess von Weisheit mittels unserer eigenen Erkenntnisfähigkeit und mit liebendem Vertrauen teilhaben.

Was an meinem früheren Leben
sehe ich nun, da ich älter geworden bin,
mit anderen Augen?

Vom Schatten lernen

Das Schattenselbst ist nicht das böse Selbst; es ist nur das nicht akzeptierte Selbst. Es ist der Teil von uns, den wir der Welt nicht zeigen wollen. Wir müssen jedoch begreifen, dass alle positiven und von uns erwünschten Eigenschaften auch ihre Kehrseiten haben, die in unserem Unbewussten ein Schattendasein fristen.

Der Schatten beinhaltet all die Teile des Selbst, die wir verachten und daher ins innere Exil geschickt haben. Da aber gerade diese Teile uns wichtige Lektionen lehren können, müssen wir sie in unser Leben einladen. Genau die Steine, die wir bei der Errichtung unseres heroischen Turms in der ersten Hälfte des Lebens aussortiert haben, sind die, die wir für den zweiten Teil unserer Reise benötigen. Jesus sagte: »Der Stein, den die Bauleute verworfen haben, er ist zum Eckstein geworden« (Markus 12,10).

In der zweiten Hälfte unseres Lebens erkennen wir schließlich, dass wir durch unsere harten Urteile an unseren Schatten gebunden werden, genauso wie die Männer, die Kreuzzüge gegen Pornografie oder Homosexualität führen und im Verborgenen genau dies praktizieren (zur Vertiefung des Themas empfehle ich den Brief an die Epheser 5,11–14).

Welche Aspekte meines Selbst
habe ich früher verleugnet,
die sich später als sehr nützlich
erwiesen?

Benannt ist erkannt!

Solange wir uns nicht mit unserem eigenen Schatten konfrontieren, vergeuden wir unsere Zeit und Energie damit, dessen Erscheinen bei anderen zu fürchten und zu verachten. Wir blicken wie gebannt darauf, wenn wir das, was wir in uns selbst verdrängt haben, bei anderen am Werk sehen. Unser erster Impuls ist es, diesen Schatten anzugreifen oder ihn zu enthüllen. Wenn du gegen jemand anderen wetterst oder wenn du dich von Verschwörungstheorien angezogen fühlst, kannst du darauf wetten, dass deine eigenen Schattenanteile aktiviert sind. Wenn du dies einmal klar erkannt hast, ist das Spiel zu Ende. Denn um überleben zu können, muss der Schatten im Dunkeln bleiben. Eben deshalb fordern uns die Evangelien immer dazu auf, ins Licht zu kommen. Jesus befahl den Dämonen, sich zu zeigen. Im Zwölf-Schritte-Programm sagt man zu Recht, dass du »so krank bist, wie deine Geheimnisse es sind«.

Welche Fehler, die ich in anderen sehe, könnten in meinem eigenen Schattenselbst existieren?

Lachen lernen

Sich dem eigenen Schatten zu stellen ist eine lebenslange Aufgabe. Es braucht Mut, Demut, Geduld und Mitgefühl. Und es hört niemals auf. Indem du lernst, geduldig deine eigenen Sünden zu betrauern, über deine Dummheiten zu weinen und dich mit deinen Widersprüchlichkeiten und Ungereimtheiten zu konfrontieren, führt dich dieser Weg immer tiefer zu dir selbst. Dies ist der Stachel in Paulus' Fleisch, der ihn davor bewahrte, hochmütig zu werden (2 Korinther 12,7).

Am Ende wirst du tatsächlich über deine Schattenspiele lachen können. Zu lachen über das eigene Schattenselbst ist die ultimative Freiheit und der Sieg über dieses: Du siehst es, benennst es, erkennst deine Illusionen und dann lachst du über deine Not und deine Schwäche. *Lachen können wir nur dann, wenn wir nicht mehr hassen, wenn wir nichts mehr bekämpfen müssen, sondern das Spiel durchschaut haben und dadurch von ihm befreit sind.* Das ist es wohl, was Jesus meinte, als er sagte: »Selig, die ihr jetzt weint, denn ihr werdet lachen« (Lukas 6,21).

Welche Spiele und Illusionen meines Schattenselbst kann ich benennen?

Bin ich inzwischen so weit, darüber zu lachen?

Schatten und Rolle

In der ersten Hälfte des Lebens baut ein junger Mann eifrig an seinem Turm. Ohne es zu bemerken, kreiert er dabei zugleich auch sein Schattenselbst. *Denn Schatten und Rolle bedingen sich gegenseitig.* Die Rolle ist unser gewähltes Selbstbild, das wir nach außen projizieren, und es beinhaltet all das, was wir anderen Menschen von uns zeigen wollen. Je stärker wir uns mit unserer Rolle identifizieren (die Griechen nannten diese die »Maske«), desto größer wird auch unser Schattenselbst. Je weniger wir mit unserer Rolle identifiziert sind, umso kleiner ist dieses. Jesu Ratschlag, Gutes nicht vor den Augen der Öffentlichkeit zu tun, ist genau vor diesem Hintergrund zu sehen. Deshalb zogen Heilige wie Franziskus oder Philipp Neri durch die Stadt und zeigten, dass sie alles andere als fromm oder heilig waren! (Franziskus lief in Unterwäsche durch die Straßen und spielte kindische Spiele, während Philipp Neri mit Weinflaschen in der Hand derbe Zoten riss!)

**Wie würde ich meine Rolle beschreiben –
das Selbst also, das ich der Welt
zu zeigen versuche?**

Lachen und Weinen

Solange ein Mann krampfhaft versucht, ein bestimmtes Image von sich selbst aufzubauen und nach außen zu projizieren, kann er nicht über sich selbst lachen. Tragischerweise kann er auch niemals über seine oder die Fehler anderer weinen, denn er meint, dass er diese ausmerzen oder verbessern müsste. Er ist zu bedacht darauf, perfekt zu sein, er ist zu ernst, zu »moralisch« und viel zu sehr mit sich selbst beschäftigt, als dass der Schmerz der Welt ihn berühren könnte und er Mitgefühl für andere aufbringen könnte.

Ein Mann, der so von seinem eigenen Bild besessen ist, neigt dazu, zwanghaft sein Seelenheil zu suchen. Für sein Seelenheil tut er alles, was ihm an Frömmigkeit, Erfolg und Rechtschaffenheit möglich ist. Er kann weder lachen noch weinen, denn er kann sich nicht vorstellen, geliebt zu werden, ohne sich dafür anzustrengen. Die Vorstellung von Gnade ist ihm abhandengekommen. Die Gnade ist es, die sowohl Lachen als auch Tränen schenkt.

Sorge ich für mein Seelenheil?

**Versuche ich derjenige zu sein,
der ich sein möchte?**

Der Schatten der Kultur

Nicht nur Menschen, auch Kulturen haben einen Schatten. Alle Gesellschaften haben ihre Geheimnisse und ihre verdrängten Seiten. Jede Gruppe, Nation, Religion und Ethnie hat Tabus, über die in stiller Übereinkunft nicht gesprochen wird. So war es im Viktorianischen England nicht möglich, in der Öffentlichkeit über Körperflüssigkeiten zu sprechen. Im Außen war alles sauber und höflich. Gute Manieren galten als das Wichtigste. Ihren Schatten transportierten die Engländer in ihre Kolonien, wo »unmanierliche« Menschen unterworfen, versklavt und sexuell missbraucht wurden.

Alle Gruppen, Organisationen und Kulturen haben ein soziales Gesicht und alles, was nicht zu diesem passt, wird verdrängt. Unsere unzivilisierten Sehnsüchte und Gefühle, also die Teile unserer Identität, die wir ablehnen, verstecken sich in der Schattenwelt. Bald schon vergessen wir, dass dieser Schatten überhaupt existiert, und glauben selbst an unser öffentliches Image. Sobald dies geschieht, ist eine Nation dazu in der Lage, Furchtbares zu tun, ohne sich dessen wirklich bewusst zu sein.

Gott sendet seine Propheten aus, um die Völker auf ihre Schattenseiten hinzuweisen. Meist endet dies jedoch mit der Verfolgung und dem Tod dieser Propheten.

Was sind die Elemente, die deine Kultur in den Schatten verdrängt?

Was könnte dich darin unterstützen, diese Elemente wieder ans Licht zu bringen?

Weder offensiv noch defensiv

Wenn wir uns unseres Schattens bewusst werden, ist die Versuchung groß, ihn zu bekämpfen. Doch wir müssen wissen: *Der Schatten wendet sich uns in der gleichen Weise zu, wie wir uns ihm zuwenden.* Wenn wir sanft mit ihm umgehen, dann ist er auch sanft mit uns. Wenn wir lernen, ihn zu umarmen und ihm zu vergeben, dann vergibt er wunderbarerweise auch uns. Wenn wir Mitgefühl aufbringen für das, was wir in uns selbst entdecken, dann wird auch unser Schatten uns mit Mitgefühl begegnen.

Doch wenn wir ihn aus Angst bekämpfen, wird auch er uns bekämpfen. Er wird uns aus dem Hinterhalt angreifen, wenn wir es am wenigsten erwarten. Selbst wenn wir unsere falsche Fassade, die wir geschaffen haben, noch so schön polieren, er wird sich plötzlich von hinten anschleichen und sie zum Einsturz bringen. *Wann immer du dich in die Defensive gedrängt fühlst, wirst du wahrscheinlich gerade von deinem Schatten attackiert.*

Unser spirituelles Leben ist vorbildlich im Recyceln; nichts wird verschwendet. Alles, was uns jemals geschehen ist, bleibt, und wenn es nicht geheilt wird, dann erscheint es plötzlich in neuer Gestalt. Robert Bly sagt daher zu Recht: Wir können unsere Dämonen nicht loswerden, wir können sie nur erziehen.

Begegne ich meinem Schatten mit Ärger oder mit Mitgefühl?

Entspann dich!

Obwohl die Heiligen auf Bildern oft mit traurigen und mürrischen Gesichtern dargestellt werden, zeugen ihre Biografien doch davon, dass sie voller Licht und Lachen waren. Was haben sie erfahren, was wir noch nicht erfahren haben?

Menschen, die viel Energie dafür verbrauchen, ihren Schatten zu unterdrücken, neigen dazu, sehr ernst und gedrückt zu sein. Es kostet viel Kraft, die dunkle Seite unter Verschluss zu halten. Deshalb bleibt ihnen kaum mehr Energie für die glückliche, schöne und lustige Seite des Lebens.

Menschen, die einen großen Schatten unterdrücken, fehlt es meist an Begeisterung und einem entspannten Sinn für Humor. Ihr Leben scheint aus einer Aneinanderreihung von moralischen Alles-oder-nichts-Entscheidungen zu bestehen. Alles wird zu einer großen Sache und kaum jemals entspannen sie sich. Was immer ihnen begegnet, erscheint ungeheuer wichtig, auch wenn es das überhaupt nicht ist.

Der Dalai Lama lächelt auf allen Bildern. Wer ihn anschaut, spürt deutlich, dass er seinem Schatten begegnet ist und dass er ihm vergeben hat. An ihm können wir erkennen, wie viel Lebensenergie, Mitgefühl und Freude dadurch freigesetzt werden.

Wer erfüllt mein Leben mit Gelächter und Freude?

Bin ich selbst dazu in der Lage, lachend
und freudig zu leben?

Weshalb nicht?

Fürchte dich nicht!

Wir haben der Angst in unserer Kultur einen Freifahrtschein ausgestellt und dabei vergessen, dass es sich bei ihr ursprünglich um eine der Todsünden handelte. Das Enneagramm sagt uns, dass wahrscheinlich fünfzig Prozent der Menschen angstbesetzt sind. Da die Angst in unserem Leben so allgegenwärtig ist, tarnen wir sie mit Begriffen wie »Vorsicht«, »Verantwortung« oder »gesunder Menschenverstand«. Politiker, Experten, Werbeagenturen und Medienmogule sind alle daran beteiligt, die Panik der Menschen anzuheizen, denn sie wissen, wie effektiv das ist.

Uneingestandene Angst erstickt Beziehungen, Offenheit und Liebe. Es ist fast unmöglich, für Nächstenliebe und Gerechtigkeit einzutreten, solange wir vor allem und jedem Angst haben. Dadurch sind wir verschlossen und defensiv und nicht dazu in der Lage, dem Augenblick zu vertrauen. Besorgnis ist wahrscheinlich das treffendere Wort für diese Art von ungerichteter Angst und permanentem Selbstzweifel. Der dadurch ausgelöste innere Tumult nimmt unser Leben gänzlich in Beschlag. Deshalb warnt uns das Neue Testament davor, Angst zu haben – und dies an mehr als achtzig Stellen! Jesus ermutigt seine Jünger unablässig dazu, sich nicht zu fürchten, keine Angst zu haben und ihr Herz nicht beunruhigen zu lassen.

Trotz alldem habe ich es noch nie gehört, dass ein Christ der »Sünde« der Angst bezichtigt worden wäre.

Wovor habe ich Angst?

Wie groß ist diese Furcht und wie lange kämpfe ich bereits mit ihr?

Von Schuld und Scham

Wir sollten zuerst einmal zwischen guten und schlechten Schuldgefühlen und der Scham unterscheiden. Ein gutes Schuldgefühl ist eine ernst zu nehmende Empfindung unseres Gewissens, das uns dazu aufruft, die Verantwortung für unsere Fehler zu übernehmen. Es ist die angemessene Antwort auf etwas, das ich getan oder gedacht habe, was falsch war. Scham hingegen verursacht, dass ich mich *als der Mensch, der ich bin, schlecht fühle*, unabhängig von dem, was ich getan oder gedacht habe. Wenn ich von Scham erfüllt bin, dann fühle ich mich für fast alles schuldig. Scham führt daher zu schlechten und neurotischen Schuldgefühlen, die mich weder zur Wahrheit noch zu Gott führen, sondern nur dahin, dass ich mich niedergeschlagen und minderwertig fühle.

Nach vierzig Jahren Priestertätigkeit kann ich getrost sagen: *Gott führt die Seele niemals durch Schuld oder Scham.* Und selbst berechtigte Schuldgefühle, die uns persönlich vielleicht weiterbringen, führen uns nicht zu einer tieferen Liebe für Gott.

Gott führt die Seele durch Versuchungen, durch Selbsterkenntnis und unverdiente Gnade, durch tiefes Vergeben hin zur wachsenden Akzeptanz unseres Selbst in all unserer Gebrechlichkeit – das ist es, was uns, fast ohne dass wir es bemerken, vor Fehlern bewahrt. Ich wünsche mir mehr als alles andere, dass ich die Menschen davon überzeugen könnte!

Wie kann ein Schuldgefühl zu einer Art Selbstherrlichkeit werden?

Benutze ich Schuldgefühle, um inneres Wachstum zu vermeiden?

Wut und Traurigkeit

Manche Männer gehen mit einer ungezügelten Wut, die sich auf alles richtet, durch das Leben. Überall finden sie Menschen, Situationen und Dinge, die sie wütend machen. Meist tragen diese Männer sehr viel ungelösten und verborgenen Schmerz aus ihrer Vergangenheit in sich, der ihnen durch Zurückweisung, Versagen, Schuld, Scham, Unterdrückung, Missbrauch oder Verrat zugefügt wurde. Diese Wunde schließt sich nicht, sie eitert so lange, bis schließlich alles ans Licht gebracht und geheilt wird.

Versuche einmal, die subtileren Gefühle hinter deiner Wut zu erkennen. Wut dient Männern oft als eine emotionale Grundeinstellung, damit sie nicht spüren müssen, dass sie in Wahrheit tieftraurig sind. Sie haben keine Vorstellung davon, wie sie Traurigkeit empfinden könnten, denn diese gilt als Schwäche. Und deshalb wird sie umgehend in Zorn umgewandelt. Dadurch kommen Männer nie in Kontakt mit den Ursachen, die sie wirklich unglücklich machen. Ich vermute, dass etwa ein Drittel der Männer, die ich bislang getroffen habe, in diese Kategorie gehören.

Wann war ich heute oder in dieser Woche zornig?

Welch andere Emotion könnte der Zorn verdeckt haben?

Der dunkle Ritter als Freund

Je weniger wir uns unseres Schattens bewusst sind, desto mehr Schaden kann er anrichten. Die Kirchenlehren von Buße, Beichte und Vergebung haben durchaus ihren Sinn. Im Leben eines jeden Mannes gibt es einen Zeitpunkt, an dem er bekennen muss: »Mein Name ist Joe und ich bin ein Alkoholiker« (oder ein Sexabhängiger, ein Workaholic, ein liebloser Mann ...). Es geht darum, das Verborgene ans Licht zu bringen, denn »alles, was aufgedeckt ist, wird vom Licht erleuchtet« (Epheser 5,13).

Deshalb werden wir dazu aufgefordert, uns mit dem Schatten anzufreunden. Dem Helden in den Gralslegenden wurde geraten, den dunklen Ritter nicht zu töten, sondern ihn zum Freund zu gewinnen. Es hat mich viele Jahre gekostet, dies zu begreifen, doch mittlerweile bin ich davon überzeugt, dass der einzige Weg, das Böse zu überwinden, darin besteht, es auf unsere Seite zu bringen und es für uns arbeiten zu lassen. Das ist es, was Jesus am Kreuze tat, indem er seinen eigenen Tod zur Rettung der Menschheit einsetzte. Er vernichtete seine Mörder nicht, sondern vergab ihnen, denn »sie wissen nicht, was sie tun« (Lukas 23,34). Der Schatten weiß nie, was er tut.

In welcher Art und Weise habe ich meine Sünden bereut und damit Dunkelheit ins Licht gebracht?

Veränderung als Lebensweise

Ich habe mich oft gefragt, weshalb Jesus so gerne die Worte »kehrt um« verwendete (Markus 1,15). Das Wort *metanoia* stammt aus dem Griechischen und bedeutet »sich umwenden«, im übertragenen Sinne bedeutet es auch, über den Geist hinauszugehen. Der Ruf nach einem völlig neuen Geist, nach einer Kehrtwendung, um neu zu beginnen, steht am Anfang des Evangeliums und stellt den Ausgangspunkt dafür dar, dass ein Mann zu seinem wahren Selbst finden kann. Hierfür braucht er ein völlig neues Empfangsgerät, um diese Botschaft erhalten zu können. Dieser Empfänger braucht regelmäßige Updates, denn sonst schwingt er sich wieder auf seine gewohnte Frequenz ein.

Doch wie oft können wir umkehren und von Neuem beginnen? Wie viele Updates brauchen wir? Wie oft müssen wir uns verändern? Geht es hier um mehr als die einmalige Entscheidung für Jesus? Nein, es sieht vielmehr so aus, als ob Loslassen und die permanente Bereitschaft zu Weiterentwicklung und Umkehr das Motiv unseres gesamten Lebensweges ist. Wir hoffen darauf, eines Tages mit Gottes Herzen sehen, denken und leben zu können. Die Quäker sangen daher: »The turning never stops.«

Wann wurde ich das letzte Mal von einem neuen Geist erfüllt?

Welche Art von Umkehr brauche ich derzeit in meinem Leben?

Träume

Wie können wir mehr über unser verborgenes Selbst und unseren Schatten erfahren? Eine kraftvolle Möglichkeit stellen unsere Träume dar. Auch in der Bibel spielen Träume eine wichtige Rolle. Sie sind oftmals die einzige Möglichkeit, mit der Gott zu uns durchdringen kann.

Manche Träume verwirren uns aufgrund der Schattenenergie, die sich in ihnen zeigt. Doch beobachte einfach die Personen und die Situationen, die auftauchen. Werde zu einem Detektiv. Reflektiere den Traum und deine emotionale Reaktion darauf und frage dich: »Was will mir der Traum mitteilen?« Betrachte deine Träume als wertvolle Lektionen, als Geschenke Gottes, die er uns in den Nächten schickt, wenn die Grenze zwischen Bewusstem und Unbewusstem durchlässig ist. Durch Träume gelingt es der Wahrheit, zu uns durchzubrechen.

Unsere Träume sind kaum jemals bewertend oder moralisierend. *Sie enthüllen einfach das, was ist.* Unsere Aufgabe ist es, ihren Sinn zu erkennen und Entscheidungen zu treffen. Ich sehe meine eigenen Träume als Beweis dafür, dass Gott nicht bewertet oder moralisiert. Gott enthüllt, was ist, und überlässt uns die Entscheidung, was wir damit tun werden.

Was zeigen mir meine Träume über mein Schattenselbst?

Spannung aushalten

Es gibt zwei kontraproduktive Methoden, um mit dem Schatten und unseren Emotionen umzugehen. Die eine besteht darin, die Dinge zu schnell zu unterdrücken – das ist die Strategie der konservativen Persönlichkeit. Die andere besteht darin, die Dinge zu schnell auszudrücken – das ist die Strategie der liberalen Persönlichkeit. Keine der beiden Strategien ist wirklich erfolgreich, denn keine führt uns zu dem Kern dessen, was uns die Situation lehren könnte.

Die wirkliche Herausforderung besteht darin, die Dinge in der Mitte zu halten – sie weder anzuheizen und uns zu sehr mit ihnen zu identifizieren (sprich: sie auszuagieren), noch sie zurückzustellen und zu glauben, dass sie von selbst weggingen (sprich: sie zu verleugnen).

Bleib einfach in der Situation und lass sie sich beruhigen und warte, bis du Klarheit erlangst. Wenn wir uns in einer kreativen Spannung befinden und diese weder unterdrücken noch umgehend ausagieren, dann kann uns diese zur wirklichen Erkenntnis und einer gereiften Spiritualität führen. Alle anderen Vorgehensweisen verstärken das Problem nur.

Das ist harte Arbeit und eine wirkliche Herausforderung. Doch wenn wir die Disziplin, Geduld und das Vertrauen haben, an Schwierigkeiten weder festzuhalten noch sie zu verdrängen, können wir zur »Fähigkeit gelangen, die Geister zu unterscheiden« (1 Korinther 12,10). Das ist eines der Geschenke des Heiligen Geistes.

Wann neige ich dazu, Dinge zu unterdrücken?

Wann bin ich am ehesten versucht, sie auszudrücken?

Was würde geschehen, wenn ich von beiden Reaktionen Abstand nehmen würde?

Die Aufgabe innerhalb der Aufgabe

Wir wurden darin geschult, »unsere Sünden loszuwerden«. Deshalb haben wir es nicht gelernt, unsere Sünden als Symptome zu sehen und danach zu forschen, was diese uns mitteilen wollen. Viele von uns erkennen niemals wirklich den Unterschied zwischen dem, was wir sagen, und dem, was wir tatsächlich tun. Wir haben Gebote verinnerlicht, ohne dabei zu einer spirituellen Einsicht zu gelangen.

Zwei Menschen können in ihrem Beruf exakt die gleiche Aufgabenstellung bekommen, doch in der Ausführung gänzlich andere Wege gehen: Während der eine Vertrauen und Zuversicht aufbaut und auf Teamwork setzt, schürt der andere vielleicht Unzufriedenheit, Gerüchte und Missgunst. *Das sind die Aufgaben innerhalb der Aufgaben, und sie entscheiden darüber, was du wirklich für dein Geld bekommst.* Nur scharfsichtige Menschen können dies erkennen und entsprechend benennen. Wir sollten weniger damit befasst sein, unsere Sünden loszuwerden, als vielmehr erforschen, worauf die Symptome hindeuten.

Wann habe ich auf Sünden einfach reagiert, ohne zu erforschen, worauf sie mich hinweisen wollten?

Männer aus Plastik

Manche Männer verdrängen ihren Schatten vollständig, ohne ihn dadurch aber auslöschen zu können. Sie werden zu lächelnden, lieblichen, gläubigen Männern aus Plastik. An ihnen ist nichts Echtes und Wildes mehr. Sie sind fast zu gut, um wahr zu sein. Das sind die Männer, die weder mit ihrer Frau noch mit sonst jemandem zornig werden können. Ihre Frau trägt dann die gesamte Wut der Beziehung und wird so zum Archetypen der Hexe. Er hingegen verleugnet fromm jegliche Wut – selbst dann, wenn diese ungehindert in ihm wächst –, denn er ist davon überzeugt, dass Wut etwas Schlechtes sei und unter seiner Würde. Seine Wut wird so zu seinem Schattenselbst. Er kommt wie ein guter Mann daher, sie wie eine böse Frau – doch was ist die Realität? Jesus würde wohl sagen: »Achte also darauf, dass in dir nicht Finsternis statt Licht ist« (Lukas 11,35).

Mit dem Schatten zu kämpfen ist die zentrale spirituelle Aufgabe in unserem Leben. Dadurch gelangen wir zu einem authentischen Selbst, und zwar zu einem, das nicht aus Kunststoff ist. Mit unserem Schatten zu kämpfen macht uns zu einem Mann aus Fleisch und Blut. Und die Menschen werden uns mit all unseren Fehlern und Schwächen ernst nehmen.

Habe ich in meinem Leben aufrecht gekämpft?

**Was verleitet mich dazu,
den Kampf zu vermeiden?**

Die Voraussetzung

Wie fangen wir es am besten an, uns unserer dunklen Seite zu stellen? Klar ist, dass wir uns der Dunkelheit erst stellen können, wenn wir selbst etwas vom wahren Licht gesehen haben. Solange wir keine bedingungslose Liebe in unserem Leben erfahren haben, sei es seitens Gott oder seitens eines Menschen, haben wir nicht den Mut, uns dem Schatten zu stellen. Es fehlt uns einfach der Mumm, mit der harten Arbeit der Seele zu beginnen. Diese Erkenntnis hilft uns, Geduld mit den Menschen zu haben, die an der Oberfläche leben und keinerlei Ansporn verspüren, Schattenarbeit zu leisten.

Wir müssen zur Grundlage einer inneren Stabilität gelangen, bevor wir den Unsicherheiten unseres Lebens standhalten können. Kinder, Jugendliche und junge Erwachsene sind dazu noch nicht bereit. Es mag zwar Menschen geben, die durch schwere Familientragödien schon früher dazu gezwungen werden, doch in der Regel wird mit ehrlicher Seelenarbeit erst in der zweiten Lebenshälfte begonnen.

Habe ich versucht, mich dem Schatten zu stellen, bevor ich mir Gottes Liebe sicher war?

Wie kann ich diese große und bedingungslose Liebe bewusst erfahren?

Beide sind wahr

Gottes Liebe macht es dir möglich, alles, was du bist, zu umarmen; das Lichte ebenso wie das Dunkle. Eine gereifte Spiritualität ermöglicht es dir, beide Seiten des Lebens gleichzeitig anzuerkennen.

Und weißt du was? Wenn es etwas gibt, was noch schwerer ist, als deine dunkle Seite anzunehmen, dann ist es die Erkenntnis, dass du ein Sohn des Lichtes bist (1 Thessalonicher 5,5) und dein Name bereits »im Himmel verzeichnet ist« (Lukas 10,20).

**Kann ich es glauben, dass ich ein Sohn
des Lichts bin?**

Was glaube ich wirklich?

Verwandlung

Jede menschliche Veränderung findet im Schwellenraum statt. Das lateinische Wort *limen* bedeutet Schwelle. Der Schwellenzustand ist eine innere Befindlichkeit oder auch eine äußere Situation, in der Menschen in wirklich authentischer Weise neu zu denken und handeln beginnen. Es ist ein Zustand des »Dazwischen-Seins«, in dem man den einen Raum zwar verlassen, den anderen aber noch nicht betreten hat. Wir stehen an der Startrampe, meist ohne es selbst recht zu wissen, und fühlen uns verwirrt und aus dem Gleichgewicht geworfen.

Um in diesen Grenzbereich vorzudringen, müssen wir unsere Komfortzone verlassen. Der Schwellenraum markiert die Zeit zwischen verschiedenen Phasen des Lebens. Er ist von Trennungen, Scheidung, Berufswechsel, Krankheit, Verlust, Tod und dem Scheitern jeder Art bestimmt. In dieser Zeit sind wir uns des nächsten Schrittes nicht sicher, wir haben keine Kontrolle über unser Leben, in das jeden Moment etwas völlig Unerwartetes treten kann. Wir leben förmlich ohne Geschwindigkeitsbegrenzung. Dies ist die Zeit, in der Gott am besten zu uns durchdringen kann.

Welche Erfahrungen habe ich
im Schwellenraum gemacht?

Im Schwellenraum

Es scheint die Aufgabe des biblischen Gottes zu sein, Menschen in Grenzbereiche zu führen und sie so lange dort zu lassen, bis sie etwas Neues erfahren haben, um sie dann wieder sicher aus diesen herauszugeleiten. Dramatische Beispiele hierfür sind die versklavten Israeliten in Ägypten, Daniel in der Löwengrube, die zu Unrecht beschuldigte Susanna, Elias in der Höhle sowie Petrus und Paulus im Gefängnis. Der Grenzbereich ist der große Raum des Lernens, die ultimative Übergangsphase der Verwandlung.

Viele große spirituelle Menschen haben ihr ganzes Leben im Schwellenraum verbracht. Sie führten ein Leben am Rande und an der Grenze des Systems, um nicht in dessen Illusionen und Korruptionen hineingezogen zu werden. Bewusst haben sie sich jenseits dessen angesiedelt, was die meisten von uns als normal oder vernünftig bezeichnen würden. Denken wir an die radikale Armut des heiligen Franziskus, die Gastfreundschaft für Obdachlose der Dorothy Day und an das Leben der meisten Missionare. Sie alle wussten und wissen, dass uns nur eine gewisse Distanz zum Gewöhnlichen zu größerer Weisheit und tieferem Mitgefühl führen kann.

Wen kenne ich, der oder die viel Zeit im Schwellenraum verbringt?

Zeit zur Zeitverschwendung

Denjenigen von uns, die sich nicht so einfach für längere Zeiten in die Abgeschiedenheit der Wildnis oder eines Klosters zurückziehen können, bieten die Religionen Möglichkeiten der befristeten Grenzerfahrungen. Sie ermutigen ihre Gläubigen zu Pilgerschaften, Exerzitien und zur rituellen Askese wie in der Fastenzeit oder im Ramadan. Leider gelingt es den wöchentlichen Gottesdiensten nicht einmal annähernd, einen solchen Schwellenraum für Menschen zur Verfügung zu stellen – zumal diese meist auch noch sehr ärgerlich werden, wenn etwas an der gewohnten Zeremonie verändert wird. Das zeigt, wie klein unsere Komfortzonen meist sind.

Es muss schon etwas gänzlich anderes, etwas Waghalsiges oder gar Unsinniges eintreten, um uns aus unserem angenehmen Schlafwandel aufzuwecken. Den Schwellenraum zu betreten verstößt oft gegen unsere Intuition und erscheint uns wie Zeitverschwendung. Es passt nicht in die Logik unseres normalen Alltags. Und genau das ist der Punkt. In den Schwellenraum einzutreten schaltet unseren Sinn für Sachlichkeit und Zweckgerichtetheit aus und liefert uns einer formlosen Welt aus, in der völlig neue Fragen – und damit auch neue Antworten – in uns aufsteigen. In einer »formlosen« Welt müssen wir selbst unsere Form ändern, um darin überleben und Vergnügen daran empfinden zu können. Genau das ist es, was wir unter Transformation verstehen.

Welchen Schwellenraum und welche Schwellenzeit habe ich erschaffen oder entdeckt?

An der Schwelle stehen

Im Schwellenraum begegnen wir den Dingen, gegen die wir nichts ausrichten können (den schicksalhaften Dingen), und ebenso den Dingen, mit denen wir nichts anfangen können (den unnützen Dingen). *Es sind die schicksalhaften und unnützen Dinge, die unweigerlich etwas in uns bewirken.* Für Johannes vom Kreuz war Gott der »Unbekannte«, immer jenseits des Erwarteten und Gewöhnlichen. Genau dorthin führt unser Weg.

Hierfür müssen wir aus unseren gewohnten Mustern ausbrechen, unsere Bequemlichkeit hinter uns lassen und uns neue Perspektiven erschließen. Wir müssen fasten, statt essen; still sein, statt reden; Leere spüren statt Fülle; Anonymität suchen statt Bedeutung; Armut erfahren statt Überfluss. In den Schwellenraum zu gehen ist immer ein Weg nach unten. Dies beinhaltet die Entscheidung, nicht sofort wieder emporzusteigen oder aus ihm herauszutreten. Es ist ein Weg vom Status zum Statusverlust, von der sozialen Zugehörigkeit zum sozialen Ausstieg. Das ist der Sinn der »Exerzitien auf der Straße«, in denen wir zwei Tage als Obdachlose auf den Straßen der Großstadt leben. Am Anfang ist es beängstigend, doch am Ende immer lohnenswert. Denn diese Zeit verändert uns.

Danach können wir in die alte Welt mit neu gewonnener Freiheit und Spontaneität zurückkehren.

Wo kann ich einen Grenzbereich finden?

**Kann ich ihn mir schaffen,
oder sollte ich einfach da suchen,
wo ich mich gerade befinde?**

Rückzug kann Fortschritt sein

Wenn wir uns dafür entscheiden, in den Grenzbereich einzutreten, dann wählen wir das Chaos des Unbewussten anstelle
rationaler Erklärungen und einfacher Antworten. Wir brechen
mit unserer Gewohnheit und suchen nach Gott in dem, was
wie ein großes Durcheinander aussieht. Bald schon brauchen
wir neue Wörter und neue Bilder, um diesen Zustand zu beschreiben – eine Sprache der Dunkelheit anstelle des Lichtes,
vom Ödland statt vom Garten, der Leere statt der Fülle, tiefer
Stille statt vieler Worte. Oder ganz im Gegenteil: Es kann
ebenso ein Garten anstelle des Ödlands oder das Licht anstelle
von Dunkelheit erscheinen! Der Rückzug führt häufig in den
Fortschritt. Was als »Ausreise« begann, führt uns schließlich
nach innen.

Männer müssen ermutigt und angeleitet werden, um an
solch einem unbehaglichen Ort zu bleiben. In vielen Männlich-
keitsritualen müssen Knaben tagelang in sinnlosem Schweigen
ausharren – bis sie sich förmlich nach Führung, nach einer
Bestimmung und einem Ziel sehnen. Wir brauchen meist die
Ermutigung einer Gruppe, um die künstlichen Auflagen von
Schweigen, Einsamkeit, Fasten oder »Nichts-tun« auszuhalten
und aufrechtzuerhalten. Nur sehr wenige schaffen das allein
auf sich gestellt.

**Sehne ich mich bereits nach wahrer Führung
oder reichen mir Worte und Antworten
noch aus?**

Akzeptiere keinen billigen Ersatz!

Oft wird der Schwellenraum mit dem verwechselt, was wir einen schwellenartigen (liminoiden) Raum bezeichnen. Ereignisse und Begebenheiten, die im schwellenartigen Raum stattfinden, wirken zwar so, als ob sie ein Schwellenereignis wären, sind es jedoch nicht. Im schwellenartigen Raum entsteht nichts wirklich Neues, sondern es wird immer nur das wiederholt, was bereits existiert. Unsere Kultur zeichnet sich förmlich dadurch aus, Fälschungen für Originale auszugeben. Entertainment bekommt Kultstatus, laute Musik und Massenansammlungen werden zum Ersatz für Tiefe und Größe und Spektakel aller Art ersetzen wirkliche Katharsis.

Pater Jim Clarke, einer der Ältesten der Organisation *Rites of Passage,* wies auf den Unterschied zwischen Zeremonie und Ritual hin: Während eine Zeremonie den Status quo aufrechterhält, enthüllt ein Ritual den Schatten und trägt den Keim zur Veränderung in sich.

Ein wirkliches Ritual, ebenso wie ein wirkliches Drama, führt immer zu einer Katharsis, einer emotionalen Reinigung. Wir bevorzugen die Zeremonie, da sie uns weniger abfordert; wir müssen einfach nur körperlich anwesend sein und können uns unterhalten lassen. Ein Ritual hingegen erfordert psychische und persönliche Teilnahme, sie fordert eine Veränderung des Herzens und des Geistes. Der schwellenartige Charakter der Zeremonie macht es hingegen möglich, alles aus einer gewissen Distanz heraus zu beobachten.

Welche Erfahrungen in meinem Leben hatten schwellenartigen Charakter?

Das Paradox der Transformation – Veränderung, Leiden und Befreiung

Zur wahren Autorität gelangen wir
auf dem spirituellen Weg nicht durch Erfolg,
sondern durch Leiden und Niederlagen –
und durch das, was wir daraus machen.

Richard Rohr

Der Grund, weshalb es Sünde und Leid in der Welt gibt, ist nicht, dass wir schwach sind, sondern dass wir menschlich sind.

Lerne von den Geschichten anderer, höre ihnen zu, akzeptiere sie und versuche sie zu verstehen – das ist es, was uns gegenseitig am meisten verwandelt.

Verwandlung geschieht durch die Präsenz von Bildern – sieh dich um und du wirst überall das Gesicht Gottes erblicken.

Spiritualität ist ein Prozess von zwei Schritten nach vorn und drei Schritten zurück. Die drei zurück sind die wichtigeren.

Wahre Spiritualität lehrt das Loslassen.

Das Böse ist Teil des Lebens, doch es bestimmt dieses nicht.

Verwandlung beinhaltet die Anerkennung der Realität des Bösen und das Vertrauen, dass Gott sich sogar des Bösen bedienen kann, um das Gute hervorzubringen.

Wir finden erst im Scheitern zur Freiheit und Erlösung.

Lebendige Sakramente

Religion ist dazu da, unsere Seele zu erwecken, damit sie für die Ankunft des Meisters bereit ist. Religion *(religio)* bedeutet, das wieder zu verbinden, was getrennt wurde. Die Aufgabe der Religion besteht letztlich immer darin, aus zwei eins zu machen; wieder zu vereinen, was getrennt war; zu heilen, was gespalten war.

Eine reife Religion vermag dies durch die Magie der Worte, durch Geschichten und Bilder. Die katholische Kirche bringt dies in ihren Sakramenten zum Ausdruck. Die sakramentale Imagination macht es uns möglich, zu sehen – und zwar alles zu sehen und durch alles hindurchzusehen. Sie überwindet die Trennung zwischen dem Sakralen und dem Säkularen, zwischen Materie und Geist, dem Menschlichen und Göttlichen.

Wenn wir dies erst einmal erfahren haben, können wir nicht mehr an einer Weltsicht der Trennung festhalten. Die physische Welt wird uns zum Tor des Göttlichen, und es gibt nicht mehr nur sieben heilige Sakramente, sondern siebentausend lebendige Sakramente.

Wie erlebe ich die sakramentale Imagination?

Den göttlichen Blick erwidern

Im Brief an die Epheser schreibt Paulus, dass »alles, was aufgedeckt ist, vom Licht erleuchtet wird«. In seiner reinsten Form ist Beten nichts anderes als die Erwiderung des göttlichen Blicks, zu dessen Reflexion wir werden – durch und trotz unserer selbst. Darauf weist Paulus direkt hin: »Wir alle spiegeln mit enthülltem Angesicht die Herrlichkeit des Herrn wider und werden so in sein eigenes Bild verwandelt, von Herrlichkeit zu Herrlichkeit, durch den Geist des Herrn« (2 Korinther 3,18).

Wir sollten das Wort *Gebet* nicht trivialisieren. Und wir sollten es nicht als Mittel zum Zweck sehen, um das zu erhalten, was wir uns wünschen. Wir brauchen Gott auch nicht Dinge zu verkünden, die er sowieso schon längst weiß (Matthäus 6,8). Ein Gebet ist viel mehr; es umfasst all die inneren Reisen und Anstrengungen, die es uns ermöglichen, Liebe, Hoffnung und Vertrauen zu erfahren. So betrachtet wird die spirituelle Reise des Mannes selbst zu einem großen Gebet. Es geht dann nicht mehr länger um das, was wir tun, sondern um das, was wir sind. Mit unserem Leben, so wie es ist, erwidern wir den göttlichen Blick.

Führt meine Reise ans Licht?

Was sind Gebete für mich?

Das Paradox der Gnade

Der landläufigen Theologie zufolge werden wir für unsere Sünden bestraft und für unser Wohlverhalten belohnt. Das macht durchaus Sinn. Doch es ist nicht das, was die Weisen, Heiligen und die Evangelien von Gott sagen. Solch eine Theologie lässt uns nach Selbsterlösung streben. Die meisten Männer leben nach der Devise, dass wir genau das von Gott zurückbekommen, was wir ihm geben. Demzufolge hängt Erlösung also vollständig von uns selbst ab und von unserer Bereitschaft, perfekte oder zumindest gute Männer zu sein. Dem ist aber Gott sei Dank nicht so.

Jesus lehrt uns, dass es weit mehr unsere Gebrochenheit und unsere Schwäche ist, die uns näher zu Gott bringt – also genau das Gegenteil von dem, was die meisten von uns glauben. Es kann ein ganzes Leben dauern, bis wir solch ein Paradox akzeptieren können. *Die Gnade kreiert genau die Leere, die die Gnade allein füllen kann.*

Der heilige Paulus hat dies sehr präzise und elegant ausgedrückt: »Meine Gnade genügt dir; denn sie erweist ihre Kraft in der Schwachheit ... denn wenn ich schwach bin, dann bin ich stark« (2 Korinther 12,9–10).

**Wann hat meine Gebrochenheit
mich näher zu Gott geführt?**

Versuche ich immer noch,
meine Erlösung zu erreichen,
oder vertraue ich zwischenzeitlich
auf Gottes Fähigkeit, mich in meiner
Schwäche stark zu machen?

Die Ökonomie der Gnade

Liebe kann nur im Reich der Freiheit gedeihen. Ohne die innere Freiheit beider Beteiligter kann es keine wirkliche Liebesbeziehung geben, da Pflicht, Angst und Schuldigkeit regieren. Worum es aber geht, ist, in Freiheit zu wachsen. Das ist es, was wir »in die Gnade hineinwachsen« nennen.

Gottes Liebe ist vollkommen frei. Mit keiner einzigen unserer guten Taten können wir sie erzwingen und mit keiner einzigen unserer schlechten Taten können wir sie verspielen. Wir werden sie nicht los. Wir können sie weder vergrößern noch verkleinern, egal, was wir tun oder auch nicht tun. Das ist Gottes »ewiger Bund« mit der Seele. Gott liebt uns nicht, weil er es muss; Gott liebt uns, weil er es möchte. Das gibt uns die Freiheit, Liebe einfach anzunehmen, ohne uns dieser fieberhaft als würdig erweisen zu müssen.

**Wie kann ich dahin gelangen,
Gottes Güte nicht von meinem eigenen
Gutsein abhängig zu machen?**

Von Mystikern und Heiligen

Es gibt keinen Grund, unsere Hoffnung zu verlieren: Gott wirkt immerzu in unseren Seelen und in der Geschichte. Selbst unsere säkulare Welt bringt Mystiker und Heilige hervor.

Und nach wie vor verlieben sich Männer und Frauen Hals über Kopf in Gott, insbesondere, wenn sie erkennen, wie sehr Gott sie liebt, obwohl sie sich selbst alles andere als liebenswert finden; wenn sie erkennen, wie sehr Gott ihnen vertraut, obwohl sie sich selbst nicht mehr vertrauen können, und wie vollständig er ihnen verzeiht, obwohl sie sich selbst nicht verzeihen können.

Ganz ehrlich: Was sonst könnte uns dazu bewegen, dass wir uns so in Gott verlieben?

Bin ich auf meinem Weg Mystikern und Heiligen begegnet?

Wie haben mich diese Begegnungen verändert?

Lehren und Teilen

Menschen, die uns etwas lehren wollen, ohne dies wirklich mit uns zu teilen, können zwar unsere Neugier wecken, uns zum Nachdenken anregen und unsere Körper und Seelen aufrütteln – was beileibe keine geringe Leistung ist –, doch das Gesagte schlägt keine wirklichen Wurzeln in uns. Dieses Risiko gehe ich auch mit dem Schreiben dieses Buches ein.

Die Menschen, die unsere Herzen am meisten berühren, sind diejenigen, die ihr Leben mit uns teilen, die den Weg mit uns gehen und uns lieben. Das sind die Menschen, für die wir bereit sind, unser Leben zu ändern.

Papst Paul VI. sagte deshalb: »Die Welt wird Lehrern nur dann glauben, wenn sie selbst Zeugen dessen waren, was sie lehren.« Deshalb hoffe ich darauf, dass du Menschen treffen wirst, die genau das verkörpern, wovon ich hier spreche. Denn dann können meine Worte Gestalt annehmen.

> Teile ich mit meinen Brüdern
> oder lehre ich sie das,
> woran ich glaube?

Das Problem mit dem Bösen

Wie können gute Menschen mit dem Bösen umgehen? Wenn wir auf so manche Ereignisse und deren Folgen blicken, auf das Erdbeben in Haiti, den Tsunami im Pazifik, den Hurrikan Katrina, oder von all den schrecklichen Ereignissen in den lokalen Nachrichten hören, dann kommen wir nicht umhin, uns zu fragen, wo Gott eigentlich in alldem ist.

Meines Erachtens vollzieht sich dies im wirklichen Leben folgendermaßen: Menschen wird die Gnade zuteil, zu ertragen, was auch immer ihnen geschieht, doch diese Gnade erscheint vielleicht erst in dem Augenblick, in dem sie dieser bedürfen, und sie erfordert es, in ein größeres Selbst durchzubrechen. Das ist Gottes Antwort. Und sie ist nicht theoretisch, sondern völlig praktisch und spezifisch! Das heißt in anderen Worten, dass wir das Böse nie auf einer theoretischen oder universalen Ebene lösen können, denn auf dieser finden wir keine befriedigende Antwort. Jeder einzelne Mensch muss sich an jedem Tag und zu jeder Zeit mit dem Bösen neu auseinandersetzen, ebenso wie es auch Jesus tat.

Wenn ich einen persönlichen oder
tragischen Maßstab an das Böse anlege,
was ist meine Reaktion darauf?

Bin ich darauf vorbereitet, zu helfen?

Wie oft begegne ich dem Bösen
in meinem täglichen Leben?

Christliche Evolution

In der Bibel steht geschrieben, dass Gott die Welt geschaffen hat und dass sie gut, ja sogar »sehr gut« ist (Genesis 1). Das entspricht nicht immer unserer eigenen Wahrnehmung. Ist unsere Definition von »gut« vielleicht zu eng?

Ist das Gute nicht gleichbedeutend mit Harmonie und Ordnung? Verweist das Gute, von dem die Bibel spricht, vielleicht darauf, dass alle Dinge die Möglichkeit enthalten, in Harmonie und Ordnung überführt zu werden? Die Saat des Guten ist in allem von Anfang an vorhanden. Unser Beitrag ist es, dieses Potenzial hervorzubringen.

Wäre es somit nicht unsere Aufgabe, Gott darin zu unterstützen, das Gute hervorzurufen? Denn genau das ist es, was Paulus im Römerbrief fordert (8,28). Und indem er alles zum Guten wendet, kooperiert Gott mit denen, die ihn lieben. Meines Erachtens liegt darin die wahre Bedeutung der christlichen Evolution. Die Schöpfung war nicht mit dem großen Urknall abgeschlossen, sondern Gott schuf Wesen, die ihn fortan bei der Schöpfung unterstützen! Macht nicht erst solch eine Sichtweise wirklichen Sinn? Und ist das nicht wundervoll? So gehen wir doch auch mit unseren eigenen Kindern um – an guten Tagen. Nun, für Gott ist jeder Tag ein guter Tag.

Wie habe ich Ordnung und Harmonie in meinem Leben entwickelt?

Was könnte ich hier und jetzt tun, um die Dinge besser zu machen?

Den Teufel für uns arbeiten lassen

Eine der scharfsinnigsten und komplexesten Darstellungen des Bösen finden wir in der Bibel im Gleichnis vom Mann, der gutes Saatgut auf seinem Feld aussäte. (Matthäus 13,24ff.). In der Nacht säte sein Feind Unkraut zwischen seinen Weizen. Als seine Diener dies entdeckten, wollten sie das Unkraut herausreißen. Ihr Herr jedoch gebot ihnen Einhalt und sagte: »Ihr würdet nur den Weizen mit dem Unkraut herausreißen.« Er befahl ihnen, damit bis zur Ernte zu warten, denn erst dann ist es möglich, den Weizen vom Unkraut zu unterscheiden. Diese Geschichte lehrt uns, unsere Urteile nicht so wichtig zu nehmen und nicht vorschnell aufgrund dieser Urteile zu handeln.

Die moralische Grundsatzfrage unserer Zeit ist nicht, wie wir das Böse loswerden können, sondern wie wir es zum Guten wenden können. Wie können wir den Teufel dazu bewegen, für uns zu arbeiten? Dies ist dann möglich, wenn wir Beleidigungen und Fehler verzeihen und uns selbst und unseren Feinden vergeben. *Wenn wir vergeben können, dann überführen wir schlechte Ereignisse göttlichen Zielen!* Das ist einer der Gründe, weshalb ich Jesus oder die Evangelien niemals aufgeben könnte.

In welchen Situationen meines Lebens
ist es angebracht, das Unkraut gemeinsam
mit dem Weizen wachsen zu lassen?

Und Jesus weinte

Mitunter opfern wir Wahrheit und Mitgefühl unserer Sehnsucht nach einem geordneten Leben und einem berechenbaren Universum.

Als Jesus weinend auf Jerusalem herabblickte (Lukas 19,41), war das Letzte, was er gebraucht hätte, ein frommer Mann, der zu ihm sagte: »Meister, weine nicht. All dies ist Teil von Gottes vollkommenem Plan.« Nein, lassen wir Jesus weinen! Unser Problem besteht darin, dass wir nicht dazu bereit sind, gemeinsam mit ihm über die Geschehnisse, die Menschheit und das zu weinen, was wir einander und der ewigen Stadt, auf die er blickte, angetan haben. Deshalb sagte Jesus: »Wenn doch auch du an diesem Tag erkannt hättest, was dir Frieden bringt« (Lukas 19,42).

Zu weinen ist eine Möglichkeit, die Wirklichkeit wahrzunehmen. Wir müssen nicht immer versuchen, alles zu regeln, zu erklären oder zu kontrollieren. Und wir sollten nicht weniger, sondern noch viel mehr weinen.

Kann ich weinen, wenn weinen erforderlich ist?

Was geschieht in mir, wenn ich mir das Weinen nicht erlaube?

Ohne Antworten leben

Bist du bereit zu sagen: »Ich weiß, dass Gott in dieser Situation zu finden ist. Ich vertraue darauf, dass alles gut gehen wird; ich weiß zwar nicht wie, doch ich bin bereit, zu warten«? Diese innere Einstellung ist wichtig. Deshalb verwenden wir in der Männerarbeit so häufig Wörter, die mit der »Reise« zu tun haben. »Vertrauen und Liebe und Hoffnung liegen im Warten. Warte, ohne zu denken, denn du bist noch nicht bereit für den Gedanken«, schrieb T.S. Eliot in den *Vier Quartetten.*

Wenn ein Mann warten kann, ohne vorschnell nach Antworten zu suchen, dann öffnet sich ein weiter Raum, in dem Gott seinen Glauben in ihm sät. Dieser Glaube ist nicht durch einen mentalen Prozess zu erlangen, der zur Ruhe führt. Ganz im Gegenteil: Dieser Glaube wirbelt jede Menge Staub auf.

Wenn wir zu schnell glauben, dann glauben wir nur an die kleinen Dinge. Und wenn wir es uns einfach machen wollen mit dem Glauben, dann glauben wir an die falschen Dinge. Der Glaube ist ein Paradox zwischen Grund und Abgrund. Er öffnet tiefere Fragen – die Fragen, die deine Seele wirklich bewegen.

Kann ich im Raum des Nicht-Wissens leben oder jage ich immer noch den Antworten nach?

Bin ich bereit, auf Gott zu warten, oder versuche ich, Gott zu drängen?

Erlösendes Zuhören

Wir müssen lernen, einander zuzuhören, ohne zu bewerten und ohne bereits während des Zuhörens eine Antwort im Geiste zu formulieren. Hierfür ist es wichtig, sich längere Gesprächspausen zu gestatten und nicht die schnellen und schlagfertigen Dialoge nachzuahmen, die wir aus den täglichen Sitcoms kennen. Letztendlich können wir anderen sowieso keine Antworten bieten. Wir können sie nur begleiten und darin unterstützen, auf sich selbst zu hören und ihre eigenen Antworten zu finden.

Viele Menschen haben nie das Gefühl erfahren, wirklich gehört zu werden; ihr zwanghaftes Bedürfnis, gehört zu werden, führt dazu, dass sie häufig zu viel, zu laut und zu schnell reden. Das bereitet mir manchmal Schwierigkeiten. Doch dann mache ich mir umgehend bewusst, wie leicht ich selbst es habe, denn ich bin es gewohnt, dass mir zugehört wird – schließlich verdiene ich durch Reden meinen Lebensunterhalt. Außerdem hatte ich das Glück, von meinen Eltern ernst genommen zu werden, die mich nie am Reden hinderten.

Wir wünschen es uns alle, gehört, verstanden und akzeptiert zu werden. Sobald uns ein anderer Mensch zuhört, können auch wir damit beginnen, anderen und sogar uns selbst zuzuhören. Es ist für jeden Menschen eine Erlösung, gehört und verstanden zu werden.

Wann konnte ich es selbst erleben,
dass ein anderer Mensch mir auf einer
sehr tiefen Ebene zuhörte?

Wann habe ich einem anderen Menschen
wirklich zugehört?

Wahre Freundschaft

Wenn wir jung sind, hoffen wir darauf, eines Tages einen geliebten Menschen zu treffen, der uns wirklich versteht. Viele unserer Probleme verlieren umgehend an Gewicht, wenn wir uns verstanden fühlen und spüren, dass sich jemand um uns sorgt. Auf viele Fragen, die uns bis dahin noch gequält haben, brauchen wir plötzlich keine Antworten mehr. Präsenz und Begleitung sind bereits die Antwort. Allein die Tatsache, dass jemand anderes dazu bereit ist, die Last mit uns zu tragen und gemeinsam mit uns den Weg zu gehen, entlastet uns von vielem, was uns bis dahin bekümmerte.

Das ist es, was wir uns von anderen Männern wünschen, von den Frauen in unserem Leben, von unseren Freunden und unserer Familie. Mitmenschlichkeit erfordert nichts anderes als unsere liebevolle Präsenz. Ich bin mir sicher, dass viele zornige Menschen sehr einsam sind und dass ihnen die Liebe und Stärke eines anderen Menschen fehlen. Denn darin zeigt sich wahre Freundschaft. Und darin zeigt sich auch Gottes Freundschaft. Gott ist bei uns und steht uns bei – das ist das Versprechen in beinahe jeder göttlichen Offenbarung, von der uns die Bibel berichtet: »Ich bin bei dir.«

Wann war ein Mensch ganz für mich da?

Wann war ich für einen anderen Menschen ganz da?

Zwei Wege

Jede wirkliche Spiritualität hat letztlich mit Loslassen zu tun. Es gibt zwei Wege, die uns von innen heraus verwandeln und es uns ermöglichen, loszulassen: der Weg der großen Liebe und der Weg des großen Leids. Liebe, die nicht zum Loslassen bereit ist, ist keine wirkliche Liebe. Und Leiden zwingt uns aus reiner Verzweiflung zum Loslassen.

Wir können weder große Liebe noch großes Leiden planen oder programmieren; sie haben ihre eigene Dynamik. Es gibt kein wirksames Rezept und keine Methode, um mit Liebe und Leid umzugehen. Sie sind die Lehrmeister, die uns auf ihre Art und Weise unterrichten, wann immer es ihnen passt. Wir können nichts anderes tun, als uns auf den großen Fall gefasst zu machen. Denn sowohl Liebe wie auch Leid führen dazu, dass wir fallen.

Wie fühlt sich Loslassen für mich an?

Was hat es mich gekostet, das zu tun?

Trauerarbeit

Ein Mann kommt oftmals nur durch Schmerz und tiefes Leid, dem er rational nicht beikommen kann, zu Bewusstsein. Der Schmerz muss wie ein Schlag auf den Kopf sein und so stark, dass er die ganze Aufmerksamkeit des Mannes auf sich zieht. Dieser Schmerz scheint der Preis für Selbsterkenntnis zu sein. Er ist Teil einer natürlichen Initiation und markiert den Übergang vom Knabenalter zum Mannsein.

Wie Ikarus schwingt sich der junge Mann zum Fluge empor. Dieser Flug ist notwendig. Doch solange er nicht ins Meer gestürzt ist, ist er sich seiner nicht bewusst und noch heillos ichbezogen. *Meist hat er noch nichts und niemanden genug geliebt, um über dessen Verlust zu trauern.* Er ist ein fliegender Junge und nutzt in der modernen Zeit Flugzeuge, um einfach immer weiterzureisen. So kann er Liebe und Bindungen und auch das Leid, das daraus erwächst und seine Seele berühren könnte, vermeiden.

Auf welcher Stufe der Selbsterkenntnis befinde ich mich?

Die Familienwunde

Leo Tolstoi schrieb in seinem Roman *Anna Karenina:* »Jede glückliche Familie ist sich ähnlich; jede unglückliche Familie ist in ihrer eigenen Weise unglücklich.« Wir sprechen heutzutage von gestörten Familien. Und wir wissen auch, dass wir alle von Anfang an verwundet sind. Selbst dann, wenn wir einen einigermaßen guten Vater hatten – denn ursprünglich haben wir uns einen vollkommenen Vater gewünscht. Sind diese Enttäuschungen vielleicht notwendig?

Jeder von uns lebt das ungelebte Leben seiner Eltern und seiner Kultur. Wir alle tragen unser eigenes Brandmal der Gebrochenheit in uns. Dieses ist Anlass für unsere Sehnsucht, unseren Schmerz und unser Verlangen. Wenn wir uns nach unserer Mutter oder unserem Vater sehnen, dann bringen wir damit auch unsere Wertschätzung ihnen gegenüber zum Ausdruck. Uns zu sehnen nach unserer Ganzheit und zu weinen über unser Leben ist der notwendige Treibstoff, der uns vorwärtsbringt – hin zu Gott.

Was ist meine Familienwunde?
Wessen ungelebtes Leben lebe ich?

Erbsünde

Das Christentum hat unsere ursprüngliche Wunde als »Erbsünde« bezeichnet. Das war eine unglückliche Wortwahl, denn sie impliziert Schuld. Durch die Fixierung auf die Erbsünde haben wir den Ursegen aus den Augen verloren (Genesis 1,26–27). Wir haben uns darauf konzentriert, den Menschen ihre »tragischen Fehler« nahezubringen, sodass sie nicht zu sehr überrascht oder schockiert sind, wenn sie ihnen begegnen.

Männliche Initiationsriten zu allen Zeiten machten deutlich, dass der einzige Weg für Männer durch die Wunde hindurchführt. Ausnahmslos wurden die Knaben verwundet, entweder rituell, symbolisch oder körperlich. Alles drehte sich darum. Und es ist sicherlich kein Zufall, dass die christliche Religion einen grausam verwundeten Mann verehrt.

Wenn ich Sünde als eine Art Verwundung betrachten würde, wie könnte dies meinen Umgang mit ihr verändern?

Die Gesichter der Ausgegrenzten

Es gibt eine biblische Wahrheit, der wir Männer uns heute nur ungern stellen. Wir müssen uns bewusst machen, dass Jesus die Frage nach Recht und Ordnung niemals stellte oder beantwortete, die sich die Kultur von der Religion erhofft. Er sprach niemals über Familienwerte, Verfassungstreue, nationale Sicherheit oder Kriegswirtschaft, die heute sowohl seitens der Kirche als auch der Politik ganz selbstverständlich als religiöse Werte angesehen werden. In Wahrheit verkörperte Jesus alles andere als Familienwerte: Er war Single, zölibatär, kinderlos, ohne festes Einkommen und ohne festen Wohnsitz.

Es ist offensichtlich, dass Jesus ein gänzlich anderes Anliegen hatte, und zwar eines, das sowohl von der Welt als auch von großen Teilen der Kirche abgelehnt wird. Er fordert uns dazu auf, uns mit den Schwachen und den Leidenden, den Ausgegrenzten, den Unterdrückten und den Benachteiligten zu solidarisieren. Wenn es uns nicht gelingt, diese »Sakramente der Gebrochenheit« zu empfangen, die uns überall umgeben, wie sollten wir dann den Mut aufbringen, zu erkennen, dass auch wir selbst gebrochen sind? Wie sollten wir jemals das leidende Gesicht Gottes erkennen, der dies alles geschaffen hat?

In wessen Gesicht habe ich
in dieser Woche Gott erkannt?

Der große Tanz

Wenn ein Mann eine wahrhaft spirituelle Erfahrung macht und sei sie auch nur für einen kurzen Augenblick, erkennt er, dass diese ihn in einen Bereich führt, der weit größer ist als er selbst und über den er keinerlei Kontrolle hat. Er erfährt Gnade, nichts als Gnade. Nun weiß er, dass er Teil ist des »Siegeszugs Christi« (2 Korinther 2,14) und dass er nichts anderes zu tun braucht, als dies zuzulassen und sich führen zu lassen.

Er erfährt sich als Geladener zu dem, was Thomas Merton so treffend als den »großen Tanz« bezeichnete. Tanzend wird er schließlich seine »schreckliche Ernsthaftigkeit in die Luft« werfen. In der Erfahrung des endlosen Universums schrumpft sein Ego, bis er fast erleichtert erkennt, dass er nichts weiter ist als ein Sandkorn dieses großartigen Universums. Es gibt nichts mehr zu erreichen – weder persönliche Erlösung noch perfekte Moral. Er ist einfach glücklich, sich mit all dem, was überall und immerzu geschieht, verbunden zu wissen.

Wie und wann habe ich am »großen Tanz« des Lebens teilgenommen?

Ein Teil des Ganzen

Eine reife männliche Spiritualität führt uns in die Mitte des Lebens und damit auch in unsere eigene Mitte. Sie lehrt uns, dass wir Teil des Ganzen sind, auch wenn wir selbst nicht das Ganze sind. Wir sind nicht die Mitte, doch mit der Mitte verbunden. Wir sind rechtmäßiger Teil dieses Universums! Der heilige Bonaventura sagte, dass Gott das Eine ist, »dessen Mitte überall und dessen Umfang nirgends ist«. Wenn du in dieser Weise verbunden bist, dann erfährst du alles als zugehörig, eingeschlossen dich selbst. Du musst dann nicht mehr um Status, Kontrolle oder Vormacht rangeln.

Die Tatsache, dass sich Rassismus, Klassendenken, Homophobie und Konsumideologie mehr als zweitausend Jahre nach der Menschwerdung Jesu in solch einem Maße innerhalb der Religion ansiedeln konnten, macht mir deutlich, dass wir uns immer noch in einer frühen, reichlich infantilen Ära des Christentums befinden. Wir wissen einfach nicht, dass wir bereits heimgekommen sind und mit allen in Gemeinsamkeit verbunden sind. Wie könnten wir denn das »vollkommene Glück des Himmels« erfahren, wenn wir annehmen müssten, dass irgendjemand, den wir lieben, nicht daran teilhaben dürfte?

Wann und wie habe ich eine lebendige Verbindung mit der Mitte erfahren?

Zwei Systeme

Sobald du glaubst, angekommen zu sein, wirst du umgehend mit deiner eigenen Begrenztheit konfrontiert. Du wirst dir eingestehen müssen, dass du etwas Wichtiges übersehen hast. Vielleicht hast du dich selbst viel zu wichtig genommen oder hast dich in manchen Dingen auch einfach nur getäuscht. Dieses Auf und Ab von Gnade und Sünde ist die lebendige Dynamik der spirituellen Reise. Der heilige Gregor von Nyssa sagte im vierten Jahrhundert, dass die »Sünde die Weigerung ist, erwachsen zu werden«.

Unser notwendiger Fall wird so zur Falltür, durch die *du vollständig aus dir selbst heraustreten kannst – und durch die Gott tiefer in dich eintreten kann.* Eine Ökonomie des Verdienstes ist statisch, klein und eigennützig, immer auf der Suche nach schnellem Gewinn. Die Ökonomie der Gnade jedoch ist eine dynamische Bewegung, von Gott gelenkt und unabhängig von äußerem Erfolg. Die erste Ökonomie zugunsten der zweiten aufzugeben ist der notwendige Schritt der Verwandlung. Von da an, das kann ich dir versprechen, wird die Gnade dich geleiten.

**Welche Verwandlungen habe ich
in den vergangenen fünf Jahren erlebt?
Was ist in dieser Zeit geschehen?**

Der Begriff der Sünde

Viele Menschen mögen das Wort *Sünde* nicht, denn es wurde allzu oft dafür benutzt, um zu beschuldigen, auszugrenzen, zu verdammen, zu beschämen, zu urteilen und dadurch Trennung und Überlegenheit zu schaffen.

Jesus erkannte dieses Problem; wir brauchen uns hierfür nur die Erzählung vom blind geborenen Mann anzusehen (Johannes 9). In dieser wollten seine Jünger von ihm wissen, welche Sünde dessen Blindheit verursacht habe – die seiner Eltern oder seine eigene. In der damaligen Kultur wurde angenommen, dass man Sünden erben kann oder dass sie einer gewissen Gruppe oder Kaste von Menschen zu eigen sind. Dieses Missverständnis rechtfertigt bis zum heutigen Tag Vorurteile und Hassgefühle in der Menschheitsgeschichte. In meiner eigenen Heimatstadt gibt es immer noch religiöse Gruppen, die mit Plakaten demonstrieren, auf denen geschrieben steht: Gott hasst Schwuchteln.

Wir müssen den Begriff der Sünde von Verachtung und Ausgrenzung befreien und ihn durch Erleuchtung erlösen. Denn wenn uns dies nicht gelingt, dann bleiben wir in geradezu gefährlicher Weise unwissend gegenüber unserem eigenen Potenzial für das Böse. Bislang wird Sünde meist so interpretiert, dass Gott böse auf uns ist, weil wir etwas falsch gemacht haben. Das macht es so schwer, den Begriff neu zu deuten. Und solange Menschen glauben, im Namen Gottes zu sprechen, und andere dadurch bestrafen und beschämen, wird es ein gefährliches Wort bleiben.

**Was kommt dir in den Sinn,
wenn du das Wort »Sünde« hörst?**

Das Geschenk anbieten

In der Eucharistiefeier werden Brot und Wein von Menschen zum Altar gebracht, dort gesegnet und anschließend unter allen verteilt. Diese Bewegung macht deutlich: Was immer wir bereit sind zu geben, wird uns vom ewigen Christus zurückgegeben. »Was immer der Menschwerdung angeboten wird, findet zur Erlösung«, sagten einige der frühen Kirchenväter.

Alle Eltern verstehen das. Glücklich und voller Stolz hängen sie die erste Zeichnung ihres Kindes an den Kühlschrank, damit alle sie sehen können. Das Kind erfüllt dies mit Befriedigung und Stolz. Es ist wahrscheinlich kein van Gogh, doch es geht dabei auch nicht um die Perfektion des Bildes, sondern um die Absicht des Kindes, seinen Eltern ein Geschenk zu machen. Dies macht es zu einem sakramentalen Moment. Ebenso möchte auch Gott uns beschenken. Wir jedoch verweigern täglich diese Sakramente, weil wir stattdessen auf Perfektion und Zauberei hoffen.

Wie sehe ich meinen Platz in dieser höchsten Wirklichkeit Gottes?

Kann ich mir vorstellen, dass ich auf immer von seiner endlosen Liebe umfangen bin?

Die heilige Wunde

Du wirst verwundet werden! Und deine Aufgabe besteht darin, Gott und Gnade in deinen Wunden zu finden. Deshalb sagte Jesus zu Thomas: »Streck deinen Finger aus – hier sind meine Hände! Streck deine Hand aus und leg sie in meine Seite« (Johannes 20,27). Thomas hatte versucht, das Problem rational zu lösen, so wie Männer dies nun einmal gewohnt sind. Jesus aber zwang ihn durch unmittelbaren Körperkontakt zur Berührung mit dem Schmerz. Indem er ihn mit dem Schmerz konfrontierte, erweckte er in Thomas die Fähigkeit für Mitgefühl und brachte ihn sehr wahrscheinlich auch in Kontakt mit seinem eigenen verleugneten Schmerz. Tiefe Heilung kann niemals auf abstrakter, sondern nur auf körperlicher und emotionaler Ebene geschehen.

Jesus wollte von Thomas, dass dieser die gesamte Tragödie des menschlichen Lebens in seinem eigenen Körper erfährt, um zu erkennen, dass es sich dabei eigentlich um keine Tragödie handelt. Wenn uns diese Erkenntnis zuteilwird, können unsere Wunden zu heiligen Wunden werden. Das ist das Muster jeder wirklichen Verwandlung auf dem christlichen Weg der Gnade. Der Weg zur Heilung führt mitten durch die Wunde.

Was ist meine Wunde?
Kann mich diese zur Weisheit führen?

Die Wunden des Lebens

Ein Mann, der als Junge initiiert wurde, kann sich später an diese frühen Verletzungen zurückerinnern und dies kann ihn darin unterstützen, die unvermeidbaren Wunden und Niederlagen seines weiteren Lebens durchzustehen und zu integrieren. Er hat erfahren, dass er Teil eines größeren Ganzen ist, dass er nicht allein und auch nicht der Einzige ist, der sich der Härte des Lebens stellen muss.

Da Männer heutzutage nicht mehr initiiert werden, können sie ihre Verwundungen nicht mehr als Bestandteil eines größeren Ganzen erkennen. Sie jammern nur, werden depressiv und verlieren jegliche sakrale Perspektive. Die Folge sind Neurosen, Zornausbrüche und Gerichtsverfahren, die unsere moderne säkulare Kultur von innen heraus zersetzen.

Wenn wir hingegen unsere Wunden als Lehrer akzeptieren, dann können sie uns zur Weisheit führen.

**Wie wurde mir beigebracht,
mit meinen Wunden umzugehen?**

Das Leben ist nicht gerecht

Das Leben ist nicht gerecht. Egal, ob du dich gut verhältst oder auch nicht, es gibt kein Rezept für permanenten Erfolg, keine Formel, die dir versichern könnte, dass alles in deinem Sinne geschehen wird. Wir tun weder uns selbst noch anderen einen Gefallen, wenn wir absolute Fairness erwarten – *was nicht heißen soll, dass wir nicht daran arbeiten sollten!*

Die Armen und Ausgegrenzten erfahren dies bereits viel früher. Sie sind vielleicht fatalistisch, doch sie sind auch realistisch, und deshalb sind sie oft weit glücklicher als die Reichen. Deshalb sagte Jesus: »Gesegnet sind die Armen« (Lukas 6,20). Ihr Leben hat ihnen das Verständnis und die Akzeptanz der Tragik vermittelt, die dem Leben innewohnt. Wir hingegen, mit unserer überzogenen Anspruchshaltung, müssen dies erst noch auf die harte Tour lernen – wenn wir es überhaupt lernen. Wohlhabende Menschen sind oft unglücklich, ärgerlich und wütend, weil sie die Eventualitäten des Lebens nicht unter ihre Kontrolle bringen.

Wann habe ich zum ersten Mal verstanden, dass das Leben nicht fair ist?

Der Ruf nach Gerechtigkeit

Der Ruf nach sozialer Gerechtigkeit ist in der Botschaft des Evangeliums unüberhörbar. Doch viele von uns hören ihn nicht, da wir selbst nicht benachteiligt und verfolgt werden. Als weiße und bürgerliche Männer leben wir in einem Imperium, in dem wir die Worte von Jesus ganz anders verstehen, als es arme, unterdrückte, versklavte und ausgegrenzte Menschen tun – zu denen übrigens auch die ersten Zuhörer Jesu zählten.

Für jüdische Propheten und ebenso für Jesus galten gerade verfolgte Menschen als diejenigen, die spirituell am gelehrigsten waren. Jesus sagte: »Selig seid ihr, wenn ihr um meinetwillen beschimpft und verfolgt und auf alle mögliche Weise verleumdet werdet« (Matthäus 5,11). Die ersten Menschen, die das Evangelium vernahmen und sich davon angesprochen fühlten, wussten von ihrer Bedürftigkeit und Leere und ebenso von ihrer Sehnsucht nach wirklicher Befreiung. »Erlösung« war anfangs nicht nur spirituell gemeint. Wir müssen Zugang finden zu den eigenen abgelehnten und furchtsamen Teilen in uns selbst. Und vor allem muss jeder von uns zumindest einen bedürftigen und armen Menschen unterstützen – denn sonst werden wir nie die wahre Bedeutung des Evangeliums verstehen.

**Wann kann ich am besten erkennen,
wie bedürftig ich wirklich bin?**

**Bin ich bereit, mich an diesen Ort
der Bedürftigkeit zu begeben?**

Soziale Sünde

Es fällt uns schwer, soziale Sünden wahrzunehmen, denn wir wurden nicht darin unterwiesen, unsere Komplizenschaft mit dem institutionellen Bösen – das, was Johannes Paul II. als »strukturelle Sünde« bezeichnete – zu erkennen. Es ist weit einfacher, sich über ein paar schmutzige Gedanken aufzuregen und zu beichten, dass man mit seiner Frau ungeduldig war – und das war's dann. In den ersten zweitausend Jahren des Christentums befassten sich die Predigten vor allem mit den persönlichen und nicht den sozialen Sünden der Menschen. Mittlerweile jedoch erkennen wir, dass wir schädliche Dinge tun, weil wir Teil sündiger Systeme, Kulturen und Institutionen sind.

Solange wir nur die Auswirkungen und Symptome dieser sündigen Systeme kurieren, können wir uns als nette Christen fühlen. Indem wir den Benachteiligten dieses Systems helfen und ihnen Trost spenden, stellen wir das System selbst noch nicht infrage. Die meisten Christen bevorzugen Wohltätigkeit vor Gerechtigkeit. Wenn du willst, dass niemand zu deinen Vorträgen in die Kirche kommt, musst du nur das Wort »Gerechtigkeit« in den Titel setzen!

> Gibt es »strukturelle Sünden«
> in meiner Familie, Arbeit, Kirche
> oder Gemeinschaft?

Spiegelneuronen

Eine Möglichkeit, uns als privilegierte Männer von unseren Illusionen zu befreien, besteht darin, Empathie für die Welt zu entwickeln. Wir bitten Gott darum, dass wir nicht nur theoretisch, sondern auch emotional und körperlich erfahren mögen, was es bedeutet, machtlos, unterdrückt und ausgegrenzt zu sein.

Wenn ein Kind von seinen Eltern Liebe gespiegelt bekommt, dann entwickelt es Spiegelneuronen in Gehirn und Körper. Dadurch kann es einfacher mit anderen mitfühlen. Manche Menschen können die Gefühle anderer Menschen nicht fühlen, ein Zustand, der im schlimmsten aller Fälle Soziopathen und Psychopathen hervorbringt. Wenn du selbst diese Spiegelung als Kind nicht erfahren hast und dadurch nur schwer Zugang zum Schmerz anderer findest, dann empfehle ich dir, täglich einige Zeit Jesus am Kreuz zu betrachten. Denn es ist möglich, auch noch später im Leben Spiegelneuronen zu entwickeln. Der Prophet Sacharja verkündete: »Und sie werden auf den blicken, den sie durchbohrt haben. Sie werden um ihn klagen, wie man um den einzigen Sohn klagt; sie werden bitter um ihn weinen, wie man um den Erstgeborenen weint« (Sacharja 12,10).

Was kann ich tun, um Zeugnis abzulegen vom Leid der Welt?

Die Grenze zwischen Freude und Leid

Je tiefer wir in das Mysterium von Christus eintauchen, desto durchlässiger wird die Grenze zwischen Freude und Leid, zwischen den Tränen der Freude und den Tränen der Traurigkeit. Für einen Mann, der sein Herz Gott geschenkt hat, gibt es am Ende nur noch eine Frage: »Erfülle ich Gottes Willen?« (Anders ausgedrückt: Helfe ich Gottes Menschen?)

Ob die Antwort darauf Glück oder Traurigkeit in uns auslöst, ist dann nicht mehr von Bedeutung. Darin liegt das Paradox unseres Glaubens: dass wir Freude empfinden können, wenn wir tief greifend mit oder für andere leiden, und dass wir Traurigkeit empfinden, wenn wir uns vom Schmerz der anderen abwenden und nicht daran teilhaben.

Was hat in letzter Zeit Leiden
in meiner Seele bewirkt?

Nur Liebe und Gnade

Indem wir Menschen beschuldigen oder beschämen, können wir nicht deren Veränderung bewirken. Wir bewirken nur, dass sie entweder wie gelähmt sind oder mit passiv-aggressivem Verhalten reagieren oder zum Gegenschlag ausholen.

Es ist für mich, der ich seit vierzig Jahren Priester bin, schon sehr verblüffend, dass die Kirche dies bis zum heutigen Tage nicht verstanden hat. Gott jedoch weiß es und er ist es, der die Menschen in positiver Weise motiviert und so vor Gegenschlägen bewahrt.

Menschen beschuldigen und beschämen andere, um sie gefügig zu machen (und sogar Geistliche gehen dabei wie Polizisten vor!). Ein erzwungenes Wohlverhalten hält jedoch – wenn überhaupt – nicht lange an, denn die Seele bleibt davon unberührt. *Nur Liebe und Gnade berühren die Seele, nicht Angst, Schuld und Scham.* Angst, Schuld, Scham und Zwang sind die schwachen Werkzeuge des Egos gegen das Ego – und daher sind sie nur bei egoistischen Menschen wirksam.

Wurden Beschämung und Beschuldigung angewandt, um von mir Wohlverhalten zu erzwingen?

Habe ich selbst bewusst Scham und Schuld in anderen ausgelöst?

Diese unvollkommene Welt

Auf dem spirituellen Weg geht es um Selbsterkenntnis. Daher müssen wir bereit sein, Fehler zu machen. Dies ist unerlässlich und bringt unser Wachstum als Mann voran, »damit wir zum vollkommenen Menschen werden und Christus in seiner vollendeten Gestalt darstellen (Epheser 4,13). Der Grund, weshalb wir sündigen und leiden, ist nicht, weil wir schwach oder böse sind, sondern weil wir menschlich sind. Es wimmelt überall von Sünden, doch zugleich ist Gnade so reichlich vorhanden, dass sie das letzte Wort hat (Römer 5,21). Wir sollten nie vergessen, dass *Gott das Böse für seine eigenen Zwecke benutzt.* Gott benutzt die Unvollkommenheit, um wahre göttliche Vollkommenheit zu erzielen; Gott bedient sich der Schwäche, um Stärke hervorzubringen (2 Korinther 12,10). Gott bedient sich der Menschen, um Söhne und Töchter Gottes zu schaffen.

Mensch zu sein heißt, unvollkommen und begrenzt zu sein. Wir sind auf einer immerwährenden Reise der Veränderung. Eine reife Spiritualität verleiht uns die Fähigkeit, freudvoll in einer unvollkommenen Welt zu leben. Die unvollkommene Welt ist nun mal die einzige, die wir haben. Und wenn Gott unvollkommene Menschen nicht lieben würde, dann hätte er überhaupt niemanden zum Lieben.

Wie reagiere ich auf meine eigenen Fehler?

Was frustriert mich am meisten am Menschsein und an der Unvollkommenheit?

Unterseeboote

Fehler sind für sich betrachtet nicht schlimm; zu Problemen werden sie erst dann, wenn wir aus ihnen nicht lernen und uns weigern, erwachsen zu werden. Wenn wir die gleichen Fehler mit fünfzig machen, die wir bereits mit zwanzig gemacht haben, dann läuft etwas schief. Deshalb brauchen wir Lehrer, Mentoren, Impulsgeber und Vaterfiguren.

Wir wurden leider nicht darin unterstützt, unsere eigene innere Autorität in einem Prozess von Versuch und Irrtum zu entwickeln. Deshalb sind wir auch oft nicht dazu bereit, die Konsequenzen unseres Verhaltens zu tragen, und begehen immer wieder die gleichen Fehler. Erst wenn wir unsere Verhaltensmuster beobachten, benennen und offen eingestehen, gelangen wir zu einer gesammelten inneren Autorität, die wir auch Reife nennen können.

Strukturen hingegen, die auf äußerer Autorität, Zwang und Strafe basieren, bringen Männer hervor, die Experten im Vortäuschen, Verstecken und Verleugnen sind. In solchen Systemen ist nicht Selbsterkenntnis, sondern Wohlverhalten das Ziel. Das wahre Selbst geht dabei in den Untergrund und taucht Jahre später in getarnter und destruktiver Form wieder auf. Wir sprechen in diesem Zusammenhang von »Unterseebooten«. Jeder, der im Gefängnis, in der Armee, einem Internat oder auch in einem Priesterseminar war, kann davon Bände erzählen.

**Mache ich heute noch die gleichen Fehler
wie vor vielen Jahren?**

**Neige ich dazu, Fehler abzustreiten,
anstatt sie zu benennen?**

So-Sein

Wir sollten unsere Zeit nicht mit Konzepten und Abstraktionen darüber vergeuden, was das einzigartige Mysterium in allem göttlichen Handeln ist. Johannes Duns Scotus lehrte uns Franziskaner, dass Gott nur Individuen kreiert. Kategorien und Universalien existieren nur als Worte und in unserer Vorstellung. Alles, was existiert, existiert in seinem »So-Sein« und Gott unterstützt jedes einzelne Ding seiner Schöpfung durch die aufmerksame Betonung seiner Einzigartigkeit.

Es ist daher nicht verwunderlich, dass sowohl der jesuitische Poet Gerard Manley Hopkins wie auch der amerikanische Prophet Thomas Merton sich selbst als »Scotisten« bezeichneten. Hopkins gab in seinem Gedicht »Wie Eisvögel Feuer fangen« die gelungenste poetische Beschreibung dieses »So-Seins«, die ich mir vorstellen kann:

Tut jedes Ding auf Erden ein und dasselbe Ding:
Verteilt das Wesen eigenwohnt in jedem;
Selbstet – wird sich selbst; mir selbst spricht es, bespricht,
Verlautet Das was ich tu ist ich: drum bin ich hier.
Ich sage mehr: der Mensch gerechtet;
Hält Segen: das hält all sein Tun im Segen;
Macht vor Gottes Aug, was in Gottes Aug er ist –
Christus. Denn Christus spielt in zehntausend Flecken,
Köstlich in Gliedern, köstlich in Augen seinen nicht,
Dem Vater durch die Züge vom menschlichen Gesicht.

Gerard Manley Hopkins

Wie bediene ich mich Verallgemeinerungen, um dadurch das Besondere zu nivellieren, das Gott mir oder jemand anderem zukommen lässt?

Keine einfachen Antworten

Erwachsen zu sein bedeutet, sich selbst vertrauen zu können. Mit einem gereiften Blick schaut ein Mann auf die Fehler zurück, die er machte, auf die falschen Entscheidungen, die er traf, und auf all die unzähligen kleinen und großen Niederlagen, die er erlitten hat. Wenn er sich selbst und all das, was er von seinen Erfolgen und seinen Niederlagen lernte, annehmen kann, beginnt er zu verstehen, dass es keine einfachen Antworten gibt. Die meisten Gelehrten stimmen darin überein, dass junge Männer zu dualistischem Denken neigen und auf ihrem Reifungsweg schließlich zu einem nicht dualistischen Denken gelangen. Es ist der Weg vom reinen Fach- und Faktenwissen hin zu einer Synthese, die wir Weisheit nennen können.

Gott weigert sich oft, uns Antworten zu geben. Vielleicht weiß er, dass es keine einfachen Antworten gibt. Gott weiß aber auch, dass er selbst unsere Fehler in etwas Gutes verwandeln wird. Und anstatt uns einfach Antworten zu geben, ruft er uns zur Gemeinschaft.

Was erwarte ich mir tatsächlich von Gott?

Erwarte ich mir einfache Antworten?

Bin ich mir bewusst, dass Gott glücklich darüber ist, dass ich existiere?

Das größte Paradox

Das größte Paradox auf dem spirituellen Weg besteht darin, dass wir nicht durch unsere Erfolge, sondern durch unsere Niederlagen Weisheit und Liebe erlangen. Der heilige Paulus sagte: »Wenn ich schwach bin, bin ich stark.«

Diese anscheinend paradoxe Situation bringt genau diese innere Leere hervor, die Gott liebend gerne füllt, wenn wir nur dazu bereit sind. Es ist unsere Not, die uns suchen, sehnen, vertrauen, hoffen und nach Gott verlangen lässt. Sie lässt uns erkennen, dass Gott der Gebende ist und wir die Empfangenden; selbst wenn wir immer dazu aufgerufen sind, unseren ernsthaften, wenn auch begrenzten Beitrag dazu zu leisten.

Gott eilt herbei, um jede Leere, jedes Sehnen und Verlangen in uns zu füllen. Du kannst ihm keine Vollkommenheit anbieten, denn er weiß, dass es diese nicht gibt. Jesus machte dies in seiner überraschenden Interpretation der Geschichte vom Pharisäer und dem Steuereintreiber deutlich. Während sich der Pharisäer als rechtschaffener Mann zeigt, erweist sich der Steuereintreiber als ein reuiger Sünder. Letzterer aber ist es, der von Jesus als der Gerechte bezeichnet wird. Das ist vom Standpunkt jeder institutionalisierten Religion aus betrachtet mehr als erstaunlich.

Welche Anerkennung habe ich durch mein Scheitern und mein Leiden von denen erhalten, die mich kennen?

Weisheitssuche

Ein spiritueller Mann wird sich immer zu Gebeten, zu Meditation oder Kontemplation hingezogen fühlen – zu dem also, was die großen Traditionen die *Weisheitssuche* nennen. Ohne diese wird sich seine »Festplatte« auch kaum verändern. Diese neue Sichtweise macht es ihm möglich, alleine ebenso glücklich zu sein wie gemeinsam mit anderen. Sie befähigt ihn dazu, mit dem Paradox und dem Mysterium des Lebens umzugehen, sich mit dem menschlichen Leiden verbunden zu wissen und sich zugleich unabhängig zu machen vom Einfluss der Massen.

Wir werden wirklich zu anderen Menschen, anstatt nur Treueschwüre zu leisten. Wir scheinen in einer anderen Welt zu leben, in der wir zwar zutiefst mit den Menschen verbunden sind, zugleich jedoch völlig zufrieden und unabhängig von ihnen. Gebete sind daher nicht nur fromme Übungen, die wir gelegentlich verrichten, um Gott zufriedenzustellen. Sie sind Ausdruck eines völlig anderen Bewusstseins, geschaffen durch den Geist, der in und durch uns – und oft auch *trotz* uns – atmet und hofft und liebt. Es ist, als ob wir mit ganz anderen Augen und einem neuen Herzen ausgestattet würden.

Wenn ich auf die vergangenen zehn Jahre meines Lebens zurückblicke – wann hat sich wahre Religion in meinem Leben vollzogen?

Vater des Glaubens

Ein Mann, der die Konventionen akzeptiert, die Karriereleiter emporsteigt und sich dem Mythos von Erfolg, Geld und Macht verschreibt, wird zum tragischen Helden einer Kultur der Konformität. Meist sind es die Männer in ihren Zwanzigern und Dreißigern, die emsig damit beschäftigt sind, die Erwartungen ihrer Kultur zu erfüllen. In diesem Alter wissen viele Männer noch gar nicht, wer sie eigentlich sind. *Sie wissen nur, wer sie sein sollen und was sie tun sollen.* Diese Erwartungshaltung kann wie eine Falle sein, der sie für den Rest ihres Lebens zu entkommen versuchen.

Abraham gab sein Land, seine Familie, Besitz und Ansehen auf: »Zieh weg aus deinem Land, von deiner Verwandtschaft und aus deinem Vaterhaus in das Land, das ich dir zeigen werde« (Genesis 12,1). Er war bereit, auf die subversive Stimme Gottes zu hören, worauf sich heute kein westlicher Mann mehr einlassen würde. Drei der großen Weltreligionen berufen sich auf Abraham als ihren Glaubensvater, doch die meisten Gläubigen stimmen mit seinem Weg nicht überein.

Tue ich immer noch das, was mir andere sagen?

Höre ich die Stimme Gottes?

Habe ich mich auf eine Reise begeben, die der von Abraham ähnelt?

Der Weg ist das Ziel

Um die subversive Natur des spirituellen Rufes Gottes zu verstehen, müssen wir nur auf Abraham blicken. Er begab sich von der Sicherheit in die Unsicherheit, vom Wissen zum Nicht-Wissen. Er ließ alles hinter sich, um das zu tun, was die göttliche Stimme ihm befahl, die ihm Söhne so zahllos wie die Sandkörner am Meer und die Sterne am Himmel versprochen hatte.

Doch Abraham starb, bevor sich dieses Versprechen erfüllte. Fragte er sich manchmal, ob es dies alles wert war? Nannte er sich selbst einen Dummkopf oder Versager? Er hatte offensichtlich eine andere Vorstellung von Erfolg. Er setzte sein Vertrauen in die Reise selbst, nicht nur in das erhoffte Ziel. Heute würden wir sagen, dass er dem Prozess mehr vertraute als dem Ergebnis. Der Glaube ist immer eine Möglichkeit zur Erleuchtung in diesem Augenblick. Er sollte uns nicht nur als Eintrittskarte in den Himmel dienen.

Wie fühle ich mich bei der Vorstellung, dass ich vielleicht sterben könnte, bevor ich die Belohnung erhalte, auf die ich hoffe?

Schwitzhütte

Der beste Weg aus Selbstmitleid und der Beschäftigung mit belastenden Gefühlen besteht in der Erkenntnis, dass wir Teil einer langen Menschheitsgeschichte und einer evolutionären Zukunft sind, die uns mit allen Menschen dieser Welt verbinden. Dies führt zu einem Gefühl der Solidarität mit allen Frauen und Männern, die gerade jetzt leiden, die noch leiden werden und die vor uns gelitten haben.

Ich habe an einigen indianischen Schwitzhüttenzeremonien teilgenommen. Dabei werden achtundzwanzig heiße Steine in die Hütte gebracht, die den weiblichen Zyklus symbolisieren. Gemeinsam sitzen wir nackt zusammen in dem heißen Dampf und beten für unsere Vorfahren, für die Menschen, die jetzt leben ebenso wie für die Kinder und Enkelkinder, die noch kommen werden. Es ist wie eine Taufe, eine brutal ehrliche Beichte und eine intime Kommunion mit Brüdern – und das alles zur gleichen Zeit. Männer haben Respekt vor solch einem Ritual, denn es ist echt. In vielen Reservaten ist das Schwitzhüttenritual der erfolgreichste Entzug für Süchtige. Die Kirche sollte von den Ureinwohnern lernen, was Sakramente wirklich sein können.

Kann ich Menschen benennen,
mit denen ich mein Leid teile
und deren Leid ich teile?

Veränderung versus Verwandlung

Es gibt einen Unterschied zwischen Veränderung und Verwandlung. Veränderung geschieht, wenn etwas Altes endet und Neues beginnt. *Verwandlung geschieht, wenn wir uns im Prozess der äußeren Veränderung innerlich verändern.* Wir sollten uns bewusst darüber sein, dass geplante Veränderungen für das Ego sogar noch beschwerlicher sind als ungeplante Veränderungen. Dafür müssen wir uns nur anschauen, wie gerne wir Autoritäten hassen, die Gesetze erlassen. Unser Ego sucht nach Wegen, um Veränderungen so weit wie möglich zu vermeiden und am entschiedensten dann, wenn ein anderes Ego diese anordnet.

Auch Gott fordert unsere Veränderung. Es sind oft gerade die unvermeidlichen Veränderungen, die wir als »Gottes Taten« bezeichnen, und diese können mehr als alles andere zu einer wirklichen Verwandlung führen. Denn wenn andere unsere Veränderung wollen – sei es unser Partner, die Regierung, die Kirche oder unsere Nachbarn –, ruft dies umgehend den Widerstand unseres Egos hervor und wir verteidigen uns, schreien und widersetzen uns. Jean Vanier, der Gründer der internationalen Gemeinschaft *Arche*, sagte einmal, dass die meisten Menschen im Westen zwei Wunden haben: die eine betrifft ihre Sexualität und die andere ihr Verhältnis zu Autoritäten. Meiner eigenen Erfahrung nach trifft dies zu.

Was war die letzte Veränderung,
gegen die ich mich mit Händen und
Füßen gewehrt habe?

Befreiung aus dem Spiegelkabinett

Bekehrung kann als der Prozess der Desillusionierung unseres kleinen, getrennten Selbst bezeichnet werden und als die Erkenntnis, wie ängstlich und bedürftig dieses in Wahrheit ist. Der einzige Weg zur Befreiung von Angst und Unsicherheit besteht darin, unsere Anhaftung zu durchtrennen an das, was wir 1. meinen zu sein, 2. wer wir sein müssten und 3. wie die anderen uns wollen. Diese Anhaftungen formen ein Kabinett voller verzerrender Spiegel, die nichts erhellen.

Der einzige Weg, der aus diesem Kabinett herausführt, ist, den einen wahren Spiegel zu finden, der uns mit Verständnis ausleuchtet und uns zeigt, warum wir die Dinge so tun, wie wir sie tun. *Der Eine, der alles versteht, kann auch alles vergeben. Deshalb ist Vergebung die Angelegenheit Gottes.* Der heilige Franz von Assisi sagte: »In Gottes Augen bin ich der, der ich bin – nicht mehr, aber auch nicht weniger.«

Wie ist mein derzeitiger Grad von Angst und Unsicherheit?

Was sagen diese Angst und Unsicherheit über die Anhaftungen in meinem Leben aus?

Was wir bereits wissen

Das Beste, was wir als Lehrer, Gläubige, Freunde, Eltern und Liebende tun können, ist, Menschen dabei zu helfen, zu ihrer *spirituellen Intuition* zu finden und dieser zu vertrauen. Dieser innere Ort ist das, was Christen als die allgegenwärtige Präsenz des Heiligen Geistes erfahren, wenn sie voller Vertrauen »Abba« oder »Papa« rufen (Galater 4,4–7) – den Namen ihres Vaters. Diese innere Stimme kennt die Wahrheit und weiß, dass wir sowohl Sohn als auch Erbe Gottes sind! Dies ist fast zu schön, um wahr zu sein, und deshalb warten und hoffen wir auf jemanden, der uns diese Ahnung bestätigt.

Gott hat in jedem von uns die Wahrheit gesät und es ist unsere Aufgabe als Mensch, sich dies gegenseitig zu bestätigen. Wir sind nicht allein; Gott bietet uns sein Geleit an und führt uns zur Wahrheit in unserem Inneren. Es ist an uns, dieser zu vertrauen. Wer zu viel Wert auf äußere Autoritäten legt, neigt dazu, diese tiefste und wahrste innere Stimme, die immerzu »Abba« ruft, zu ignorieren.

Wann habe ich meiner Intuition misstraut?

Wann habe ich ihr so weit vertraut, dass ich ihr entsprechend gehandelt habe?

Country-Club Religion

Auf einer frühen Stufe der Religion geht es mehr um Zugehörigkeit und Glauben als um Transformation. Wenn dies jedoch die bestimmenden Motive bleiben, können wir unser Bedürfnis nach Wachstum und Heilung nicht erkennen und unsere spirituelle Neugier nicht entdecken. Wenn wir es erst einmal den Ansprüchen einer Gruppe gestatten, an die Stelle des eigenen inneren Lebens und der persönlichen Suche zu treten, dann geht es uns fortan nur noch um Zugehörigkeit. In den vergangenen Jahrhunderten war der Kirche der Gottesdienstbesuch ihrer Gemeindemitglieder wichtiger als eine Veränderung ihrer Lebensweise. Statuten der Mitgliedschaft und Bestrafungen standen weit mehr im Zentrum als die Botschaft Jesu, das eigene Leben zu ändern.

Die Fragen nach Mitgliedschaft führen zu endlosen Diskussionen darüber, wer dazugehört und wer nicht, wer recht hat und wer nicht, wer Gottes wert ist und wer nicht. Unser Ego trifft unablässig solche Unterscheidungen und genießt es, sich als wichtig und überlegen zu fühlen und sich als Teil einer Gruppe zu fühlen, die sich durch Ausschluss anderer definiert. Die Kirche wird so zu einem geschlossenen Country-Club und ihre Mitglieder entwickeln ein unberechtigtes Gefühl von Überlegenheit. Deshalb ging Jesus immer auf die Menschen am Rande zu: auf die Behinderten, die Sünder, die Ausgeschlossenen.

Wie viel meines Lebens basiert auf der Zugehörigkeit zu einer besonderen Gruppe von Menschen?

Wie viel meines Lebens besteht in einer wirklichen inneren Veränderung?

Kümmere dich um deine eigenen Angelegenheiten!

Wir wollen von Menschen geführt und begleitet werden, die erkannt haben, dass Gott durch Schmerzen wirkt, und die niemandem dafür die Schuld geben. Menschen, die nicht verbittert sind, sondern wissen, dass alles, was geschieht, Gottes Gnade ist. Wir sehnen uns nach Menschen, die, wie Jesus am Kreuz, Erfahrung darin haben, den Schmerz zu verwandeln. Sie sind die einzigen spirituellen Lehrer, die es wert sind, dass wir ihnen folgen. Die anderen reden nur.

Wirkliche spirituelle Autoritäten sagen nicht einfach »Das musst du glauben« oder »So kommst du in den Himmel« oder »Ich weiß, was Gott von dir möchte«. Denn niemand außer Gott kann dies wissen. Nur das Ego würde sich mit solch oberflächlichen Antworten zufriedengeben; die Seele hingegen ist von solchen Antworten gelangweilt und beunruhigt.

Die Nonnen, die mich in meiner Kindheit in Kansas unterrichteten, verkündeten ein elftes Gebot für uns im Klassenzimmer: »Kümmere dich um deine eigenen Angelegenheiten!« Es braucht viel inneres Wachstum, Gnade und Verwandlung, um nicht Entscheidungen für Gott oder andere Menschen treffen zu wollen.

Wann habe ich mich zuletzt in Gottes Angelegenheiten gemischt?

Schrott-Religion

Jesus und der Buddha sagten ihren Anhängern deutlich, *dass Leben Leiden mit sich bringt und dass wir dies nicht verhindern können.* Jeder Mensch trägt seine Schmerzen in einer Art großen schwarzen Tasche mit sich, die schwerer wird, je älter wir werden. Sie ist gefüllt mit all den Zurückweisungen, Vertrauensbrüchen, Enttäuschungen und Verletzungen, die uns auf unserem Weg begegnen. Es wäre gut zu wissen, was wir mit diesem Ballast tun können, denn er wird von selbst nicht weniger werden. Frauen reden meist darüber, das kann manchmal in Klatsch ausarten, oft aber auch zur Heilung führen. Männer neigen dazu, ihren Schmerz zu unterdrücken – oder ihn in den Irak oder an andere Orte zu exportieren, wo sie ihre Feinde vermuten.

Wenn wir keinen Weg finden, mit unserem Schmerz umzugehen, dann werden wir ihn gegen andere Menschen richten oder auch gegen uns selbst. Wir erzeugen Anspannung, Negativität, Misstrauen und Angst, wo immer wir auch sind. Keiner, der dich dazu ermutigt, deinen Schmerz auf andere zu projizieren (Muslime, deine Familie, Homosexuelle ...) oder gegen dich selbst zu richten, hat Wahrheit oder Weisheit erfahren. Wenn deine Religion dich nicht lehrt, Leiden zu erkennen, zu tragen und zu verwandeln, dann ist sie schlicht Schrott.

**Verwandle ich meinen Schmerz
oder projiziere ich ihn einfach auf andere?**

Macht Leiden Sinn?

Im Leiden wird uns die Erkenntnis des Bösen zuteil. Solange wir das Böse nicht fühlen können, stehen wir distanziert und gefühllos abseits und sind unfähig, unsere eigene Komplizenschaft daran zu erkennen. Jesus hat sich nicht gefühllos gemacht und sich auch nicht über den Schmerz gestellt; vielmehr bezeugte er am Kreuz seine völlige Solidarität mit dem gesamten Leid der Menschheit. Es ist Gottes Art, uns in unseren niedersten Momenten beizustehen. Ich weiß nicht, wie oder warum, doch unser Leiden vereint uns mit Gott und allen anderen Menschen – und dadurch auch mit uns selbst.

Die Ironie besteht meines Erachtens nicht darin, dass Gott so heftig fühlt, sondern dass seine Geschöpfe so wenig fühlen. Wenn du nichts findest, was dich zum Weinen bringt, und wenn keine Ungerechtigkeit deinen Zorn erweckt, dann bist du blind und hast den Kontakt zu dir und der Welt verloren. Wir müssen den immensen Schmerz der Menschheit, der Tiere und der Erde selbst spüren, denn dieser ist auch der Schmerz Gottes. Gott fühlt ihn zuerst und dann fühlen wir ihn. Wenn wir bereit dazu sind, den Schmerz gemeinsam mit ihm zu fühlen, dann haben wir Anteil an der Rettung der Welt (lies hierzu den Brief an die Kolosser 1,24–25.)

Welches Leid kann ich in diesem Augenblick in meinem Leben wahrnehmen und benennen?

Vom Hoffen zum Glauben

Für manche Männer hat der Glaube mehr mit Hoffnung als mit Vertrauen zu tun. Sie hoffen darauf, dass Gott wirklich so gut ist, wie ihnen verkündet wurde. Wenn sie jedoch ehrlich sind, dann haben sie sehr wohl Zweifel daran, ob Gott ihnen beisteht und ob er überhaupt gut ist. Und doch – der Wunsch danach ist bereits ein guter Anfang. Wir sollten ihm einfach vertrauen.

Dieser Impuls ist ein Akt der Gnade und sollte nicht unterschätzt werden. Denn er ist der Ausgangspunkt, an dem viele Männer sich auf ihren spirituellen Weg zu einem wahrhaften Glauben machen. Heute hoffst du vielleicht noch und morgen bist du bereits dort und wunderst dich, wie du hingekommen bist. Es ist kein rationaler Prozess, doch ebenso wenig ist er irrational. Es ist ein »trans-rationaler« Weg. Gott selbst pflanzt in dir diesen Wunsch nach dem, was er dir geben möchte. Du stimmst dem irgendwie zu und schließlich geschieht es. Du denkst vielleicht, du hast es getan, doch du weißt zugleich, dass nicht du es warst. Es ist dir geschehen!

Wie würde ich meinen Glauben beschreiben?

Habakuks Haar

Es gibt eine biblische Geschichte von einem eher unbekannten Propheten mit dem seltsamen Namen Habakuk. Dieser war damit beschäftigt, sich einen Eintopf zuzubereiten, ohne dabei auf den Befehl Gottes zu hören, Daniel in der Löwengrube zu speisen. So kam ein Engel des Herrn vorbei, nahm ihn bei den Haaren und trug ihn mitsamt seinem Eintopf zu Daniel. Nachdem dieser gegessen hatte, so steht es im Text, verlor der Engel keine Zeit und brachte Habakuk umgehend nach Hause (Daniel 14,31–42). Es sieht so aus, als ob Habakuk ein eher fauler und widerwilliger Prophet war.

Oft fühle ich mich selbst wie der alte Habakuk, wenn ich mich plötzlich an einem neuen spirituellen Ort befinde und spüre, dass ich wenig dazu beigetragen habe, dorthin zu kommen. Doch je weniger Haare mir bleiben, desto schwieriger wird es wohl für den Engel, mich beim Schopfe zu fassen.

Wann hat Gott mich emporgehoben und mich woanders hingebracht?

Die Macht der Bilder

Der Psychoanalytiker C.G. Jung sagte, dass eine grundlegende Transformation vor allem durch die Präsenz von Bildern ausgelöst wird. Sie allein können das Unbewusste erreichen – mittels einer eindringlichen und heilenden Neustrukturierung der Seele. Dies kann auch durch eine Biografie, ein Lied, ein Theaterstück, einen Film, eine Traumsequenz, eine Skulptur, eine innere Vision oder ein Kunstwerk geschehen. Nach solch einer Begegnung wirst du die Dinge anders sehen. Hunderten von Predigten würde es nicht gelingen, dich an diesen neuen Ort zu bringen.

Ideen und Konzepte verändern uns nicht; sie tragen vielmehr dazu bei, dass wir unserem dualistischen Denken verhaftet bleiben, da wir ständig hin und her überlegen, ob wir mit der Idee, dem Wortlaut, dem Gesagten, dem Sprecher oder dem, *wie* er es sagte, übereinstimmen. Man könnte vermuten, dass der Grund, wieso wir heutzutage 30.000 christliche Religionsgemeinschaften in dieser Welt haben, darin zu finden ist, dass sie alle von Worten abhängig sind. Dabei sollten sie doch eigentlich wissen, dass das »Wort Fleisch geworden ist«.

Und das sage ich, zweifelsohne ein katholischer Kerl, der auch immerzu Worte schreibt! Keines von diesen wird dich erreichen, solange es nicht zu einem inneren Bild wird.

Welche Bilder faszinieren mich und sprechen mich an?

Was drücken diese Bilder aus?

Herausragende Männer

Manche Menschen geben uns das Gefühl, dass sie größer als das Leben selbst sind. Wenn wir auf deren Lebensgeschichte blicken, werden wir feststellen, dass sie an einem entscheidenden Punkt ihres Lebens an die Grenzen der eigenen Möglichkeiten stießen und dadurch Zugang zur wirklichen Quelle erhielten. Sie erlebten einen Zusammenbruch, der wie ein Sterben war. Doch anstatt zusammenzubrechen, brachen sie durch! Anstatt den Tod zu vermeiden, sich an ihm vorbeizumogeln oder ihm zu zürnen, gingen sie durch den Tod ihres früheren Selbst, ihres kleinen Lebens, ihrer Unvollkommenheiten, ihrer illusionären Träume, ihrer Wunden, der Missgunst und der begrenzten Vorstellungen vom eigenen Schicksal.

Da sie den Tod durchschritten haben und neugeboren aus diesem hervorgegangen sind, wissen sie fortan, dass dieser ihnen keinen Schaden zufügen kann. »Was habe ich jemals durch das Sterben verloren?«, fragen sie. Dieser Prozess ist die eigentliche Initiation des Christentums, die in der Taufe bezeugt wird. Wir folgen Jesus in das Grab, um anschließend mit ihm aufzuerstehen. Wir alle sind herausragende Männer und größer als der Tod gedacht. Das sollte die Definition eines jeden christlichen Mannes sein.

Welchen Tod habe ich in mir erfahren und was habe ich daraus gelernt?

Gewichtheben

Der heilige Paulus sagt, dass das Böse und das Leid, das wir tragen, ein bestimmtes Gewicht haben. Ebenso hat auch die Herrlichkeit ihr Gewicht: »Denn die kleine Last unserer gegenwärtigen Not schafft uns in maßlosem Übermaß ein ewiges Gewicht an Herrlichkeit« (2 Korinther 4,17). Ich glaube, dass beide Gewichte für einen Menschen allein zu schwer sind. An diesem Mysterium können wir nur gemeinsam teilhaben. Gott rettet die ganze Welt und nicht nur einzelne Seelen (Johannes 4,42). Die Bibel ist eine Heilsgeschichte und keine private Reiseerzählung.

Paulus spricht auch vom »Leib des Todes« und vom »Leib der Auferstehung«, so als ob wir uns in einem großen Kraftfeld befinden, in dem Jesus der Frontmann von allem ist. Er ist die »corporate identity«, die uns im Mysterium der Verwandlung hält. Wir sind die gewillten (oder auch unwilligen) Teilhaber dieser großen kosmischen Wirklichkeit. Unser bewusstes Ja macht es uns möglich, das Gewicht des Leides zusammen mit dem Gewicht der Herrlichkeit zu tragen. Wir schaffen es nicht alleine, sondern nur gemeinsam »in Christus«, wie Paulus es so oft betont.

**Wann konnte ich das Gewicht
der Herrlichkeit spüren?**

Alltägliche Dankbarkeit

Die Dinge gestalten sich weit öfter positiv als negativ. Unsere Beine tragen uns, wenn wir laufen, unsere Augen lassen uns die Straße vor uns erkennen, unsere Ohren machen es möglich, die Welt um uns herum zu hören. Unsere Körper funktionieren die meiste Zeit so, wie sie es sollen. Deshalb reagieren wir auch so verstört, wenn wir mit Mängeln und Ungerechtigkeit konfrontiert werden. Menschen, die in Armut und Ungerechtigkeit hineingeboren wurden, haben damit weit weniger Schwierigkeiten als wir. Das sollten wir nicht vergessen.

Es ist an der Zeit, innezuhalten und offen und ehrlich auf unser bisheriges Leben zu blicken. Das Leben hat es mit vielen von uns sehr gut gemeint. Wir brauchen deshalb nicht naiv hinsichtlich all des Bösen in der Welt zu sein, doch eine einfache und große Dankbarkeit für all das, was uns geschenkt wurde, ist mehr als angemessen. Die überfließende Fülle der Dankbarkeit verleiht uns die Energie, uns für die einzusetzen, die ein Leben von Entbehrung und Traurigkeit führen.

**Für was bin ich dankbar inmitten
meines erfüllten Lebens?**

Vom Loslassen

Die große innere Reise wurde immer schon an den wichtigen Übergangszeiten des Lebens durch Rituale in heiligen Räumen gelehrt. Dies klärte, destillierte und verkürzte den Transformationsprozess. Die Aufgabe war klar und sie beinhaltete immer ein Loslassen in der einen oder anderen Form.

Da Initiationsprüfungen und heilige Orte in unserer Wohlstandsgesellschaft aus der Mode gekommen sind, haben die meisten Menschen keine Ahnung davon, wie sie über ihre Angst hinauswachsen können, selbst wenn diese sie anstarrt oder sie höflich dazu einlädt, auf der inneren Reise voranzuschreiten. Sie bereiteten nicht »das Paschamahl vor« (Markus 14,16). Die fehlende Vorbereitung auf das Paschamahl – unsere fehlende Bereitschaft zu trauern, unser Unvermögen, das kleine Leben loszulassen und uns selbst einem viel größeren Leben anzuvertrauen – ruft eine Krise nach der nächsten auf den Plan.

Jede wirkliche Spiritualität erfordert das Loslassen. Gott sorgt dafür, dass wir mit Neuem erfüllt werden.

Welche Trauerarbeit leiste ich im Augenblick?

Was musste ich loslassen?

Ein klein wenig sterben

Wenn du dein ganzes Leben damit verbracht hast, deine hart erkämpfte Identität in dieser Welt zu behaupten und zu polieren, dann wird es sich ganz sicher wie Sterben anfühlen, wenn du diese loslassen sollst. Es erscheint dir geradezu absurd. Und solange du noch keinen neuen Ort gefunden hast, wirst du Hunderte von guten Gründen dafür finden, in deine heruntergekommene Wohnung zurückzukehren. Wir leiden lieber am Vertrauten und Gewohnten, anstatt uns bewusst im Loslassen zu üben und voranzuschreiten.

Jeder Schritt, den wir auf Gott zumachen, geht mit dem Verlust von Selbstherrlichkeit und Selbstkontrolle einher. Wir geben Stück für Stück die Kontrolle an einen anderen ab. Dies bringt immer auch den Verlust des Vertrauten mit sich. Schließlich jedoch können wir erkennen, wie gering der Trost des Vertrauten war. Auf uns warten weit größere Aufgaben, Ziele und Freuden. Das können wir aber nur erkennen, wenn wir bereits auf dem Weg zu diesem neuen Ort sind.

Wann habe ich gespürt, dass eine alte Art zu leben in mir starb?

Alte Narren

Viele Männer werden starrsinniger und unbeweglicher, je älter sie werden. Dabei sollten wir doch das dualistische Denken eines zehnjährigen Jungen überwinden und zum nicht dualistischen Denken eines weisen Mentoren gelangen. Älterwerden bedeutet, sich vom Entweder-oder zu einem Sowohl-als-auch-Denken zu entwickeln. Ältere Männer sollten über mehr Geduld, Versöhnlichkeit, Barmherzigkeit und Mitgefühl verfügen als Teenager.

Wenn wir jedoch selbstsichere, selbstgerechte, selbstsüchtige dualistische Denker bleiben, die vor allem in der rechten Gehirnhälfte zu Hause sind, dann können wir keine Brückenbauer und auch keine Botschafter der Versöhnung werden – nicht einmal in unserer eigenen Familie oder unserer Nachbarschaft.

Unsere religiösen Repräsentanten scheinen derzeit nicht an einem wirklichen interreligiösen Dialog interessiert zu sein. Unsere Politiker denken einzig in Gewinn-Verlust-Kategorien, anstatt für das Gemeinwohl zu arbeiten. Und diejenigen, die im Finanzsektor am Steuer sind, leben von horrenden Prämien, während der größte Teil der Welt hungert. Anstatt sich also vom dualistischen Denken wegzubewegen, haben genau die Menschen, die Mentoren hätten werden können, das System dazu benutzt, noch starrer und dualistischer zu werden!

Das Ergebnis ist, dass sich die Gesellschaft zurückentwickelt hat und infantiler geworden ist.

Wie kann ich selbst eine weise Mentorenmentalität entwickeln?

Beide müssen den Weg für Neues öffnen

»Er hob das Gesetz samt seinen Geboten und Forderungen auf, um die zwei in seiner Person zu dem einen neuen Menschen zu machen. Er stiftete Frieden und versöhnte die beiden durch das Kreuz mit Gott in einem einzigen Leib« (Epheser 2,15–16).

Diejenigen von uns, die in Machtpositionen sind und über Einfluss und Autorität verfügen, haben die Aufgabe, die Welt von Ungerechtigkeit und Unterdrückung zu befreien und unsere vielen Vorteile, über die wir in der »entwickelten« Welt verfügen, für die Schwachen einzusetzen. Die Aufgabe der Schwachen und Armen hingegen ist es, uns von unseren Illusionen und unserer Unschuld zu befreien. Sie sind es, die uns Alternativen zum herrschenden Kapitalismus, zu Entertainment und Fortschrittsglauben aufzeigen können.

Manchmal glaube ich, dass die übliche Trennung in Mann und Frau, Ost und West, linker und rechter Gehirnhälfte, liberaler und konservativer Parteien, Weißer und Andersfarbiger zugunsten eines Neuen und Besseren aufgelöst werden müsste. Doch erst wenn wir die Realität des Leibes Christi anerkennen, werden wir dazu in der Lage sein, uns selbst – und damit die anderen – als ganz zu erkennen.

> **Gibt es Menschen in meinem Leben,
> deren Einzigartigkeit ich nicht erkennen kann
> und bei denen ich mir nicht sicher bin,
> dass sie von Gott geliebt werden?**

Kreuzigung und Auferstehung

Die Auferstehung ohne Kreuzigung ist nur die Hälfte der Wahrheit.

Die Kreuzigung ohne Auferstehung ist ebenfalls nur die Hälfte der Wahrheit.

Beide sind auf ewig in einem fruchtbaren Ganzen miteinander verwoben.

Wenn wir das eine ohne das andere haben wollen, zerstören wir das große Mysterium.

Wie habe ich selbst Kreuzigung und Auferstehung erlebt?

Spirit und Spirits

Ist es Zufall, dass in manchen Sprachen das Wort »Spirit« ebenso für Geist wie auch für Alkohol verwendet wird? Was hat der Alkohol, der so viel Leiden verursacht, mit dem menschlichen Geist zu tun?

Hierfür sei daran erinnert, dass in der Transformationsarbeit die Wunde oft der Ort des Durchbruchs ist. Der Ort des Schmerzes ist zugleich der Ort des Versprechens. *Erlösung ist überwundene Sünde.* Selbst im Sakrament der Eucharistie verwenden wir ja Wein. Was Leiden verursachen kann, trägt zugleich Heilung in sich.

Was macht Alkohol mit unserem Körper? Er berauscht uns, führt uns über das Rationale hinaus und droht uns zu vernichten. Eine authentische Gottesbegegnung ist dem sehr ähnlich. Fast alle Mystiker haben von Gott als einem berauschenden und ekstatischen Liebhaber gesprochen. Ein Gotteserlebnis kann gefährlich sein und es kann uns hochmütig machen. Unreife Menschen können süchtig nach Gotteserfahrungen werden und diese für ihre eigenen Ziele missbrauchen. Eine Gotteserfahrung ist transrational und fordert von uns, dass wir die Kontrolle aufgeben.

Ja, der Spirit ist berauschend – aber auf die beste aller Arten.

**An welche Gotteserfahrungen erinnere ich
mich besonders eindrücklich? Weshalb?**

Was ist Seelenarbeit?

Die meisten Christen sehen in der Seele den Teil des Menschen, der ewig ist und entweder in den Himmel oder die Hölle kommt. Das ist aber nicht die ursprüngliche Bedeutung der Seele. Auch Jesus hatte sie so nicht verstanden. Die Seele hatte schon immer mit Tiefe zu tun. Während der Geist nach oben und dem Göttlichen zustrebt, sucht die Seele in der Tiefe der Dinge nach Bedeutung und im Unbewussten und Symbolischen nach der Wahrheit. Die Seele arbeitet mit Träumen, Musik, Geschichten und Poesie. Sie ist unsere innere Blaupause, unsere göttliche DNA, unser wahres Selbst.

Wir haben die Menschen zu oft ermutigt, ihrem Geist in die Höhe zu folgen, anstatt in ihre Seele hinabzusteigen. Die Menschen suchen nach Höhe ohne Tiefe, nach Antworten ohne ehrliche Fragen, Gott ohne das Selbst, Himmel ohne Erde, und streben damit nach einer entkörperlichten Religion. Das ist nicht im Sinne des Evangeliums. Wir sollten uns an das Ziel und das Versprechen von einem »neuen Himmel und einer neuen Erde« (Offenbarung 21,1) erinnern, das am Ende der Bibel verkündet wird. Darin ist nicht die Rede davon, den Himmel von der Erde zu trennen. Selbst im Glaubensbekenntnis ist Jesus erst in die Hölle hinabgestiegen, bevor er auffuhr in den Himmel.

Was ist meine Erfahrung damit,
in die Tiefe der Dinge vorzudringen?

Blut

In der männlichen Spiritualität gibt es kaum ein mächtigeres Symbol als das Blut. Es ist in der Spiritualität und Mythologie allgegenwärtig. Während das Blut für Frauen aufgrund von Menstruation und Geburt mit dem Leben assoziiert ist, erweckt es für Männer meist die Assoziation mit dem Tod, denn es erinnert sie an das Sterben auf dem Schlachtfeld. Es ist daher nicht verwunderlich, dass viele Christen von der Kostbarkeit des Blutes Jesu sprechen und es als die Lebenskraft preisen, die durch uns alle fließt und uns erlöst.

Das Leben wird erst durch eine blutende Wunde wirklich real und auch der Tod erscheint erst echt, wenn Blut fließt. Deshalb ist die spirituelle Sprache sowohl vom Blut als auch dem Schwert fasziniert. Wenn das Schwert das Herz durchbohrt und Blut vergossen wird, enthüllt sich die große Wahrheit und wir können unser wahres Selbst erkennen. Der Preis der Erkenntnis ist zweifelsohne hoch. Um wie viel höher erst der Preis, Gott zu berühren!

Welche Bilder und Vorstellungen tauchen in mir auf, wenn ich Blut sehe oder an Blut denke?

Trink dies!

In Initiationsriten wurden die jungen Männer oft beschnitten, um ihnen die Bedeutung des Blutes zu vergegenwärtigen. Damit wurde ihnen gesagt, dass Frauen bluten, um neues Leben hervorzubringen, und dass nun auch sie an ihrem Fortpflanzungsorgan, das für sie mit Lust, Macht und Männlichkeit assoziiert ist, bluten und Schmerzen erleiden müssen. Eine Frau muss diese intellektuelle Verbindung von Blutvergießen mit neuem Leben nicht erbringen, denn sie erfährt sie natürlicherweise auf der körperlichen Ebene.

Man fragt sich natürlich, ob Christen, wenn sie das »Blut Christi« in der Eucharistiefeier trinken, überhaupt wissen, dass sie damit an einem sehr alten Ritual teilhaben, in dem die Jungen das Blut ihrer Väter und der Ältesten tranken, um zu erfahren, wer sie selbst sind. Danach hatten sie keinen Zweifel mehr daran, wessen Blut durch ihre Adern floss. Deshalb sagte Jesus auch nicht »denk darüber nach« oder »schau dir das an«, und auch nicht »bewundere dies«. Er sagte einfach: »Trink dies!«

Wenn ich mir bewusst werde, dass ich beim Abendmahl die Essenz von Jesus in mich aufnehme, wie beeinflusst dies die Art und Weise, wie ich mit dem Leben umgehe?

Die große Wende

In der gesamten Religionsgeschichte der Menschheit wurde Blut vergossen, um dadurch Gott näherzukommen. Es begann mit Menschenopfern, später folgten Tieropfer und bis in unsere Zeit verschiedene Formen der Selbstkasteiung und Aufopferung. Die Menschen konnten sich einfach nicht vorstellen, wie sie zu einem transzendenten und distanzierten Gott Kontakt aufnehmen könnten, ohne Blut zu vergießen. Die bedauerliche Folge davon ist, dass Gott von der menschlichen Psyche bis zum heutigen Tage als ein Tyrann wahrgenommen wird, wahrgenommen wird, den es zu fürchten und zu besänftigen gilt, und nicht als ein Liebender.

Doch betrachte dir nun die Geschichte von Jesus. Gott/Jesus fordert kein Blut von uns ein, um zu ihm zu gelangen, sondern er vergießt sein Blut, *um zu uns zu gelangen.* Das ist es, was der Verfasser des Briefes an die Hebräer mit dem einen und letztendlichen Opfer meinte. Der ewige Fluss des Lebens zwischen Gott und Menschheit ist durch den Leib Jesu gewährleistet (Hebräer 10,20). Religiöse Opfergaben sind daher nicht mehr länger notwendig. Gott sehnt sich nach uns, Gott vergießt Jesu Blut und Jesus öffnet das Herz Gottes für uns, aus dem Blut und Wasser fließen (Johannes 19,34). Gott lebt und stirbt für seine geliebte Schöpfung.

Was bedeutet es für mich, dass Gott kein weiteres Opfer einfordert?

Tod und Neugeburt

Wer möchte schon sterben? Auch ich würde Jesus wohl lieber aus der Ferne bewundern, als ihm tatsächlich auf den Berg Golgotha zu folgen. Wir sind wie die ersten Apostel, die sich ihm auf dem Weg immer wieder entgegenstellten. Doch Jesus ließ keinen Zweifel daran: »Wenn das Weizenkorn nicht in die Erde fällt und stirbt, bleibt es allein; wenn es aber stirbt, bringt es reiche Frucht« (Johannes 12,24). Eine ähnliche Aussage haben wir mittlerweile auch in alten Initiationsriten entdeckt.

Wenn du einem spirituellen Lehrer begegnest, der dir verspricht, dass du wiedergeboren und erlöst werden kannst, ohne dich dabei auf die Notwendigkeit des Sterbens und Loslassens hinzuweisen, dann folge ihm nicht.

Jeder Schöpfung und jeder neuen Geburt geht ein Verlust voran. Tod und Leben befinden sich in einer ewigen Umarmung. Um zu vermeiden, Jesus auf seinem Weg zum Tod zu begleiten, war es immer schon die cleverste Strategie, ihn zu verehren. Jesus aber sagte kein einziges Mal »Verehre mich«, sondern er sagte wiederholt: »Folge mir nach«. Und wir wissen sehr wohl, wohin er ging.

**Was geht in meinem Leben
seinem Ende entgegen?
Was wird gerade geboren?**

Das Paradox und der kontemplative Geist

Jede große Religion enthält viele Paradoxa. Ein Paradox ist etwas, das auf den ersten Blick widersprüchlich erscheint. Sobald wir es jedoch von einer anderen Warte aus betrachten oder mit einer veränderten Geisteshaltung, dann stellt es überhaupt keinen Widerspruch mehr dar, sondern enthüllt eine tiefe Wahrheit. Wir Katholiken lieben das Paradoxe: Jesus ist ganz Mensch und zugleich ganz göttlich. Maria ist eine Jungfrau und Mutter. Das Abendmahl besteht aus Brot, das zum Leib Jesu wurde. Gott ist dreifaltig und eins. All dies sind logische Widersprüche und können mit einem dualistischen Denken nicht bewältigt werden. Um Spiritualität verstehen zu können, brauchen wir eine andere Software – ein kontemplatives und nicht dualistisches Bewusstsein. Paulus erblickte die Lösung einfach darin, Spirituelles spirituell zu begreifen (1 Korinther 2,6–16).

Als wir eines Tages damit aufhörten, den kontemplativen Geist zu lehren, bereiteten wir den Boden für die Rationalisierung und Säkularisierung der westlichen Welt. Wir verloren damit unseren einzigartigen Zugang, unseren »neuen Geist« und jegliches alternative Bewusstsein. Wir verordneten den Christen, dass sie diese paradoxen Lehren glauben müssen, ohne ihnen jedoch die geeignete Software an die Hand zu geben, um sie verstehen zu können. Es ist ganz sicher kein Wunder, dass sich der Atheismus vor allem in der westlichen Welt ausbreitete.

Wie gehe ich normalerweise mit einem Paradox um?

Wach auf!

»Als ich ein Kind war, redete ich wie ein Kind, dachte wie ein Kind und urteilte wie ein Kind. Als ich ein Mann wurde, legte ich ab, was Kind an mir war« (1 Korinther 13,11).

Viele Männer mittleren Alters bekennen in der Beichte immer noch die gleichen Dinge, die sie bereits im Alter von zwanzig Jahren bekannten. Sie sind weder in ihrem Selbstverständnis noch in ihrem Gottesverständnis komplexer geworden und werden immer noch von Kindheitskonditionierungen regiert.

Wie kann es sein, dass so viele Männer über gute Ausbildungen und fundierte Erfahrungen in ihren Interessensgebieten verfügen und zugleich immer noch an kindlichen Vorstellungen von Gott, Sünde, Erlösung, Vergebung, Kirche und Liebe festhalten? Unsere Arbeit im Netzwerk MALEs besteht im Versuch, eine erwachsene Religion für erwachsene Männer zu entwickeln – für Männer also, die Partner für ihre Frauen sein können, Väter für ihre Kinder, intelligente und nicht reaktionäre Bürger ihres Landes sowie Gottes Diener für diese leidende Welt.

Wie hat sich mein Verständnis von mir selbst
mit den Jahren verändert?

**Wie hat sich mein Verständnis
von Gott verändert?**

Erwachsener Glaube

Auf dem Weg der Transformation werden wir feinsinniger und differenzierter, je älter wir werden. Wir lernen es, mit unseren eigenen Dämonen umzugehen, und lassen uns von ihnen nicht länger zum Narren halten. Wir lernen es auch, unseren Engeln zu vertrauen, und gestatten es diesen, uns zu führen, zu heilen und zu begleiten. Unsere innere Erfahrung und innere Autorität machen es uns möglich, das Vertrauen in das, was der Papst oder die Bibel sagen, auszubalancieren.

Denn Gott möchte keine Roboter, sondern freie und selbstbewusste Liebende.

Wie hat sich mein Glaube seit meiner Kindheit verändert?

Männer und Natur

In der Bibel fanden die meisten großen Gottesbegegnungen von Männern nicht in Tempeln, geheiligten Stätten, Schulen oder Synagogen, sondern in der Natur statt: Abraham auf der Pilgerschaft, Moses vor dem brennenden Busch, David beim Schafehüten, Johannes der Täufer im Fluss, Jesus in der Wüste für vierzig Tage, Amos beim Stutzen eines Maulbeerfeigenbaums, Paulus auf der Straße nach Damaskus.

Die Natur ist die einzige Macht, die Männern wirklich Respekt einflößt, denn sie wissen, dass diese weit größer und mächtiger ist als sie selbst. In der Natur sind Männer dazu in der Lage, sich zu öffnen, zu weinen, sich hinzugeben, zu vergeben, sich selbst zu entdecken und ekstatische Freude zu erleben. Die Natur ist der Ort, an dem Männer ihre wirklichen Gebete sprechen.

Wo bin ich Gott begegnet?

Natur-Defizit-Syndrom

Mein spiritueller Vater, der heilige Franziskus, war einer der wenigen christlichen Heiligen, der eine starke und unübersehbare Verbindung zur Natur hatte. Der weitaus größere Teil der christlichen Geschichte hat hingegen mit Büchern, Übersetzungen und Universitäten zu tun; mit internen Kämpfen zwischen Akademikern und Akademien; mit Menschen, die sich über die Bedeutung von Worten, über Erlösungstheorien und verschiedene Formen der Anbetung streiten.

Wir leiden an einem ernsten Fall von christlichem NDS – einem Natur-Defizit-Syndrom. Ich bin mittlerweile davon überzeugt, dass einzig die Erde, die wir alle teilen, weise, leidend und göttlich genug ist, Männer wirklich zu verändern.

Geh in die Natur, alleine, sei ruhig, höre ihr lange zu und werde glücklich! »Die Natur ist die erste und vollkommenste Enthüllung des Göttlichen«, sagte Thomas von Aquin. Sie ist die Bibel vor der Bibel. Leider haben wir aufgehört, sie zu lesen.

Wie verbringe ich meine Zeit in der Natur?

**Wie kann ich mich in dieser Zeit bewusster
für die spirituellen Wunder öffnen?**

Nimm dir Zeit!

Verwandlung geschieht nicht nach Zeitplan. Erinnere dich an Jesus in der Wüste: »Als er vierzig Tage und vierzig Nächte gefastet hatte, bekam er Hunger« (Matthäus 4,2). Es braucht seine Zeit, bis man seinen wahren Hunger erkennt. Und ohne eine erfahrene spirituelle Begleitung rennst du ziellos durch dein inneres Chaos. Doch vielleicht besteht gerade darin Gottes Einladung an dich!

Ohne bewusste und intensive Übung kann nichts Neues geschehen. Meiner Einschätzung nach werden wir in den kommenden Jahren von einer reinen Glaubensreligion, die uns außer einer vagen intellektuellen Zustimmung kaum etwas abfordert, zu einer Praxisreligion kommen, in der wir die Dinge selbst erfahren und herausfinden können. Es gibt dann keine Autoritäten mehr, an die man glauben oder gegen die man kämpfen müsste. Jeder übernimmt selbst die Verantwortung für seine spirituelle Reise.

Abgeschiedenheit, Stille, spirituelle Lektüre, kontemplative Praxis, Gehmeditation, Tage alleine in der Natur, Tagebuch schreiben, spirituelle Führung, Männergruppen, ehrenamtliche Tätigkeit außerhalb deiner Komfortzone, die eingehende Beschäftigung mit zumindest einem sozialen Streitthema – das sind die Orte und Situationen, die Männer verändern.

Versuche ich, Verwandlung zu vermeiden und mich mit anderen Dingen abzulenken?

Männliche Archetypen und der ganzheitliche Mann – König, Krieger, Magier, Liebhaber

> In der zweiten Lebenshälfte benötigt ein Mann
> Ehrlichkeit und Demut weit mehr als Heldenhaftigkeit.
>
> Richard Rohr

In nahezu allen Mythologien, heiligen Büchern und auch in der Heiligen Schrift sind vier klassische Bilder für Männlichkeit zu finden. Deren Eigenschaften sind so weit verbreitet, dass wir in ihnen die vier Teile der männlichen Seele wiedererkennen können: den König-Vater in seiner Fülle, den Krieger als Bewahrer der Grenzen, den Magier als Verkörperung des weisen Mannes und schließlich den alles genießenden Liebhaber.

Wenn diese vier großen Seelenanteile sich schließlich im Manne wiedervereinigen, sich gegenseitig regulieren und ausbalancieren, wird er zu Gottes großem Kunstwerk, zu einem wahren König-Vater (das dürfte der Grund dafür sein, weshalb so viele Männer ihren Großvater lieben!). Die Schattenseite des König-Vaters ist der Diktator, der Tyrann, der machthungrige alte Mann (biblische Gestalten wie Saulus und Herodes entsprechen diesem Typus). Dies ist der dunkle König, der zwar zu herrschen weiß, aber nicht über wahre Macht verfügt.

Wenn ein Mann nur eine der vier archetypischen Energien auslebt und die anderen vernachlässigt, dann führt dies nicht nur zum Ungleichgewicht, sondern langfristig zur Zerstörung. Denn es ist notwendig, dass alle vier Energien ausbalanciert werden. Das Wissen von den vier Archetypen vermittelt dem Mann das nötige Urteilsvermögen und eine Anleitung dafür, sich seiner eigenen blinden Flecken und Unausgewogenheiten bewusst zu werden. Dies ermöglicht es ihm, seine eigenen »Sünden« zu erkennen.

Wer eine wirklich spannende Bibelarbeit machen möchte, sollte sich einmal in den vier Evangelien ansehen, wie ausgewogen Jesus diese vier Energien in sich vereint. Er beweist sich als ein wahrer »Sohn Davids«, als ein neuer und ganzheitlicher Mann. Man braucht noch nicht einmal Christ zu sein, um zu erkennen, dass Jesus gleichzeitig ein Prophet und Krieger, ein sanftmütiger Liebhaber des Lebens, ein außergewöhnlicher Weiser und ein Vaterkönig ist, der mit ruhiger Autorität durch das Leben schreitet.

Zum Lieben geliebt

Gott liebt uns bedingungslos und zwanglos und erweckt dadurch die Liebe in uns. Er führt uns durch seine Liebe auf immer tiefere Ebenen unseres Seins, bis wir schließlich selbst zu Liebenden werden. Gottes Liebe färbt auf uns ab. Das ist es doch, was auch wir in der Erziehung unserer eigenen Kinder zu erreichen versuchen. Unsere einzige Aufgabe besteht darin, das Leben zu leben, mit all seinen Leiden, Sehnsüchten, Sünden, mit all seinen Lektionen, Erfolgen und Niederlagen. Gott fordert von uns, dass wir siebenmal siebenundsiebzigmal verzeihen, um zu erkennen, dass auch er dies von Anfang bis zum Ende tut.

Wie jeder gute Vater unterstützt uns Gott im Verborgenen bei unseren Hausaufgaben und ist bereit, uns für jeden Keim von Liebe und Sehnsucht und für jede Anstrengung eine gute Note zu geben. Was sonst könnte uns dazu bewegen, noch mehr zu lieben? Was sonst könnte uns selbst zu Liebenden machen? Mit Bestrafung wird dies ganz sicher nicht gelingen.

In welcher Art und Weise, zu welchen Zeiten und an welchen Orten erlebe ich die bedingungslose Liebe Gottes?

Zwei in einem

Ein ganzheitlicher Mann vereint am Ende seines Lebens männliche und weibliche Anteile ausgewogen in sich. Deren Ausbalancierung und Integration können wir beispielhaft an Jesus selbst erkennen, der eine weibliche Seele in einem männlichen Körper besaß – und in dem beide zusammen als ein Geist wirkten.

Jesus legte nie das Verhalten eines Macho oder Patriarchen an den Tag. An seinem Beispiel können wir erkennen, dass Männlichkeit und Weiblichkeit sich in ihrer reifsten Ausformung am ähnlichsten sind, wohingegen sie sich in ihrer unreifsten Form am deutlichsten voneinander zu unterscheiden suchen. In Jesus selbst können wir kaum mehr einen Unterschied erkennen.

Welche weiblichen Anteile habe ich in mir integriert?

Der Sprung

Auf seiner Suche nach Erfolg wird ein junger Mann anfangs von seinem Ego-Bewusstsein geleitet. Dieses kann ihm aber dabei behilflich sein, in seiner kleinen Welt erfolgreich zu sein. Er versucht, anderen zu gefallen, und passt sich der Meinung der Masse an – auch wenn er selbst davon überzeugt ist, dass er dies nicht tut. Bis zu diesem Zeitpunkt hat er weder seine Seele entdeckt noch ist er dem wahren Gott begegnet.

In der zweiten Hälfte seines Lebens verändern sich jedoch die Regeln und das, was ihm anfangs noch so wichtig war, verliert nun an Bedeutung. Er hat seine Probleme vielleicht noch nicht gelöst, doch er wächst allmählich aus ihnen heraus.

Thomas Merton sagte einmal, dass Männer die meiste Zeit ihres Lebens damit verbringen, an die Spitze der Leiter zu klettern, um schließlich zu erkennen, dass die Leiter an der verkehrten Wand lehnt und dass es da oben gar nichts zu gewinnen gibt! Die wirklich schwierige Umkehr und wahre Erkenntnis für Männer in der zweiten Hälfte ihres Lebens besteht darin, von der Leiter herabzuspringen und das, was ihnen wichtig ist, fortan auf der Erde zu suchen.

Habe ich meine Leiter an die falsche Wand gelehnt?

Was ist jetzt wirklich wichtig für mich?

Das Rad

In der zweiten Lebenshälfte erkennen wir, dass unser Leben in Form einer Spirale verläuft. Denn selbst wenn wir uns vornehmen, nicht immer wieder die gleichen Fehler zu begehen, verlieren wir das Ziel unserer Reise mitunter aus den Augen und vernachlässigen unsere Suche, weil wir von den Anforderungen des täglichen Lebens in Beschlag genommen werden. Viele große spirituelle Traditionen nennen dies das Lebensrad vom Werden und Vergehen. Dieses erklärt das menschliche Lebensmuster vom Erinnern und Vergessen, vom gegenwärtigen Leben und vom erneuten Sterben. Alles, was wir sind und was wir wertschätzen, unterliegt der Gnade dieses sich unablässig drehenden Glücksrades.

Wir benötigen daher ein unumstößliches Vertrauen darin, dass wir auf unserem Weg Hilfe erhalten, wann immer wir diese brauchen. Dies nenne ich Gottvertrauen. Wenn du erst einmal deiner eigenen Seele begegnet bist, weißt du, dass du aus deinem Innersten heraus geführt wirst. So wird selbst das unerbittliche Lebensrad zu deinem Lehrer. Es ist der Kreislauf vom Scheitern und der Erneuerung, der dich in die sicheren Arme Gottes geleitet.

Wann habe ich eine Ahnung vom Kreislauf des Lebens erhalten?

Feuer oder Eis

Wir stehen in der modernen Welt in der Gefahr, unseren erotischen Instinkt zu verlieren. Dieser Instinkt ist nicht in erster Linie auf Sex gerichtet. Der Eros ist Lebensenergie, die Lebenskraft schlechthin. Die Zeiten, in denen wir keinen Zugang zu unserer erotischen Kraft haben, sind die Tage, an denen uns alles egal ist, an denen wir keinerlei Motivation haben und uns letztlich um nichts wirklich scheren. Wenn wir uns jedoch inspiriert und motiviert fühlen, sind wir vom Eros erfüllt. Erotische Männer verändern mit ihrer Leidenschaft die Welt – ganz gleich, ob sie sich mit Feuer und Flamme ihrer Bienenzucht, ihrem Sportteam oder ihrer Ehe widmen.

Eros ist Lebensenergie, im Gegensatz zum Thanatos, der Todesenergie. Eros ist der Lebenssaft, der uns förmlich trunken macht! Ohne Eros sind wir dem Tode geweiht, auch wenn wir rechtgläubig, keusch und gesetzestreu leben. Die Religionen warnen selten vor der abstumpfenden und abtötenden Macht des Thanatos. Sie denunzieren jedoch den Eros, da sie seine möglichen Ausschweifungen fürchten. Doch nur erotische Männer können andere Menschen anziehen, begeistern, verändern und ermutigen.

Wann war ich besonders lebendig im Leben?

Energetische Menschen

Wir alle genießen es, mit Menschen zusammen zu sein, die uns mit Energie erfüllen, anstatt sie von uns abzuziehen; Menschen, die Kreativität und Unternehmungsgeist versprühen und zutiefst mit der Welt verbunden sind. Wir können es umgehend spüren, wenn wir sie treffen, denn wir fühlen uns in ihrer Gegenwart sicher, lebendig und energetisiert. Wir spüren sie auf, ebenso wie die Menge Jesus ausfindig machte und die Menschen heutzutage weise Frauen und Männer aufspüren. Deren spirituelle Autorität ist bezwingend und benötigt keine Titel, Rollen oder Roben – sie ist einfach. Diese Menschen sind das lebendige Herzstück des Leibes Christi.

Das bedeutet übrigens nicht, dass sie perfekt wären. Die meisten kreativen und lebendigen Menschen wissen sehr wohl von ihren Fehlern und Niederlagen, doch sie verfügen über die innere Autorität, mit diesen würdevoll, mitfühlend und kraftvoll umzugehen. Diese Menschen sind wie Energiequellen. Sie geben und nehmen von der ewig sprudelnden Quelle des Lebens.

Wer sind die Energiequellen in meinem Leben?

Wie kann ich mehr Zeit mit diesen Menschen verbringen und von ihnen lernen?

Die Weisheit des Körpers

Frauen verfügen über einen weitaus natürlicheren Kontakt zu ihrem Körper als Männer. Männer neigen dazu, in ihrem Kopf zu leben. Wir sind darin geübt, die Beulen, blauen Flecken und die Lektionen unseres Körpers zu ignorieren und uns durch den Schmerz durchzubeißen. Ich habe gelesen, dass der Wortschatz von Frauen für Gefühle und Empfindungen fünfmal so groß ist wie der von Männern. Frauen sind uns in diesem Bereich um einiges voraus: Menstruation und Geburt haben sie mit den schmerzvollen Aspekten des Lebens und damit auch mit sich selbst in Kontakt gebracht. Sie kennen das Geheimnis und die Kraft des Körpers.

Auch wir Männer müssen dringend Wege zu unserem Körper finden. Vielleicht liegt darin der ursächliche Grund für unsere sexuelle Sehnsucht. Auch Jesus ist diesen Weg mit seiner Menschwerdung angetreten.

Interessanterweise assoziieren die meisten Mythologien dieser Welt den Vater mit dem Himmel und die Mutter mit der Erde. Jesus hat Männern immer angeraten, nach unten zu steigen, und hat Frauen darin unterstützt, nach oben zu kommen. Hoffentlich treffen Männer und Frauen sich schließlich in der Mitte.

Wie kann ich verstehen lernen, dass mein Körper weise und heilig ist?

Wie kann ich in Kontakt mit meinem Körper kommen und mehr auf seine Bedürfnisse hören?

Was es zu erinnern gilt

In der Nacht, bevor Jesus starb, kniete er nieder und wusch die Füße seiner Jünger. Mit dieser selbstlosen Handlung öffnete er deren Herzen. Was hat Jesus wohl zu dieser Handlung bewogen?

Einst hatte eine Frau den Raum betreten, in dem sich Männer zum gemeinsamen Mahl versammelt hatten. Sie kniete nieder und wusch Jesu Füße mit ihren Tränen und trocknete sie mit ihrem Haar. Was für einen Mut diese Frau hatte, den Raum der Männer zu betreten! Welch reine Liebe muss sie gefühlt haben, um die Füße Jesu mit ihren Tränen zu waschen! Jesus sprach: »Wahrlich, ich sage euch: Wo dieses Evangelium gepredigt werden wird in der ganzen Welt, wird auch von dem geredet werden, was sie getan hat, zu ihrem Gedächtnis« (Matthäus 26,13). Darin können wir bereits Anklänge an Jesu spätere Aufforderung an seine Jünger vernehmen: »Tut dies zu meinem Gedächtnis.« Gut möglich, dass ihm die Erfahrung mit dieser Frau die tiefe Symbolkraft der Fußwaschung bewusst machte. Wir feiern mit dem gemeinsamen Abendmahl das Gedächtnis Jesu. Doch wann waschen wir einander die Füße, um dieser Frau zu gedenken?

In welchen Bereichen meines Lebens habe ich eine Führungsrolle inne?

Führe ich Menschen im Geiste Jesu und bin ich bereit, ihre Füße zu waschen?

Das vernachlässigte Sakrament

Die Fußwaschung ist eine wundervolle Körpertheologie, und doch ist dieses »Sakrament«, das weit mehr biblische Grundlagen hat als andere Sakramente, in den Kirchen größtenteils in Vergessenheit geraten. Der Körper ist die Quelle für ein Wissen jenseits der Rationalität. Physiotherapeuten erfahren in ihrer täglichen Arbeit, dass der Körper nicht lügt. Die Kindheitserinnerungen vieler Menschen sind in ihrem Körper, in Schultern, Bauch, Rücken oder Herz gespeichert. Es ist daher nicht verwunderlich, dass Jesus die Menschen heilte, indem er ihre Körper berührte.

Solange spirituelle Heilung nicht im Körper verankert wird, ist eine grundlegende und tief greifende Veränderung nur schwer möglich. Ich bin sicher, dass darin der Grund von Jesu Heilungen zu finden ist. Er berührte die Menschen – und zwar durch und durch! Es handelte sich dabei nicht um eine neue Therapie oder eine Heilungsmethode, sondern um die Geburt eines neuen Menschen.

Bin ich in Verbindung mit der Weisheit
meines Körpers?

**Was hat sich in meinem Leben verändert,
seitdem ich auf das höre,
was mir mein Körper mitteilt?**

Das Wissen des Körpers

Wir Christen glauben, dass Gott Fleisch geworden ist. Deshalb sollten wir weder unseren Körper gering schätzen noch Geist und Seele überbewerten. Seele und Geist sprechen durch unseren Körper, bis sie schließlich zur Einheit werden. Selbst im Glaubensbekenntnis betonen wir, dass wir an die »Auferstehung des Körpers« glauben. Und das letzte Buch der Bibel verkündet nicht nur einen neuen Himmel, sondern ebenso eine »neue Erde« (Offenbarung 21,1). Wenn wir den Körper von der Erlösung ausschließen, dann verstoßen wir gegen das Mysterium Christi.

Gerade wir Männer sind dazu aufgerufen, unsere Zweifel an der Güte und Heiligkeit der Erde und des Körpers zu überwinden. Darin kann uns der folgende Segen des heiligen Paulus unterstützen: »Er selbst aber, der Gott des Friedens, heilige euch völlig; und vollständig möge euer Geist und Seele und Leib untadelig bewahrt werden bei der Ankunft unseres Herrn Jesus Christus. Treu ist, der euch beruft, er wird es auch tun« (1 Thessalonicher 5,23–24).

Wie könnte ein Dankgebet für meinen Körper aussehen, in dem all seine Fähigkeiten und Funktionen von Kopf bis Fuß gepriesen werden?

Woran man einen Heiligen erkennt

Ein Heiliger ist ein Mensch, der sich dem eigenen Schatten gestellt hat und nicht mehr vor der eigenen Dunkelheit zurückschreckt. Heilige sind ihrem inneren Feind begegnet und haben diesem ins Auge geblickt. Und ebenso wie Gott, der alles vergibt, so haben auch sie ihrem inneren Feind vergeben.

Die Heiligen wissen von der eigenen Gebrochenheit. In und mit dieser erfahren sie stündlich und täglich die Gnade Gottes. Heilige haben es nicht mehr nötig, als irgendetwas Besonderes zu erscheinen. Sie erscheinen einfach als das, was sie sind. Sie haben gelernt, in ihrem eigenen nackten Selbst zu Hause zu sein, denn dies ist der Ort, an dem sie Gott begegnen. Gott liebt die Menschen am meisten in ihrem ganz gewöhnlichen Sein.

Kenne ich Menschen, die sich dem Schatten
der menschlichen Natur stellen, ohne sich von ihm
überwältigt oder abgestoßen zu fühlen?

Was kann ich von diesen Menschen lernen?

Der Kreislauf der Generationen

Nach der Initiation zeigt sich bereits, wer einmal die wahrhaft Ältesten sein werden. Denn diese haben nicht nur einen weiteren persönlichen Entwicklungsschritt vollzogen, sondern zugleich erkannt, dass sie integrierter Teil des Kreislaufs der Generationen sind. Ein wirklich initiierter Mann weiß, dass nicht sein Leben im Mittelpunkt steht, sondern dass es Teil des großen Lebenszyklus ist. Er weiß, dass auf tiefster Ebene für ihn gesorgt wird und dass es an ihm ist, nun für andere zu sorgen.

Ganz unabhängig davon, welcher Art seine Initiation war – wenn er wirklich initiiert wurde, dann lässt diese ihn die größeren Zusammenhänge erkennen. Er kehrt mit einem Geschenk zu seiner Familie, seiner Nachbarschaft, seinem Land, seiner Kirche zurück. *Und dieses Geschenk ist die Erfahrung seines höheren Selbst.* Ein wahrhaft initiierter Mann weiß, dass seine Aufgabe darin besteht, »fruchtbar« zu werden – indem er anderen Menschen beisteht und die Erde und alles Leben um ihn herum schützt. Wie den Stammesältesten der Irokesen ist auch ihm bewusst, dass Entscheidungen immer für die nächsten sieben Generationen getroffen werden. Das ist die authentische Energie des Königs. Und wir brauchen dringend etwas von dieser Energie der Könige in allen Bereichen von Gesellschaft und Kirche.

Wer sind die Könige, die ich kennenlernen konnte?

Welchen Einfluss haben sie auf mein Leben und das Leben der Männer und Knaben um mich herum?

Die den Tod fürchten

Solange wir nicht wirklich gelebt haben, sind wir auch nicht bereit, zu sterben. Es mag paradox klingen, doch die Menschen, die ihr Leben am intensivsten auskosten, sind auch diejenigen, die am ehesten dazu bereit sind, es loszulassen. Sie scheinen mit derselben Leidenschaft zu sterben, mit der sie leben. Wer sein Leben intensiv lebt, dem ist auch der Tod kein Fremder mehr.

Diejenigen aber, die noch nicht gelebt haben, fürchten den Tod am meisten. Sie wissen, dass sie noch nicht zur wahren Vitalität und Lebensfreude gefunden haben. Letztlich wissen sie noch nicht einmal, weshalb sie geboren wurden. Ihr wahres Selbst, ihre Seele, ist noch nicht erweckt worden. Sie spüren, dass es ihnen an Selbstwertgefühl und einer Bestimmung für die Ewigkeit mangelt. Und da sie noch nicht gelebt haben, ist ihnen der Gedanke, sterben zu müssen, unerträglich. Der Tod ist für sie ein fremdes Territorium, ein Bestimmungsort, an den keine Reiseroute zu führen scheint. Tag und Nacht von Angst geplagt suchen sie rastlos im Außen, was sie nur in ihrem Inneren finden könnten.

Wann habe ich mich wirklich lebendig gefühlt?

**Welche Gefühle überkommen mich,
wenn ich an meinen eigenen Tod denke?**

Das Mysterium des Kreuzes

Die letzte und wichtigste Lektion, die Jesus die Menschheit mit seinem Kreuzestod lehrte, ist, dass wir selbst die Mitte halten und die tragischen Leerstellen der Geschichte mit unserem eigenen Leben füllen müssen – anstatt andere den Preis dafür zahlen zu lassen. Dies wird durch die Geometrie des Kreuzes symbolisiert. Jesu Leib hängt genau am Schnittpunkt entgegengesetzter Kräfte. Sein eigener Körper wird dadurch zum Ort der Versöhnung der Gegensätze (Epheser 2,13–18).

Wenn wir versuchen, die Dinge zusammenzuführen – indem wir eine Brücke bauen oder selbst als Brücke dienen –, werden wir unweigerlich leiden. Wenn wir nicht dazu bereit sind, uns auf eine der beiden Seiten zu schlagen – links oder rechts, schwarz oder weiß, christlich oder jüdisch, amerikanisch oder arabisch, homosexuell oder heterosexuell –, müssen wir damit rechnen, »von allen gehasst zu werden« (Matthäus 10,22). Das Mysterium des Kreuzes zu leben bedeutet, sich auf niemandes Seite zu schlagen, um dadurch zur Heilung aller beitragen zu können.

Welche schmerzhaften Erfahrungen
machte ich als Brückenbauer?

Brücken bauen

Jesus selbst hat den Begriff *Brückenbauer* zwar nie benutzt, doch er war ein Brückenbauer – zwischen Juden und Samaritern, zwischen den sogenannten Gerechten und den Sündern, den Insidern und den Außenseitern. Es ist nicht möglich, mit dem Bau einer Brücke in der Mitte zu beginnen; wir müssen uns für eine der beiden Seiten entscheiden. Für Jesus war es selbstverständlich, mit dem Brückenbau auf der Seite der Entrechteten zu beginnen. Ihnen gilt von Anfang an seine Solidarität. Deshalb begab er sich immer an den Rand der Gesellschaft und auch der eigenen Religion. Das ist wahre göttliche Offenbarung, keine Kulturleistung. Tatsächlich kenne ich keine Kultur, die mit solch einem Verhalten übereinstimmen würde.

Jesus stand immer auf der Seite der Ausgestoßenen. Er war bei den Verlierern zu finden, den Opfern und Machtlosen; er stand auf der Seite der vom Patriarchat missbrauchten und unterdrückten Frauen und trat vor den Pharisäern für die Heiden und Sünder ein.

Auf welcher Seite würde ich mit dem Brückenbau beginnen?

Dem Tod ins Auge blicken

Es ist wichtig, den Widerstand gegen den Tod zu überwinden – und zwar noch bevor er tatsächlich in unser Leben tritt. Wir nehmen sonst die Begrenzungen unseres Lebens nicht wirklich wahr. Um dies zu erfahren, unterzog sich Jesus dem Todes- und Transformationsritual des Täufers im Jordan. Dies erklärt auch, weshalb Paulus die Taufe noch als eine Nachfolge Jesu in den Tod verstand (Römer 6,4). Erst sehr viel später haben wir die Taufe zu einer netten christlichen Zeremonie für Kinder verwässert.

Im Markusevangelium sprach Jesus drei Mal zu seinen Jüngern über die Notwendigkeit, dem Tod ins Auge zu blicken (Markus 8,31–10,45). Und jedes Mal versuchten sie, das Thema zu wechseln, verstanden ihn nicht oder widersprachen ihm. Wohlgemerkt – das waren die zwölf Apostel Jesu! Vielleicht war das der Grund, weshalb er aufhörte, über den Tod zu reden, und sich ihm auslieferte: nicht nur rituell, sondern real. Und es ist sicherlich der Grund, weshalb das Ostermysterium von Tod und Auferstehung im Zentrum jeder christlichen Eucharistie zu finden ist, unabhängig von Jahreszeit und Feiertag. Es dauert viele Jahre, bis wir den Widerstand gegen den uns bevorstehenden Tod schließlich aufgeben können.

Was sind meine Vermeidungsstrategien, um nicht über den Tod reden und nachdenken zu müssen?

Was braucht es, um gerettet zu werden?

Auch wenn wir alles Mögliche versuchen, um es zu verleugnen: Die Transformation des Todes in eine Form der Erlösung ist die Grundlehre der spirituellen Reise des Mannes. Der einzige Weg zur Rettung besteht darin, neu geboren zu werden. Ich weiß sehr wohl, dass Männern diese Vorstellung peinlich ist. Aus irgendeinem Grund sind wir eher dazu bereit, uns mit unserem Unglück und Zynismus, mit unserer Furcht und Entfremdung zu arrangieren. Erlösung ist immer eine Genesung von Krankheit, sie bedeutet keinesfalls die Vermeidung von Krankheit und Sünde.

Jesus hat uns nie dazu aufgefordert, ihn zu verehren; was er von uns wollte, ist, ihm zu folgen und den Tod in immer neue und tiefere Formen des Lebens zu verwandeln. Viel zu oft haben wir unsere Verehrung als eine clevere Vermeidungsstrategie benutzt, um diesem Weg nicht folgen zu müssen.

Das ist es auch, was er Jakobus und Johannes zu verstehen gab, als sie sich einen Thron im Himmelreich zu sichern suchten, anstatt vom »Kelch zu trinken, den ich trinke« (Markus 10,35–40).

Habe ich das Bedürfnis, gerettet zu werden,
und wenn ja, vor was?

Habe ich mich mit einem Leben arrangiert,
das keine Transformation von mir einfordert?

**Bin ich bereit, zu sterben und
wiederaufzuerstehen?**

Frei von Scham

Wenn wir die innere Armut unseres Geistes zu umarmen lernen, so wie Jesus es in der Bergpredigt forderte, dann umarmen wir zugleich die begrenzten, dunklen und beschämten Teile unseres Selbst. Bevor wir nicht das umarmen können, was wir am meisten fürchten, werden wir kein zufriedenes Leben führen, denn immerzu verfolgt uns das Gefühl, nicht gut genug zu sein. Wir spalten diesen Teil von uns ab und tun so, als ob es ihn nicht gäbe. Wir starten alle möglichen Ablenkungsmanöver, sodass weder wir noch andere dieses Unannehmbare sehen können. Manche wählen hierfür Verdrängungs- und Ablenkungsstrategien, andere geben sich dem Selbstzweifel hin. Beide Wege sind erfolglos. Der einzige Ausweg liegt darin, den Worten Jesu zu folgen: »Glückselig die Armen im Geiste!« (Matthäus 5,3). Diese müssen nichts beweisen und sie haben nichts zu verlieren. Sie allein genießen die »Freiheit der Herrlichkeit der Kinder Gottes« (Römer 8,21). Welch größere Freiheit könnte man sich vorstellen?

In welchen Bereichen meines Lebens ist Armut am offensichtlichsten?

Wir zwei sind eins und ganz

Viele Menschen in dieser Welt sind zu Recht über das Patriarchat erzürnt. Das erschwert es aber auch, die positive Kraft der Männlichkeit zu erkennen. Denn Männlichkeit ist nicht das Gleiche wie das Patriarchat! Wir müssen uns wieder daran erinnern, dass der Mann eine Hälfte des Mysteriums Gottes ist (Genesis 1,27). Doch wie sieht ein positives Mannsein aus?

Das männliche Prinzip (welches sowohl in Männern als auch Frauen vorhanden ist) ist der Teil in uns, der die Getrenntheit, Autonomie und damit das Ganze beschützt. Das männliche Prinzip ist Wächter der Würde, Integrität und Einsamkeit. Ohne dieses Prinzip herrscht Verwirrung und Unordnung in Gedanken, Worten und Taten.

Diese Qualitäten machen aber nur dann Sinn, wenn sie mit dem weiblichen Prinzip vereint sind, das Beziehungen und Verbindungen und alle einzelnen Teile schützt. Das weibliche Prinzip ist die Wächterin der Vertrautheit, der Güte und der Schönheit. Ohne diese herrscht Kälte und regiert der analytische, theoretische Verstand.

Nur wenn das Männliche und das Weibliche sich gegenseitig gewähren lassen und einander lieben, können Menschen – aber auch Kulturen – gesunden und glücklich werden.

Welche weiblichen Qualitäten
habe ich in mir integriert?

Jesus, der gewaltlose Krieger

Jesus war kein sanfter und rückgratloser Mann, auch wenn er oft so dargestellt wurde. Männern würde es sehr schwer fallen, sich für solch einen Mann zu begeistern, geschweige denn, ihm zu folgen. Wenn man von den pastellfarbigen Bildern absieht und auf die wahren Begebenheiten in Jesu Leben blickt, dann treffen wir auf einen Mann, der sich standhaft menschlichem Leiden entgegenstellte und der sich in einem konzentrierten und unmissverständlichen Kampf gegen das Böse, gegen Krankheit und Unterdrückung befand. Die Entschlossenheit, mit der er seinem Ruf folgte, die Fähigkeit, sich selbst zu stählen, die er in der Wüste an den Tag legte, und seine Identifikation mit guten Kräften zeigen, dass Jesus ein wahrer Krieger war.

Er sagte:»Ich bin nicht gekommen, um Frieden zu bringen, sondern das Schwert« (Matthäus 10,34), und machte damit mehr als deutlich, dass er vor Macht nicht zurückschreckt und schon gar nicht vor der beherzten Macht der Gewaltlosigkeit, von der Martin Luther King sagte, dass sie nichts für Feiglinge sei. Jesus spricht vom Schwert, doch interpretiert er dessen Bedeutung gänzlich neu, was sich in der Bergpredigt ebenso wie seinem gewaltlosen Verhalten vor und während seiner Ermordung zeigt.

**Wo ist die positive Kriegerenergie
in meinem Leben?**

**Wann habe ich diese Energie
falsch eingesetzt?**

Der Weg des Kriegers

Jesus weigerte sich nie, unaufrichtige und arglistige Fragen zu beantworten. Er ging erhobenen Hauptes in den Tempel, um dort gegen eine falsche religiöse Praxis zu demonstrieren. Er flüchtete nicht vor der Todesqual, die er im Garten Gethsemane durchleben musste. Selbst die Nacht seiner Folter und Erniedrigung ertrug er, ohne zu verzagen und ohne selbst gewalttätig zu werden. Er glaubte weiterhin an die Liebe und dies selbst noch während seiner Hinrichtung.

Er machte gewaltlosen Widerstand zu einer Kunstform, indem er die römischen Besatzer nicht direkt angriff, sondern sie ignorierte. Er wusste sehr wohl: Wenn man etwas direkt und vor allem zu lang bekämpft, dann wird man schließlich selbst zu dessen Ebenbild. Wenn es sein musste, mischte er sich jedoch weise und ruhig in Streitigkeiten ein. Er konnte aber ebenso still werden, den Raum verlassen oder die Frage abändern, wenn er feststellte, dass eine Konfrontation sinnlos ist.

In der Fähigkeit, seinem Tod mit Würde und Freiheit zu begegnen, bewies er sich als ein Krieger von wahrer Größe und trug weit über seinen Tod hinaus den Sieg davon. Wir Christen erblicken darin die »Erlösung der Welt«. Doch nur wenige Christen haben sich bislang Jesu Taktik, seinen Stil und seine klare Absicht zu gewinnen zu eigen gemacht.

Welchen Aspekt der Kriegerqualität Jesu gilt es in meinem jetzigen Leben zu entwickeln?

Jesus, der weise Mann

Der archetypische Weise ist nicht ein Mann der schnellen Antworten, sondern führt andere in die Tiefe und zur Weisheit. Der Weise – auch bekannt als der Magier – ist ein Akteur der Transformation, wenn auch auf verborgenen Wegen! In den Evangelien wird deutlich, dass Jesus einer dieser Weisen war. Seine Lehren sind weit mehr von einer alternativen als von einer konventionellen Weisheit. Er sprach in Rätseln, Gleichnissen und Aphorismen, um Menschen die Augen und Ohren zu öffnen.

Zu seinen Lebzeiten verfügten seine Lehren offenbar über eine so zwingende Autorität, dass sie Menschen dazu bewegten, alles hinter sich zu lassen und ihm zu folgen. Heute neigen wir leider dazu, von Jesus schnelle und endgültige Antworten auf alles zu erwarten, anstatt uns gemeinsam mit ihm auf den Weg zu machen. Wir wollen von Jesus ein einfaches »Was«, während er uns doch wie alle Weisen das »Wie« lehrt.

Wissenschaftler haben übrigens nachgewiesen, dass Jesus nur drei der hundertdreiundachtzig an ihn gestellten Fragen in den vier Evangelien direkt beantwortete. Stattdessen sorgte er bewusst für Verwirrung, um bei seinen Zuhörern die Erweckung der eigenen Weisheit zu fördern.

Was sind die Fragen, die ich Jesus immer wieder in der Hoffnung auf schnelle und endgültige Antworten stelle?

Unsere Vorliebe für Könige

Das menschliche Ego fühlt sich bei den Königen weit wohler als bei den Weisen, denn ihm sind fertige Antworten weit lieber, als sich selbst auf die spirituelle Suche machen zu müssen. Während Könige Entscheidungen treffen, die Klarheit und Ordnung etablieren, führen uns spirituelle Lehrer die Unordnung unseres inneren Lebens und unserer Umwelt vor Augen. Daher sind es auch die weisen Männer, die die Schattenseiten des Königreiches enthüllen müssen, denn dazu sind weder die Führungskräfte des Staates noch die der Kirche in der Lage.

Ist es nicht interessant, dass in der Legende von Jesu Geburt die drei Magier des Morgenlandes in »drei Könige« verwandelt wurden, obwohl der Text keinerlei Hinweise auf solch eine Schlussfolgerung nahelegt. Das scheint mir ein klarer Beweis dafür zu sein, dass wir weise Männer fürchten und ihnen die Könige vorziehen.

Die erfolgreichste Strategie, einen »Wächter in der Wüste« davon abzuhalten, Informationen zu verbreiten, ist, ihn zu befördern oder ihm einen guten Titel und eine Gehaltsaufbesserung zukommen zu lassen. Wer erst einmal die Identität der Firma angenommen hat, sagt nicht mehr gegen die eigene Firma aus. Weise Männer jedoch werden niemals zu Ja-Sagern.

In welchen Situationen habe ich meine eigene Weisheit der Autorität geopfert?

Propheten haben keine Ehre

Wir mögen die Könige weit lieber als die Propheten. Propheten sprechen die Wahrheit aus und daher fühlen wir uns alles andere als wohl in ihrer Nähe.

Der Prophet ist die höchste Form des Magiers und des Weisen. Er sagt die Wahrheit, ganz gleich, was es kostet. Tausende von Kirchen sind nach Christus, dem König, benannt, doch kaum eine nach Christus, dem Propheten. Ich zumindest habe bislang noch keine einzige gefunden. Das zeigt mir, wie sehr wir die Propheten fürchten. Jesus selbst hat den Titel des Propheten jedoch niemals zurückgewiesen oder abgelehnt, er hat ihn sogar für sich beansprucht (Markus 6,4).

Die Schriften des Neuen Testaments sahen in den Propheten eine wichtige Kraft beim Aufbau der Kirche (Epheser 4,11 und 1 Korinther 12,28). Im institutionalisierten Christentum, das 313 zur offiziellen Staatskirche des Römischen Reiches wurde, hatten die Propheten jedoch bereits an Bedeutung verloren. Seltsam vielleicht, doch letztlich nicht verwunderlich.

Wer sind die Propheten in meinem Leben?
Wer sind die weisen Männer?

Jesus, der Archetyp des Liebenden

Jesu Heilungen deuten darauf hin, dass er ebenso wenig wie Gott am menschlichen Leiden Gefallen fand, sondern bestrebt war, sich diesem zu stellen und es zu lindern. Seine eigene Kapitulation am Kreuze und seine Bereitschaft zur Vergebung stellen der westlichen Psyche kraftvolle Symbole für aufopfernde Liebe zur Verfügung. Weshalb aber haben wir es vorgezogen, ihn als stattlichen König auf dem Throne, als Gesetzgeber mit Buch in der Hand oder als einen Krieger, der mit dem Schwert in der Hand über Nationen richtet, darzustellen? Erst in jüngster Zeit wagen wir es, ihn als das »Herz Jesu« oder als »göttliche Gnade« abzubilden, als einen sanftmütigen Jesus, der an die Tür der Seele klopft.

Die Fähigkeit Jesu für liebendes Mitgefühl ist genau das, was unser Herz am meisten erfreut und was wir am dringendsten von Gott brauchen. Urteile, Gesetze und Drohungen heilen weder das menschliche Herz noch können sie die Tiefe des göttlichen Erlösungswunsches offenbaren (Römer 11,33–36 und Kolosser 2,2–3).

Wann habe ich zuletzt wahres Mitgefühl und Angenommensein seitens eines anderen Mannes erlebt?

Alles gehört dazu

Jesu zentrales Thema ist das »Königreich Gottes«. *König* ist einfach ein anderer Name für die Energie des Vaters oder Großvaters, des starken und standhaften Mannes, der dazu in der Lage ist, Chaos, Furcht und Zweifel in allumfassender Güte und Größe zu umfangen. Wenn ein guter Vater zu Hause ist, dann ist das Haus psychologisch und physisch sicher und geschützt. Wenn Jesus das Haus betritt, werden die Menschen geheilt und die Dämonen flüchten. Das ist die Macht, die dem guten Vater und dem guten König innewohnt. Jesus, der höchste »König unter den Königen«, kann all diese scheinbaren Gegensätze zusammenbringen, die Widersprüche auflösen und letztlich alles verzeihen. Das Gleiche kann der König auch mit all den verschiedenen Anteilen deiner eigenen Seele tun, mit deinen guten ebenso wie mit deinen schlechten – zusammen mit den guten und den schlechten Anteilen der anderen.

Jesus lädt jeden zu seinem Festmahl ein, »Böse und Gute« (Matthäus 22,10). Der innere König ist der Teil von uns, der niemanden und nichts ausschließen muss. Der König ist stark genug, groß genug und weit genug, um allem zu gestatten, dazuzugehören.

**Wer, wenn überhaupt, hat in meinem Leben
die Funktion des Vater-Königs inne?**

**Habe ich zu meinem eigenen inneren
König gefunden, der das Leben
anderer Menschen sicherer macht?**

Anteil haben an Gottes Leben

Das Herzstück und das eigentliche Ziel des Christentums ist es, Menschen dahin zu führen, dass sie Anteil erhalten an der göttlichen Natur (2 Petrus 1,4). Einzig die Ostkirche hatte den Mut, von dem Ziel der »Vergöttlichung«, der Theosis, zu sprechen. Die Kirchen des Westens, sowohl die katholische als auch die protestantische, machten das Leben von Christen zu einer mühsamen Auseinandersetzung mit der Moral, in der nur wenige erfolgreich sein konnten. Darin zeigt sich unsere rationale und mechanistische Zugangsweise zur Religion.

Wenn du erst einmal erkannt hast, dass es nur darum geht, an der göttlichen Natur teilzuhaben, dann wirst du dies im Evangelium nach Johannes ebenso wie in vielen Briefen des Neuen Testaments, die mehr die mystische Ebene der Lehren Jesu enthüllen, wiederfinden. Wir sprechen hier nicht über moralische Vollkommenheit, emotionale Reife und auch nicht über psychologische Ganzheit. Der Prozess der Vergöttlichung ist tatsächliche Teilhabe am Leben Gottes. Das ist in der Bibel gemeint, wenn wir als die »Söhne Gottes« oder sogar als »geliebte Söhne« bezeichnet werden! Unsere DNA ist objektiv betrachtet göttlich, auch wenn wir reichlich menschlich sind. Glaubt mir – das ist der eigentliche Knüller!

Kann ich wirklich glauben,
dass ich göttliche Natur habe?

Großes Theater

Was, wenn wir den Schmerz des Lebens nur dadurch verwandeln könnten, indem wir die verwundete Seite in allen Dingen enthüllen, um diese dadurch in einem weitaus größeren, einem heiligen und heilenden Zusammenhang zu sehen? Die Bibel ist voller Geschichten von Krieg, Massakern, Ehebruch, Verrat, Vergewaltigung, Hinterlist, Ungerechtigkeit und Gier. Sie endet mit der grausamen Kreuzigung Jesu. Vielleicht brauchen wir all diese Geschichten, damit wir unsere eigenen Wunden und Sünden benennen, sehen, integrieren und vergeben können. Gott selbst ist inmitten des Schmutzes und Schlamassels von alldem zu finden. Diese Art und Weise, mit den Schattenaspekten umzugehen, bewahrt uns davor, Probleme auszuklammern, Schwierigkeiten zu leugnen und uns von den Sündern fernzuhalten. Sie schließt alles ein und betont, dass Gott auch hier zu finden ist! Denn Gott fordert niemals Trennung, sondern Transformation.

So betrachtet ist die Bibel ein sehr ehrliches und heilendes Theaterstück, das das gesamte Drama des Lebens auf die Bühne bringt und dieses so unverhüllt zeigt, wie es nun einmal ist. Wir können es betrachten, wiedererkennen, kritisieren, lieben, heilen und uns in Vergebung üben. Alles ist Teil des großen Feldes, das wir Gott nennen.

Welche meiner Wunden bedarf einer Platzierung im heiligen Raum?

Perfektion ist alles andere als gut

Wir finden nicht zu wahrer und tiefer Güte, indem wir Fehler vermeiden, sondern indem wir diese transformieren. Güte zeigt sich in der »Kunst des Möglichen« im Hinblick auf die jeweilige Situation. Sie besteht weniger darin, die eigenen Grenzen so heroisch wie möglich zu überschreiten, sondern weit mehr darin, mit Würde innerhalb dieser Grenzen zu leben.

Religiöse Menschen haben oft die Angewohnheit, Perfektion mit dem Guten zu verwechseln und am Ende nichts von beiden zu erreichen. Wenn sie nicht das Perfekte tun können, dann tun sie lieber gar nichts – oder sie kritisieren andere für ihre Unvollkommenheiten. In beiden Fällen lassen sie es jedoch an einfacher menschlicher Güte fehlen.

Perfektion ist uns nicht möglich. Gott allein ist vollkommen. Und selbst Jesus hat die Vollkommenheit hinter sich gelassen, um an unserer menschlichen Unvollkommenheit teilzuhaben. Er wollte uns damit zeigen, dass das menschliche Dasein alles andere als schlecht ist, sondern in Wahrheit ein Schauplatz für das Gute ist! Unser egoistischer und heroischer Wunsch nach Perfektion verhindert allzu oft das Gute – denn er verhindert das, was wir gerade jetzt und gerade hier in dieser unvollkommenen Situation tun könnten.

In welchem Ausmaße hat Perfektionismus – meiner oder der von jemand anderem – mein bisheriges Leben beeinträchtigt?

Kann Gott leiden?

Wir sind auf der Suche nach etwas Starkem, Unsterblichem und Ewigem. Die Religion sagt uns, dass wir dies in Gott finden könnten. Doch dann kommt Jesus daher und erklärt uns doch tatsächlich, dass *er leidet, dass er zutiefst Anteil nimmt an der Armut und Ohnmacht in dieser Welt* (Philipper 2,6–8). Wer also ist Gott? Wie können wir diese widersprüchlichen Bilder von Gott zusammenfügen? Jesus ist ein lebendes Paradox, in dem die Gegensätze des Geistes zusammenfallen. Er vereint all diese Widersprüche in sich selbst (Kolosser 1,20). Er ist der brennende Busch, der nicht vom Feuer verzehrt wird, das geschlachtete und doch siegreiche Lamm, die ohnmächtige Macht, der Allmächtige, der leidet. Er ist der ewige göttliche Geist, der körperlich, konkret und ganz menschlich wurde.

Die beste Möglichkeit, sich diesem leidenden Gott zu nähern, ist, auch zu leiden und unsere Widersprüche und Paradoxien mit Würde in uns zu vereinen. Gott ist dann keine abstrakte philosophische Idee mehr. Da Gleiches sich zu Gleichem gesellt, wird Gottes Herz seinen Platz in uns finden.

Was kann mich Jesus über die Begrenzungen des Lebens lehren?

Beherrschung verzögert nur das Problem

Wir werden das Negative nicht los, indem wir es verleugnen, hassen oder uns von ihm trennen; das verzögert oder verdrängt es nur für einige Zeit. Wir können das Böse nicht dadurch lösen, dass wir es verurteilen und Gesetze dagegen erlassen. Im Brief an die Römer und die Galater macht Paulus dieses Dilemma deutlich, indem er sagt, dass das Gesetz uns in »Zucht halten« soll und uns den Weg bereiten soll. Das Gesetz kann uns eine Richtung vorgeben und zur sozialen Ordnung beitragen, es kann uns jedoch nicht das geben, was Gott allein in Aussicht stellt – *die tatsächlich stattfindende Transformation von freien Menschen in göttliche Liebe.*

Die Beherrschung der Dinge ist etwas völlig anderes als die Verwandlung der Dinge, und inmitten all ihrer guten Vorsätze verwechseln Menschen beides häufig miteinander. Gnade und Liebe können nur in Freiheit wachsen. Das ist es, was Gott will. Er geht damit ein großes Risiko ein, und es scheint die meiste Zeit auch nicht zu funktionieren, doch trotzdem scheut er dieses Risiko nicht. Gottes großer Plan ist die grundlegende Transformation von Menschen in freie und liebende Partner des Göttlichen.

Wann habe ich versucht, Situationen zu beherrschen und zu dominieren?

Was ist daraufhin geschehen?

Die zwei großen Gebote

Wenn wir etwas idealisieren, dann idolisieren wir es zugleich. Wir stellen unrealistische Erwartungen an unser Idol, werden dadurch unweigerlich enttäuscht und fühlen uns letztlich verraten.

Genauso ist es, wenn wir etwas als völlig schlecht ansehen, denn auch damit geben wir diesem zu viel Macht über uns. Wenn wir es bekämpfen, dann kommen wir mit seiner dunklen Macht in Berührung und werden schließlich zu dessen Spiegelbild. Wir erkennen dies meist noch nicht einmal und werden so zu Heuchlern, Fanatikern und unerträglichen religiösen Typen (Matthäus 7,4–5).

Die zwei großen Gebote bieten einen Weg durch diese Verblendungen. Indem wir Gott allein verehren, wird es nichts anderes geben, das uns über längere Zeit betören könnte. Indem wir die anderen lieben wie uns selbst und diese Liebe sogar auf unsere Feinde ausweiten, beenden wir unsere moralischen Kreuzzüge gegen das Böse »da draußen«.

Wir benötigen all unsere Energie, um die Hindernisse zu überwinden, die uns davon abhalten, die »hier drinnen« zu lieben.

Was habe ich idolisiert?

Welche meiner Erwartungen haben zu Enttäuschungen geführt?

Kriegerenergie

Wir können das Testosteron aus Männern nicht herausfiltern – weshalb auch? Wir sollten diese Energie vielmehr für höhere Ziele einfordern als für die üblichen Stammes- und Gruppenrituale. Martin von Tours, Franziskus von Assisi, Ignatius von Loyola und Charles de Foucauld waren nicht nur Mönche, sondern auch Ritter und Soldaten. Sie haben die wahre Bedeutung des Kriegers entdeckt, denn sie hatten sich der dunklen Seite des Kriegers gestellt und davon gelernt. Wir müssen den Archetypen des Kriegers erkennen und initiieren, denn sonst bleibt er engherzig, gewalttätig und eine Gefahr für sich und die Gesellschaft. Wenn wir nicht bereit sind, mit diesen grundlegenden Energien von Männern zu arbeiten, dann werden sie gegen uns arbeiten.

Interessanterweise sind viele junge Männer stolz darauf, Disziplin, Konzentration, Respekt, Grenzen und Selbstzucht kennenzulernen. Ihre Trainer, Vorgesetzten und Offiziere werden für sie oftmals zu geliebten Vaterfiguren. Ein junger Mann weiß, dass er Disziplin braucht, doch er weiß auch, dass diese auf ihn ausgeübt werden muss, da er es selbst noch nicht vermag. Sein Unbewusstes und der Heilige Geist geleiten ihn zu dem, was er braucht.

Wie kann ich es trainieren,
ein guter Krieger zu werden?

Tickende Zeitbomben

Ein Mann muss seine Aggressivität im eigenen Körper spüren können. Dadurch kann er auch erkennen, wohin sie ihn führen kann. Er muss in seinem eigenen Körper den Unterschied zwischen gerechtem Zorn, narzisstischer Reaktion und egozentrischer Wut erfahren. Gewaltlosigkeit kommt nicht einfach so von selbst. Selbst Friedensarbeit kann eine Tarnung für den dunklen Krieger sein. Ich habe viele friedliche und gerechte Menschen getroffen, die sich einfach noch niemals ihrem Bedürfnis nach Macht und Kontrolle gestellt hatten. Und ich habe Soldaten getroffen, die weit verantwortlicher mit ihrer Aggressivität umgingen als so manche Kirchenleute und Pazifisten. Deshalb ist es so wichtig, dass wir alle unsere spirituelle Arbeit tun. Spiritualität fordert von uns weit mehr ein, als nur ein positives Image anzunehmen, einen Titel oder eine Bezeichnung wie Friedensarbeiter oder Soldaten zu tragen.

Wenn wir den positiven Krieger in einem Mann nicht initiieren, dann wird der dunkle Krieger in irgendeiner Form das Steuer übernehmen. Die Aggressivität in Männern geht nicht einfach so weg. Entweder bilden wir die Kriegerenergie in Männern aus oder wir müssen mit tickenden Zeitbomben leben, die irgendwann unkontrolliert hochgehen.

Wie kann ich aufgrund meiner eigenen persönlichen Erfahrungen zwischen gerechtem Zorn und egozentrischer Wut unterscheiden?

Weise Männer

Alle höher entwickelten Formen des Gebets können uns über die Grenzen des rationalen Geistes hinausführen. Denn mit der Ratio allein können wir große Themen wie Spiritualität oder Leid ebenso wenig verarbeiten wie das Mysterium Gottes. *Glaube und Gebet sind weniger dazu da, um Hindernisse zu überwinden, sondern um sie erfahren zu können.* Nur so können sie uns lehren, was immer sie uns zu lehren haben.

Unser Geist kann uns den Zugang zur Erfahrung gewähren, ihn ebenso aber auch blockieren. Solange wir die Fähigkeiten unseres Geistes nicht überprüfen und herausfordern, gelangen wir nie über das bloße Wissen von Fakten und Daten hinaus. Die weit größere Perspektive der Weisheit bleibt uns dann verschlossen. Diese Form des Gebets jenseits des Geistes wird Kontemplation oder auch Meditation genannt. Die Kontemplation ist das Öl auf den Rädern unserer wilden Fahrt durch das menschliche Leiden und die Sinnlosigkeit des Lebens. Sie ist die Basis für jede Spiritualität, die diesen Namen verdient. Sie ist der weit geöffnete Horizont, der es uns gestattet, zu lieben und dem Mysterium zu vertrauen. Deshalb ist ein weiser Mann immer an Wachstum interessiert und wird niemals damit aufhören, das Leben zu genießen.

Wo kann mir meine Vernunft auf der spirituellen Reise behilflich sein?

Wo behindert sie mich auf meinem Weg zur Weisheit?

Heilige Verwirrung

Ein wahrhaft weiser Mann zeigt die Bereitschaft und die Fähigkeit, gelassen zwischen Wissen und Nicht-Wissen, zwischen der sogenannten Dunkelheit und dem Licht zu verweilen. Genau diese Fähigkeit ist es, die ihn nicht nur intelligent, sondern weise sein lässt. Deshalb hat Paulus das Predigen mit Weisheit und das Predigen zur Unterweisung als zwei verschiedene Talente des Geistes unterschieden (1 Korinther 12,8). In anderen Worten: Ein weiser Mann ist nicht einfach nur ein intelligenter Mann. Weisheit ist vielmehr eine andere Art, Zugang zum Wissen zu erhalten. Ich nenne es gerne das »nicht dualistische« Wissen, das immer auch Raum lässt für eine dritte oder vierte Alternative.

Viktor Frankl, der brillante jüdische Psychologe und Holocaust-Überlebende, schrieb: »Verkauf deine Klugheit und erwirb dir stattdessen Verwirrung!« Man benötigt Freiheit und Offenheit, um mit dieser Art von Verwirrung zu leben, die einen wirklich weisen Mann auszeichnet. Ein weiser Mann bewahrt sich seinen »Anfängergeist«, der ihn bescheiden, menschlich und ehrlich bleiben lässt.

Wann weiß ich am besten, dass ich nicht weiß?

Was du nicht sagst!

Eine Eigenschaft, die weise Männer auszeichnet, ist ihre Ruhe. Sie warten, hören zu und sprechen nur dann, wenn sie etwas zu sagen haben. Wir sollten uns diese Art von ruhigem und natürlichem Urteilsvermögen aneignen, wenn wir älter werden. Das heißt nicht, die eigene Meinung zu verstecken, sondern diese so zu äußern, dass sie zum Nutzen aller wird. Die Menschen erkennen sehr wohl, ob wir nur laut denken oder ob wir wirklich etwas zu sagen haben.

Es gibt drei Tore, welche die Worte eines weisen Mannes passieren sollten:

Das erste Tor ist die Frage: Ist das, was ich sage, wirklich wahr? Wenn nicht, dann ist es sowieso unnötig, darüber zu reden.

Das zweite Tor ist die Frage: Ist das Gesagte liebevoll? Ist das, was ich sage, lebensbejahend und vertrauensspendend oder ist es für mein Gegenüber niederschmetternd?

Das dritte (und wahrscheinlich schwierigste) Tor ist die Frage: Ist das, was ich sage, tatsächlich notwendig? Wenn nicht, weshalb sollte ich dann diesen Augenblick durch meine Suche nach Anerkennung mit noch mehr Worten und Geräuschen zumüllen?

Wenn ich auf das zurückblicke, was ich heute alles gesagt habe – würden meine Worte diese drei Tore passieren?

Gesegnete Freuden

Der Archetyp des Liebenden ist der Teil in einem Mann, der die einfachen Freuden des Lebens zu genießen versteht – die angenehmen Erlebnisse in Beziehungen, bei der Arbeit, zu Hause, in der Natur und den alltäglichen Verrichtungen. Doch oft sind wir nicht in Kontakt mit der Energie des Liebenden und erhalten erst durch spektakuläre Ereignisse Zugang zu dieser Liebesenergie. Der wirklich Liebende jedoch empfindet selbst beim Anblick eines Blattes oder eines Lächelns Freude.

Wir suchen immerzu nach Ersatzbefriedigungen für diese täglichen Freuden. Wenn *wir jedoch die kleinen Dinge des Lebens nicht genießen können, dann sind wir auch nicht dazu in der Lage, die großen zu genießen.* Genuss ist eine Fähigkeit, die wir in jedem Moment unseres Lebens üben, bis sie schließlich zu einer Lebensweise wird.

Ist es nicht seltsam, dass die westliche Kultur dem Konsum huldigt, während sie zugleich einen armen und einfachen Mann wie Jesus zum Helden und zur Gottesfigur machte? Unserem derzeitigen Wertesystem zufolge würde es weit mehr Sinn machen, wenn unsere Gottesfigur Dionysos oder Pan wäre. Es braucht anscheinend immer höhere und höhere Dosen der Stimulation und des Entertainments, um uns das Gefühl zu geben, lebendig zu sein. Es sieht so aus, als ob der Archetyp des Liebenden am Aussterben ist.

Wie kann ich das Leben in mich aufnehmen und seine wirklichen Freuden genießen?

Die Neuschöpfung des Liebenden

Was den Archetyp des Liebenden betrifft, sind die meisten von uns mit ihm nicht im Gleichgewicht. Wir fühlen uns fast schuldig, wenn wir Freude und Vergnügen empfinden. Dabei hat Jesus selbst niemals signalisiert, dass diese Gefühle schlecht seien. Zugleich suchen wir in der physischen Welt täglich nach Vergnügungen, denen wir jedoch nicht gestatten, uns näher zu Gott, uns selbst und anderen Menschen zu führen. Sinnliche Erfahrungen werden so zu reinen Ablenkungen und Zerstreuungen anstatt zu tiefen Momenten der Verbundenheit und Gemeinschaft.

Wenn Körper und Geist miteinander in Verbindung sind, dann sind ein sexueller Liebesakt, ein liebevoll zubereitetes Mahl oder ein geruhsamer Spaziergang weit gottgefälliger als eine perfekte, rechtgläubige religiöse Zeremonie, die mit einem kalten, unpersönlichen oder abwesenden Herzen durchgeführt wird. Man würde zwar annehmen, dass das Christentum den Archetyp des Liebenden den anderen Archetypen vorzieht, doch aus irgendeinem Grund misstrauen wir diesem und bleiben selbst dann noch von ihm getrennt, wenn wir es wagen, ihn zu genießen.

Der Kontemplative ist die höchste Ausformung des Liebenden; er ist dazu fähig, Freude und Liebe in allem zu finden.

Wie sieht Gott meine Sexualität?

Den Eros befreien

Wenn eine Religion nicht den sinnlichen, genussfreudigen und erotischen Aspekt der Persönlichkeit integriert und wertschätzt, dann schlägt sie eine falsche und destruktive Richtung ein. Wenn wir unsere Sexualität nicht wertschätzen und segnen, wird sie sich unserer bemächtigen und uns kontrollieren. Bede Griffiths sagte: »Sex ist viel zu wichtig, um ihn zu verdrängen oder auf die leichte Schulter zu nehmen. Die einzige Alternative, die wir haben, ist, ihn zu segnen.«

Liebende und großzügige Männer haben zumeist einen kraftvollen Zugang zu Schönheit, Vergnügen und Sex – und sie haben zugleich auch realistische und angemessene Erwartungen. Sie wissen, dass uns bereits die kleinen Vergnügungen einen Geschmack der Sehnsucht nach dem Großen und Ewigen geben. Die zentrale Übung für den Archetyp des Liebenden in uns allen ist: Wenn du andere lieben kannst, dann kannst du auch Gott lieben und dich von ihm lieben lassen. *Wie du mit deiner Sexualität umgehst, ist ein Indikator dafür, wie du allgemein mit Beziehungen umgehst.* Wie du mit deinen Beziehungen umgehst, weist darauf hin, wie du dich mit Gott und mit allem anderen verbunden fühlst.

In welcher Art und Weise schätze und integriere ich das Sinnliche und Erotische?

Welche Erwartungen habe ich an das Erotische?

Alles miteinander verbinden

Der Archetyp und die Energie des Königs halten den Krieger, den Weisen und den Liebenden in einem großen Wechselspiel von Balance und Ganzheitlichkeit. Der gute König weiß sehr wohl um die eigenen Grenzen und er kann es sogar riskieren, machtlos auszusehen. Wahre Könige haben es nicht nötig, in Uniform, mit Abzeichen und Kronen herumzulaufen, um andere davon zu überzeugen, wer sie sind. Ihre Autorität kommt von innen und basiert auf dem, was sie bereits im Leben geleistet haben.

Solch ein Königtum ist selten. Doch es ist das ultimative männliche Ziel. Ein König ist nicht nur einfach ein guter Lehrer oder ein gütiger Vater. Seine Gegenwart allein bringt uns in Kontakt mit dem Heiligen und Universalen. Er macht uns deutlich, dass Ganzheitlichkeit und Heiligkeit möglich sind. Vor Kurzem war ich auf einer Vortragstour in Südafrika. Der Einfluss der beiden alten Männer Nelson Mandela und Desmond Tutu wirkt selbst in deren Ruhestand immer noch überall fort. Ihre Energie ist nämlich kein bisschen im Ruhestand!

Wie weit bin ich auf meinem Weg zum
wahren König vorangekommen?

Der König in seinem Königreich

Saul, Herodes, Pilatus, Stalin und Hitler sind Archetypen des dunklen Königs. Sie scheinen in der Geschichte immer wieder aufzutauchen. Diese Männer haben keine Vision vom Ganzen, kein wirkliches Reich, das sie zusammenhalten könnten. Und doch üben sie oft eine große Wirkung auf Menschen aus. Ihr Königreich ist ein kleines, von Egoismus und Eigennutz dominiertes Reich. In demokratischen Ländern sind dies die Politiker, deren einziges Interesse darin besteht, wiedergewählt zu werden. Und sie werden von Menschen, deren Königreich noch kleiner ist, tatsächlich wiedergewählt! Es ist fast so, als ob die Menschen kein größeres Bild von sich selbst entwerfen könnten.

Der dunkle König grenzt seine Feinde aus und vernichtet sie. Ein wahrer König wie Nelson Mandela lädt seine ehemaligen Gefängniswärter zu seiner Amtseinweihung ein. Abraham Lincoln forderte die Menschen nach dem großen Bürgerkrieg dazu auf, »Bosheit gegenüber niemandem und Barmherzigkeit gegenüber allen zu zeigen«. Und Jesus sprach am Kreuze: »Vater, vergib ihnen, denn sie wissen nicht, was sie tun« (Lukas 23,34).

**Wo sind in meinem Leben
der dunkle und der gute König?**

Der König und der Schuster

Der junge Prinz benötigt Modelle und Mentoren auf seinem Weg, um zu einem wahren König zu werden. Er muss leidenschaftlich Liebenden begegnen, wahrhaft weisen Männern sowie Kriegern, die sich sowohl ihren inneren wie auch äußeren Dämonen gestellt haben. Indem er von ihnen lernt, macht er sich bereit, eines Tages sein eigenes Reich zusammenzuhalten. Er wird ein König sein, und zwar in dem Bereich, in dem er über Kompetenz verfügt.

Dieser Mann kann König in einem Schusterladen sein, und die Menschen kommen von weit her in sein Schusterreich, einfach nur um von ihm gesehen und gesegnet zu werden. Er wird nicht nur ihre Schuhe reparieren, sondern auch ihre Seelen heilen – und sie werden es vielleicht nicht einmal wissen, dass sie wegen Letzterem kamen. Ich hoffe, dass jeder schon einmal einem solchen Mann begegnet ist. Sie leben überall im Verborgenen und haben in der Regel keinerlei Bedürfnis, erkannt oder bekannt zu werden. Sie regieren durch ihr bloßes Sein.

**Was ist mein persönliches Reich,
zu dem Menschen kommen
und in dem ich das Potenzial
eines wahren Königs habe?**

Vom Überlebenstanz zum heiligen Tanz

Solange unser Leben glatt verläuft, wird nichts wirklich Neues oder Kreatives geschehen. Ein Leben nach Plan lässt kaum Raum für Ungewöhnliches oder Schöpferisches. Die Struktur, die wir in der ersten Hälfte unseres Lebens entwickelten, kann später zu einem Gefängnis werden, wenn wir sie nicht zu überschreiten wagen. Mit dem »Hausbau« der ersten Lebenshälfte begründeten wir das, was der Tiefenpsychologe Bill Plotkin unseren »Überlebenstanz« nennt.

In der zweiten Hälfte unseres Lebens sind wir jedoch mit anderen spirituellen Themen konfrontiert. Anstatt aufzubauen und zu erwerben, müssen wir uns nun im Loslassen üben. Oft bedarf es einer Krise, bevor wir bereit sind, dies zu tun. Deshalb beginnt unser heiliger Tanz immer dann, wenn wir es unserer neu entdeckten Seele gestatten, uns nach vorne zu ziehen. Das erste Haus dient uns als Plattform und Fundament – auf seinem Grund werden wir schließlich den großen Tanz vollenden, für den wir geschaffen wurden.

Bin ich bereit, loszulassen?
Was hat mich darin unterstützt,
diese Bereitschaft in mir zu entwickeln?

Wo ist die Freude?

Männer berichten oft, dass sie Schwierigkeiten hätten, Gott zu hören. Doch ganz ehrlich: Ist es nicht weit schwerer, Gott *nicht* zu hören? Der Schmerz darüber, sich Gottes Präsenz nicht bewusst zu sein, ist größer und tiefgreifender als der Schmerz, den wir erfahren, wenn wir Geist, Herz und Seele für das Mysterium öffnen. Diejenigen, die eine direkte Erfahrung Gottes machten, erfuhren Frieden, Freude und sogar Ekstase. Weshalb? Weil wir genau dafür gemacht sind! Man muss sich schon reichlich anstrengen, um Gottes offensichtliche Präsenz in allen Dingen auszublenden.

Wenn es deinem Leben an innerer Freude, Zufriedenheit und wärmender Zuneigung fehlt, dann fehlt es dir an authentischer Seelen- und Gotteserfahrung. Wenn dir deine Religion vor allem den Geschmack von Furcht vermittelt und sie aus einer Abfolge von religiösen Pflichten und Zwängen besteht, dann ist sie die Mühe nicht wert – wahrscheinlich ist sie sogar Teil deines Problems. Die taubblinde Schriftstellerin Helen Keller, eine Frau von außergewöhnlicher Liebesfähigkeit, sagte einmal sehr weise: »Mir scheint fast, dass ein großer Teil der Religion aus der Verzweiflung des Menschen besteht, Gott *nicht* zu finden!«

Wo ist die Freude in meinem Leben?

Du bist schon jemand

Der herrschende Mythos vom ›Selfmademan‹ ist eine Falle. Die Vorstellung, dass wir unsere eigene Identität oder unseren Wert erzeugen könnten, ist ein zum Scheitern verurteiltes Unterfangen. Zu glauben, dass wir unsere eigene Bedeutung erschaffen könnten und müssten, führt nur dazu, dass wir in jedem anderen Mann einen Rivalen erblicken und miteinander um Unwichtiges kämpfen.

Die Seele braucht Sinn, so wie der Körper Nahrung braucht. Ohne in einen größeren Sinnzusammenhang eingebunden zu sein, wird unser Leben zu einem »Desaster«, was übersetzt so viel bedeutet wie »abgetrennt von den Sternen« zu sein! Es ist absolut notwendig, dass wir die größere Bedeutung unseres Lebens erkennen. Jesus hat deutlich gemacht, wie wichtig jeder Einzelne von uns ist: »Freut euch darüber, dass eure Namen im Himmel verzeichnet sind« (Lukas 10,20).

Du kannst dich nicht selbst für wichtig erklären; jeder Versuch, dies zu tun, ist wahnhaft, mögen es auch noch so viele versuchen. Das Problem, das wir so verzweifelt zu lösen versuchen, ist bereits gelöst, auch wenn die meisten von uns es nicht wissen. Wir suchen nach etwas, was wir bereits haben.

In welcher Hinsicht strebe ich immer noch danach, ein ›Selfmademan‹ zu sein?

Erlösendes Leiden

Mit seinem Leiden zeigte uns Jesus, dass Gott an den Prüfungen der Menschheit Anteil nimmt. Unser Schöpfer heilt unser Leiden nicht aus der Ferne, sondern steht uns im Leiden bei. Jesus machte deutlich, dass Gott an unserem Leiden nicht nur teilnimmt, sondern dass dieses Leiden lebensbejahendes Element der Menschheitsevolution und dessen ist, was ich »Christusbewusstsein« nenne (Epheser 4,23–24).

In der Geschichte kennen wir das Handlungsmotiv der »erlösenden Gewalt«; Menschen glauben, dass sie durch das Töten anderer sich selbst retten und schützen könnten. Jesus verkündete und lebte eine neue Art des »erlösenden Leidens«. Er glaubte daran, dass wir durch unser Leiden für andere und die Welt das große Ganze verändern können. Liebe geht niemals verloren, sie baut sich auf und trägt dazu bei, das ewige Christusbewusstsein zu erschaffen. Paulus fasste dies in mutige und vertrauensvolle Worte: »Jetzt freue ich mich in den Leiden, die ich für euch ertrage. Für den Leib Christi, die Kirche, ergänze ich in meinem irdischen Leben das, was an den Leiden Christi noch fehlt« (Kolosser 1,24).

Woran leide ich heute?
Wo könnte Gott in diesem Leiden sein?

Glühlampen

Große Menschen zeichnen sich meist durch Bescheidenheit aus. Sie wissen und akzeptieren, dass sie ihre Kraft aus einer anderen Quelle beziehen, und sehen sich als Instrument von etwas weit Größerem. Ihre Begabung erachten sie nicht als ihren Verdienst, sondern als ein Geschenk. Sie vollbringen große Dinge genau deshalb, weil sie wissen, dass dieses Geschenk nicht ihrer Verantwortung untersteht. Deshalb sorgen sie sich auch nicht wegen etwaiger Fehler. Sie wissen, dass ihr Leben nicht ihnen gehört, sondern dass es ihnen anvertraut wurde. Jemand weit Größeres nimmt sie wichtig und deshalb fühlen sie sich zutiefst respektiert. Das ist es, was alle Männer letztlich brauchen.

Vor einigen Wochen traf ich Erzbischof Desmond Tutu in Kapstadt. In unserem Gespräch sagte er, dass wir beide wie Glühlampen wären. Wir erhalten sehr viel Aufmerksamkeit und scheinen für alle sehr hell zu leuchten, doch zugleich wüssten wir beide doch sehr genau, dass die Helligkeit sofort schwinden würde, wenn diese Lampe auch nur für einen Moment von der Lichtquelle getrennt würde. Danach lachte er ausgelassen und zwinkerte mir einvernehmlich zu.

Wo ist der Überfluss in meinem Leben?
Und wie lasse ich andere daran teilhaben?

Sei einfach du!

Kurz vor seinem Tod sagte der heilige Franziskus zu seinen Mitbrüdern:»Ich habe getan, was ich zu tun hatte. Nun müsst ihr das tun, was ihr zu tun habt.« Große Menschen müssen sich keine Identität schaffen und auch keine Marke aus sich machen.

Worum es geht, ist, zu der Identität zu finden, die du bereits hast, und diese wertzuschätzen. Doch genau das fällt vielen von uns so schwer: Zu sein, wer wir sind, fühlt sich so klein und unbedeutend an. Genau das ist es aber, was Gott von dir will: Dass du der wirst, der du bist. Das ist das Mutigste, was du vielleicht jemals in deinem Leben tun wirst: zu dem Mann zu werden, der du bist, und kein anderer sein zu wollen. Und dich so zu akzeptieren, wie du bist. Ich habe Jahre damit verbracht, wie Franziskus sein zu wollen, bis ich schließlich erkannte, dass Franziskus dies ganz sicher nicht gewollt hätte. Ich soll weder ein heiliger Franziskus noch eine Mutter Teresa noch sonst irgendein idealisierter Held sein. Meine einzige Aufgabe ist es, Richard zu sein, mit all seinen Fehlern, Nachteilen und Mängeln. Das ist viel härter und benötigt weit mehr Vertrauen und Hingabe. Es geht darum, die Verantwortung für das eigene Selbst zu übernehmen, und nicht um dessen Vervollkommnung.

Was ist meine Aufgabe in diesem Leben?

Die Leiter zum Himmel

In einem spirituellen Leben wird das, von dem wir denken, dass wir es tun, in Wirklichkeit uns getan; alles, was wir tun können, ist dazu Ja zu sagen. Eines Tages wirst du dich ganz in diesem Anderen wiederfinden. Du wirst dich von diesem Anderen, das deine eigene Herrlichkeit umhüllt und bewahrt, ganz gehalten wissen. Dein wahres Selbst wird sich dir zeigen und du wirst voller Freude erkennen, dass dieses weit herrlicher, vernünftiger, ursprünglicher und freier ist als jede Identität, die du dir selbst hättest erdenken können. Du wirst dich förmlich in diese verlieben.

Indem wir unser eigenes und einzigartiges Leben führen, haben wir Anteil am großen Leben Gottes. Wenn der Heureka-Moment eintritt (»Ich habe es gefunden!«), dann wird es dir wie Jakob ergehen, der unter der Leiter zum Himmel erwachte. Und du wirst bei ihm sein und ausrufen: »Du warst hier all diese Zeit und ich habe es nicht gewusst!«

Wie fühlt es sich an, von Gott gefunden zu werden?

Kann ich mich an eine Zeit in meinem Leben erinnern, in der ich mir dessen intensiv bewusst war?

Verbrannt von Gott

Nach einer authentischen Gotteserfahrung scheint unser Leben von permanenter Unzufriedenheit erfüllt. Nichts kann uns jetzt mehr völlig zufriedenstellen – keine Kirche, keine Beziehung, weder unser Land noch unser Beruf, und wir selbst schon gar nicht. Völlig unabhängig davon, wer gerade Präsident, Papst oder berühmt ist, wir fühlen uns unglücklich. Es ist eine radikale und schmerzhafte Unzufriedenheit. *Unser gewöhnliches Leben wird nie mehr gut genug sein und doch ist es seltsamerweise mehr als genug.* Selbst die kürzeste und kleinste Begegnung mit Gott verbrennt uns. Sie führt uns in eine eigenartige Einsamkeit. Wir wurden von etwas berührt, wofür wir niemals bereit sein können, was wir noch nicht ertragen können, was wir uns zugleich jedoch mehr wünschen als alles andere auf der Welt!

Von nun ist Gott zwar verborgen und doch zugleich in allem offenbart. Meist erscheint das Göttliche mehr versteckt als enthüllt. Wir sind jedoch entzündet. Es ist eine heilige Sehnsucht in uns. Sie führt uns unaufhaltsam zu dem Einen, der uns einst mit seiner Berührung erweckte.

Wann habe ich Gott in einer Weise erlebt,
die alles verändert hat?

Brennende Erfahrung

Eine spirituelle Gipfelerfahrung kann sehr befremdend sein. Nach diesem Erlebnis scheinst du nicht mehr dazuzugehören. Du bist für den Rest deines Lebens aus dem Takt geraten, etwas seitlich versetzt. Worüber jeder andere sich aufregt, lässt dich unbeeindruckt. Du siehst in den neuesten technischen Gerätschaften, Ereignissen, Wahlen und sensationellen Schlagzeilen nichts anderes als Schatten und Maskeraden. Weshalb nur sind all die anderen mit diesen flüchtigen Dramen des Lebens beschäftigt? Können sie denn nicht sehen? Wissen sie nicht? Bin ich denn verrückt? Oder sind all die anderen verrückt? Oder sind wir vielleicht alle nur in verschiedener Weise verrückt?

Du kannst versuchen, zu fliehen. Doch der Hinterhalt ist bereits gelegt. Der »Himmelshund« ist hinter dir her und hat deine Fährte aufgenommen. Du rennst davon, verleugnest, ignorierst, verneinst, was du gesehen hast, und versuchst zu vermeiden, was du erlebt hast. Doch du weißt, dass du immer wieder zurückkehren wirst. Denn kein anderer Liebhaber liebt dich auch nur halb so sehr wie dieser!

Da ich nun weiß, dass mein Leben aus mehr besteht als Ehre, Macht und Besitz – was ist mein Weg und wonach suche ich?

Das Zielfluggerät

Es ist Gott selbst, der durch uns Gott liebt. Allein auf uns gestellt wüssten wir gar nicht, wie oder wo wir nach Gott suchen sollten. Wir wissen nicht einmal, wie Gott aussieht. Wir wissen nicht, was wir glauben sollen – oder ob wir überhaupt versuchen sollten, zu glauben.

Gott pflanzte ein bisschen Gott in jeden von uns – wir sprechen vom innewohnenden Heiligen Geist (Johannes 14,16–17) – und hier sucht und findet dich Gott so sicher wie ein Zielfluggerät. Es geschieht dir, durch dich, für dich, in dir und aus dir heraus. Alles, was du tun kannst, ist die Quelle in dir sprudeln und durch dich hindurchfließen zu lassen (Johannes 4,14).

Gehe an diesen heiligen Ort in dir. Er ist der einzige Ort, der groß genug ist, um auch der Dunkelheit zu begegnen, sie zu halten und sie auszuhalten.

Wann habe ich gespürt, dass Gott in mir nach Gott sucht?

Praktische Schritte

Es gibt praktische Tipps und Strategien, um auf dem Weg der Transformation zu bleiben:

- Lies gute Bücher, insbesondere Biografien von Menschen, die du bewunderst.
- Sieh dir gute Filme an, gehe in Kunstausstellungen und höre Musik.
- Achte auf deine Träume, in denen sich deine Archetypen zeigen.
- Bete und meditiere regelmäßig, um die Linsen zu reinigen, sodass die Bilder der Seele sich zeigen können.
- Lerne ebenso von den negativen Archetypen wie von den positiven.
- Verwende Übungen, die dich mit der rechten Gehirnhälfte verbinden, damit deine Seele spontaner mit dir Kontakt aufnehmen kann.
- Verbringe viel Zeit in der Natur.
- Führe ein Tagebuch. Schreibe ohne Zensur und lass es niemand anderen lesen.

**Wie gelange ich an den Ort,
an dem meine Seele zu sprechen beginnt?**

Ringkampf mit dem Engel

Der Zweck der Reise besteht in einem Ringkampf mit dem gleichen Engel, mit dem bereits Jakob kämpfte (Genesis 32,23). Ebenso wie Jakob werden wir dabei verwundet werden oder erkennen, dass wir schon immer verwundet waren. Nun erkennen wir jedoch, dass diese Wunde von Gott geschlagen wurde. Wir werden für den Rest unseres Lebens hinken, doch dieses Hinken ist keine Behinderung, sondern ein Segen.

Verwundete Männer wie Jakob, die ihre Wunden als Segen erleben, lernen die paradoxe Sprache der Seele zu sprechen. Wenn wir erst einmal den Segen dieser Begegnung erfahren haben, beginnen wir, Wörter in anderer Weise zu verwenden. Wir erkennen die Regressionen und Begrenzungen fundamentalistischer Aussagen. *Wenn dir deine tiefsten Wunden erst einmal zum größten Segen wurden, dann sind keine Worte mehr dazu in der Lage, deine neue Welt der Paradoxe und Mysterien zu erklären.* Wenn unsere Wunden erst einmal zu heiligen Wunden wurden, dann werden wir eine neue Sprache lernen.

Was bedeutet mir derzeit meine spirituelle Reise?

Gibt es einen heiligen Jesus?

Erzählungen von Männern mit tragischen Fehlern und blinden Flecken, von Leugnern und Betrügern füllen die Bibel – sie sind fast die Norm. Hierfür brauchen wir nur an Adam, Jakob und Esau, Moses, David, Salomon, Petrus und Paulus denken. Doch jeder einzelne von ihnen wurde von Gott gebraucht, jeder war auf seine eigene Art und Weise Teil des göttlichen Plans. Kein einziger dieser biblischen Männergestalten würde es heutzutage durch einen römischen Heiligsprechungsprozess schaffen. Selbst Jesus würde es aufgrund theologischer Unstimmigkeiten und seiner mangelnden moralischen Prinzipien nicht zu einer Heiligsprechung bringen.

Kein einziger von uns lebt auch nur die Hälfte der Wahrheit, die wir erkannt haben. Und doch wissen wir um die Wahrheit, und sie drängt uns immer weiter voran in heiligem Unbehagen. Jeremia schrieb darüber: »So war es mir, als brenne in meinem Herzen ein Feuer, eingeschlossen in meinem Innern. Ich quälte mich es auszuhalten« (Jeremia 20,9). Wir sind gefangen und eingeschlossen in einer größeren Wahrheit, die wir weder aushalten noch erfüllen können. Und doch lädt sie uns durch Gottes geduldige Stimme immerzu ein. *Du musst übrigens nicht bis zum Polarstern reisen, um von ihr geführt zu werden.*

Was ist meine Wahrheit und wie versuche ich, sie zu erfüllen?

Das Gesicht des anderen

Im Buch Hiob macht Gott keinerlei Versuch, die Fragen Hiobs zu beantworten, denn diese Antworten hätten Hiob sowieso nicht zufriedengestellt. Nur »die Stimme des Wirbelsturmes«, die Begegnung selbst, konnte ihn verändern. Auch Jesus bleibt in den Heiligen Schriften in der Konfrontation mit seinen Gegnern meist still und weigert sich, auf ihre feindseligen Fragen direkt einzugehen. Vielmehr versucht er, der Frage eine neue Richtung zu geben, um die Fragesteller auf die eine große Frage hinzuweisen – und auf diese ist Präsenz die einzig mögliche Antwort. »Lass dein Angesicht leuchten, dann ist uns geholfen« (Psalm 80,8).

Wir können das zentrale Thema der Bibel darin erblicken, Menschen unablässig mit dem Gesicht des anderen zu konfrontieren. Mit den Sündern, Fremden, Seltsamen, Samaritern, Heiden, Armen, Behinderten, selbst mit unseren eigenen verborgenen und verleugneten Gesichtern. Dies sind die Übungen, die uns auf die eine große Begegnung vorbereiten. Denn wenn wir es anderen Menschen nicht gestatten, uns zu verändern, wenn wir nicht offen sind für die Bedürfnisse anderer Menschen, wie könnten wir uns dann verändern, wenn wir Gott begegnen?

Wie kann ich mich darin üben, für andere und die Welt außerhalb meines Selbst offen zu werden?

Das Böse ist weder Anfang noch Ende

Das Böse und Sündhafte ist real und schmerzhaft, doch nicht das Entscheidende. In ihm liegt weder die erste noch die letzte Wahrheit. Das ist die wichtigste Botschaft des Christentums! Schon in der Schöpfungsgeschichte steht geschrieben, dass die gesamte Schöpfung von Anfang an gut war (Genesis 1,10). Die Auferstehung Jesu ist das Versprechen Gottes an die Menschheit, dass am Ende aller menschlichen Kreuzigungen die Auferstehung steht. Auch wenn wir uns dessen nicht immer bewusst sind, so nimmt uns diese Weltsicht doch unsere Angst und Selbstzweifel und gibt uns eine Ahnung davon, Teil eines weit Größeren zu sein. Manchmal glaube ich, dass die meisten und wirksamsten »Erlösungen« sowieso auf der unbewussten Ebene geschehen.

Gottes Gnade und Barmherzigkeit spricht das letzte und entscheidende Wort. Wir sind nicht mächtiger als Gott. »Er wird alle Tränen von ihren Augen abwischen: Der Tod wird nicht mehr sein, keine Trauer, keine Klage, keine Mühsal. Denn was früher war, ist vergangen« (Offenbarung 21,4). So steht es am Ende der Bibel geschrieben.

Welche Gnade durfte ich in dieser Woche erfahren?

Was uns Hospize und Trauerfälle lehren

In der zweiten Hälfte unseres Lebens wird das Leiden zunehmend zu einem ständigen Begleiter auf dem Weg. Wir erleben den Tod geliebter Menschen, nehmen Anteil am Leiden anderer und werden uns des eigenen alternden Körpers bewusst. Wir erfahren, dass das Leiden niemals nur uns allein betrifft. Diese Erkenntnis ermöglicht es uns, kraftvolles Leben an unsere Kinder, Freunde und die Menschen um uns herum weiterzugeben. *Solange die Menschen noch in Großfamilien zusammenlebten, galten Alter und Tod als zentrale spirituelle Erfahrungen, an denen die ganze Familie teilhatte.* Mittlerweile wurden Alter, Leid und Tod zu Ereignissen, die fernab von unserem Alltag in medizinischen und hygienischen Einrichtungen stattfinden. Die Menschen sterben an Schläuchen angeschlossen und mit Medikamenten vollgestopft. Sie können ihren Tod nicht bewusst erleben und auch nicht die Weisheit weitergeben, zu der Menschen am Ende ihres Lebens oft gelangen. Bevor meine eigene Mutter starb – die übrigens keine fromme Katholikin war –, machte sie mich auf den Schutzengel aufmerksam, den sie neben mir stehen sah. Sie sprach von diesem in einer so selbstverständlichen Art und Weise, die mich erkennen ließ, dass sie bereits auf dem Weg in die andere Welt war.

Was hat mich das Leid
im vergangenen Jahr gelehrt?

Wissen ohne Glauben

Die Heiligen und die Schriften sagen, dass es keine wahre Weisheit ohne Glauben gibt. Betrachten wir dies genauer:

1. Am Anfang haben wir eine *Information*, eine Kombination von Fakten und Daten.
2. Indem wir diese Fakten in einem größeren Rahmen betrachten und Verbindungen schaffen, entsteht *Wissen*.
3. Wir analysieren dieses und so wird es zur *Intelligenz*.
4. Wir gelangen mittels der Intelligenz zu neuen Einsichten und erhalten *Intuitionen*, die als die Grundlage von Genialität gelten.
5. Wir verbinden unser Wissensgebiet mit anderen Wissensgebieten und erhalten dadurch ein erstes *Verstehen* vom Einheitsfeld.
6. Wir wertschätzen all diese Ebenen des Wissens und Erkennens und erlauben es ihnen, *in der größtmöglichen Zwiesprache mit allen Dingen zu ruhen.* Wir akzeptieren, dass die Wirklichkeit letztlich ein unergründliches Mysterium ist. Damit können wir die Dinge aus einer nicht dualistischen Sichtweise wahrnehmen. »Übersteigen und einschließen« ist von nun an unser Motto. Alles hat seinen Platz. Das ist Weisheit!

Wie gelangen wir von einer Ebene zur nächsten? Indem wir uns von jeder vorherigen Ebene unabhängig machen. Um wachsen zu können, müssen wir Dunkelheit und Selbstzweifel aushalten. Ein Mensch, der Dunkelheit und Selbstzweifel vermeidet, wird niemals weiterkommen.

**Wann habe ich selbst erfahren,
dass Wissen allein niemals genug ist?**

Das Todesurteil

Gott zu gestatten, Gott zu sein, fällt einem Mann nicht leicht. Das kann durchaus ein Leben lang dauern, denn jeder Schritt in die Richtung einer Vereinigung mit dem Göttlichen fühlt sich für ihn wie ein Verlust des Selbst an. Und das ist es auch! Doch das ist es nur deshalb, weil wir so mit diesem Selbst verhaftet sind und uns so daran gewöhnt haben. Wir sind Opfer unserer Gewohnheiten. Wir bräuchten dieses falsche Selbst gar nicht, doch das können wir zu diesem Zeitpunkt meist noch nicht wissen.

Eine wirkliche Bekehrung fühlt sich immer an wie Sterben, und wer keine Erfahrung im Sterben hat, lässt es auch nicht so einfach geschehen – bis man schließlich dazu gezwungen wird. Viel lieber bliebe man das kleine Ich mit einem Gott irgendwo da draußen.

Doch solange dieses Selbst nicht stirbt, kannst du dich nicht finden. Jeder, der sein Selbst verliert, wird sich selbst finden – das hat uns Jesus immer wieder gesagt (vgl. Matthäus 16,24). Letztlich musste er tatsächlich sterben, weil es so viel Widerstand gegen diese Botschaft gab.

**Was befürchte ich zu verlieren,
wenn ich mich auf den Weg zu Gott mache?**

Lass es fließen!

Männer, die aktiv aus der göttlichen Quelle schöpfen, wissen, dass sie ihr Leben nicht länger dirigieren und ihre eigenen Pläne nicht weiter verfolgen müssen. Sie mögen dies als Fügung, Schicksal oder innere Führung erleben, denn sie wissen, dass sie in weit besserer Weise geführt werden, als sie selbst dies könnten. Das mag für den logischen Verstand nicht nachvollziehbar sein und es bedeutet auch nicht, dass wir uns nun einfach hinlegen und tot stellen sollten. Die göttliche Führung anzunehmen ist eine sehr subtile und diskrete Kunst, die wir durch ständigen Versuch und Irrtum erlernen. Sich dieser Führung anzuvertrauen hat nichts mit Aufgeben, Nachgeben, Kapitulieren, zur Marionette zu werden, naiv oder unverantwortlich sein, den Verstand abschalten oder jemand anderes zu werden, zu tun. Hingabe öffnet dich auf eine so behutsame Weise, dass der Kanal des »lebendigen Wassers« frei durch dich hindurchfließen kann (Johannes 7,38–39). Hingabe ist das Vertrauen darauf, dass du tatsächlich der geliebte Sohn eines liebevollen göttlichen Vaters bist.

Wann habe ich wahre Hingabe erlebt?
Was hält mich von ihr ab?

Dem Tod ins Auge blicken

Im Mai 1991 wurde bei mir ein bösartiger Hautkrebs diagnostiziert. Die Ärzte gaben mir nur noch fünf Monate zu leben. Ich hatte zwar keine Angst vor dem Tod, doch ich war entsetzlich traurig darüber, dass dieses große und einzigartige Experiment – mein Leben – schon so bald vorüber sein sollte. Heute – 20 Jahre später – bin ich noch immer am Leben. Die Liebe und die Gebete vieler Menschen haben offenbar zu meiner Heilung beigetragen. Diese Erfahrung hat mein Leben grundlegend verändert. Seitdem weiß ich, dass es meine Aufgabe ist, mein – und sei es auch noch so begrenztes – Wissen von der Wahrheit zu verkünden. Nur wenige Menschen haben, so wie ich, hierfür eine zweite Chance erhalten.

Die großen Fragen, die im Schatten des nahenden Todes aufsteigen, sind: »Habe ich jemals wirklich geliebt?« und »Habe ich die wirkliche Bestimmung meiner Seele und meines Schicksals gelebt?« Wenn wir wahrhaftig geliebt haben, dann haben wir auch den Mut, dem Tod entgegenzugehen. Und wenn wir dem Tod begegnet sind, dann erhalten wir die Freiheit, unsere tiefste Bestimmung zu leben. Das ist es, was wir alle letztlich dem Leben, dem Universum und Gott zurückgeben können.

Wann war ich dem Tod nahe?
Was hat dies in mir verändert?

Der heilige Narr

Die Erfahrung Gottes ist immer eine Erfahrung der Ganzheit. Wir fühlen eine universale Größe, in der alles seinen Platz hat und nichts ausgeschlossen ist. Die meisten unserer Urteile erscheinen angesichts dieser Größe belanglos, unbegründet und kleinlich. Unser Leben, ebenso wie das Leben aller Menschen, ist eine große Gnade. Wenn wir das erkennen, können wir damit aufhören, abzuwägen, aufzuzählen und abzustempeln, denn all das macht in diesem unermesslich weiten Raum keinen Sinn mehr.

Deshalb werden wir in unserem späteren Leben häufig zu heiligen Narren. Wie die Narren in den Mythologien können wir nun der dunklen Seite in allen Dingen begegnen, ohne uns davon bedroht zu fühlen. Solange wir jung sind, ist das kaum möglich, denn junge Männer brauchen klare Abgrenzungen und Definitionen und fühlen sich von ihrer Schattenseite bedroht. Wenn wir jedoch älter und weiser werden, erkennen wir, dass alles Teil des einen Weges zur großen Wahrheit ist. Und die mächtigste aller Fragen – »Wer bin ich?« – ist gottlob immer schon beantwortet: »Du bist Gottes geliebter Sohn.«

Bin ich bereits zu einem heiligen Narren geworden, oder brauche ich noch Begrenzungen und Benennungen?

Für immer

Wir alle tragen in uns die Ahnung, dass wir für ein ewiges Leben bestimmt sind. Es ist wie ein Echo etwas Ewigen, das wir auch Seele nennen können. Gläubige nennen es die innewohnende Präsenz Gottes. Es ist der in uns lebende Gott, der unsere Sehnsucht nach Gott entfacht. Das ewige Leben ist bereits in uns und entzündet unsere Aufmerksamkeit für etwas so scheinbar Unmögliches wie das ewige Leben. Es ist der Heilige Geist selbst, der uns auf das hoffen lässt, was wir nur erahnen können.

Wir können uns nichts vorstellen oder erhoffen, das wir nicht bereits in irgendeiner, und sei es auch noch so unbedeutenden Weise, berührt haben. Ein spirituelles Erkennen ist letztlich immer ein Wiedererkennen. Es würden nicht so viele Menschen nach einem ewigen Leben suchen, wenn es nicht Realität wäre – es handelt sich dabei nicht um ein Wunschdenken, sondern um einen weiterführenden Gedanken. Gott dachte von Anfang an daran und hat diesen Wunsch in unser Herz gelegt. Das ist auch die Grundlage des Gebetes: Gott lässt uns denken, dass es unser Gedanke ist, während es doch in Wahrheit Gottes Gedanke ist! *Gott kommt zu uns – als wir!* Wie eine gute Frau lässt Gott Männer einfach in dem Glauben, dass es ihre eigene Idee wäre!

Was erhoffe ich mir in diesem Leben
vom göttlichen Geist?

Sein Leben hingeben

Wenn wir in der Ökonomie der Gnade leben, hören wir damit auf, die Geschehnisse in Kategorien von gut, besser oder am besten zu bewerten – wir gestatten es dem Leben, sich zu vollziehen. Und dazu gehört auch das Scheitern, denn dies ist ebenso Teil des Lebens. Die logische Schlussfolgerung der Liebe ist, dass wir Leid erfahren, denn die Liebe verschenkt sich an die, die sie liebt – und das hat seinen Preis. Sein Leben für jemand anderen hinzugeben, das machte Jesus unmissverständlich klar, ist das Charakteristikum reifer Liebe (Johannes 15,13).

Bei dieser Art von Liebe handelt es sich jedoch nicht um etwas Morbides. Das Wort Opfer kommt von *sacrum facere*, was so viel heißt wie »etwas sakral oder heilig machen«. Wir heiligen etwas, indem wir es mit dem Ganzen wieder verbinden – indem wir uns selbst dem anderen schenken, wie auch Gott sich selbst an uns verschenkte. Im Leiden teilen wir die Leidenschaft Gottes. Wir nehmen Anteil an dem, was Gott für die Liebe und das universale Leben tut. Wir sollten dies nicht mit den fantastischen Heldentaten verwechseln, mit denen junge Männer sich gerne opfern würden. Es geht hierbei vielmehr um die Tugenden eines gereiften Mannes.

Habe ich Leid in meinem Leben als heilig erfahren können?

Der leidende Gott als Retter

Wenn wir leiden, leidet Gott, und wenn wir vertrauensvoll und bewusst leiden, dann sind wir in Gemeinschaft mit Gott. Alle Heiligen wussten dies. Manche erscheinen uns heute geradezu masochistisch in ihrer Bereitschaft zu leiden. Doch dies war ihr Weg, sich mit allem verbunden zu fühlen.

In vielen Mythologien der Welt ist es gerade der Verwundete, der die Erkenntnis bringt. Es ist ein blinder Seher, ein verkrüppelter Verkünder der Wahrheit oder ein Bettler, der Weisheit verkörpert. Wer selbst leidet, hat Mitgefühl mit dem Leid anderer. Er erträgt alles und versteht alles. Der vom Leid Heimgesuchte wird so zum Träger der Hoffnung. Es ist daher nicht verwunderlich, dass die Christenheit einen schwer vom Leid gezeichneten Mann zum zentralen Symbol hat. Ein Gott, der das Leiden der Welt nicht kennt, kann sie auch nicht vor ihren Problemen und ihrem Niedergang bewahren. Dies kann nur von innen heraus geschehen. Alle Dinge werden von innen nach außen und von unten nach oben geheilt.

Wie sieht für mich der leidende Gott aus?

Hüte deinen Geist

Der Geist in dir ist das, was dich für das Transzendente, das Andere und immer schon Größere öffnet – und damit auch für das, das wir Gott nennen. Wie eine Brieftaube sucht der Heilige Geist in dir den Heiligen Geist in Gott. Die innewohnende Präsenz Gottes ist wie ein eingebauter Kompass, unser magnetisches Zentrum, das uns in die Richtung von Wahrheit, Liebe und Leben führt. Es ist eine innere Spiegelung, die in deinem innersten und wahrhaftigsten Selbst stattfindet und dich ausrichtet. Du müsstest dich schon sehr anstrengen, wenn du das, was so klar zu deinem eigenen Besten geschieht, vermeiden oder verleugnen wolltest.

»Die Liebe Gottes ist ausgegossen in unsere Herzen durch den Heiligen Geist, der uns gegeben ist« (Römer 5,5).

Würdige ich den mir innewohnenden Geist?
Bin ich für seinen Ansporn offen?

Die Liebesuhr

Schon immer träumten die Menschen vom ewigen Leben und versuchten, sich durch Rituale darauf vorzubereiten – daher kommt unser »Unsterblichkeitsinstinkt«. Wir fühlen oft eine Verbindung zu Menschen, die gestorben sind. Wir spüren es irgendwie, dass die Liebe ewig ist, und deshalb glauben wir, dass es das Leben auch sein kann.

Wenn du jemals wirklich geliebt hast, dann weißt du, dass Liebe grenzenlos, unverdient und völlig unlogisch ist. Die Liebe führt uns auf Ebenen der Selbstaufgabe und Möglichkeiten der Freude, die im wahrsten Sinne unvorstellbar sind und durch keinen anderen Weg erreichbar sind. Wenn die Liebe ewig und Gott selbst die Liebe ist, und wenn wir teilhaben an der Liebe und an Gott, dann folgt daraus, dass wir selbst ewig sein könnten. Liebe kennt und erkennt Liebe. Die Zeitlosigkeit in uns verbindet uns mit dem Ewigen um uns. Menschen, die tief geliebt haben und die tief geliebt wurden, haben von der Zeitlosigkeit gekostet und glauben daher natürlicherweise an das ewige Leben.

**Was lehrt mich meine intuitive Liebe
über Leben und Tod?**

Willst du eine Revolution starten?

In der Spiritualität findet derzeit eine längst schon fällige Revolution statt: die Rückkehr zu dem, was Jesus wirklich lehrte. Wir beginnen zu erkennen, dass es nicht unsere moralischen Errungenschaften sind, die uns Gott nahebringen, sondern unsere Mängel und Wunden. Wie konnten wir diese aufrüttelnde Botschaft so lange überhören? Ist sie einfach zu schön, um wahr zu sein? Weshalb lesen wir die Bibel immer nur im Hinblick auf Gewinnen und Verlieren? Haben wir vielleicht Angst vor einem ausgewogenen Spiel, in dem alle Menschen durch Gnade gerettet werden?

Die zentrale Erkenntnis männlicher Spiritualität sollte sein, dass wir alle unvollkommen sind. *Wir gelangen zu Gott nicht durch richtiges Handeln, sondern ironischerweise und wunderbarerweise indem wir es falsch machen!* Alles dient der Ehre Gottes.

Viele Männer haben die Kirchen deshalb verlassen, weil sie nicht länger heucheln wollten. Sie wussten, dass sie alles andere als vollkommen sind. Es finden weit mehr innere Veränderungen in den »12-Schritte-Programmen« als in den sonntäglichen Gottesdiensten statt. Die Menschen wollen nicht mehr an Wettkämpfen im *gut sein* teilnehmen, die sie sowieso nicht gewinnen können.

Nehme ich mir die Freiheit, durch meine Verletztheit zu Gott zu gelangen?

Was steht mir dabei im Wege?

Ein paar einfache Dinge

Letztendlich sind es ein paar einfache Dinge im Leben eines jeden Mannes, die es zu beherzigen gilt.

- Wenn du dir mehr Liebe von anderen Menschen wünschst, dann beginne zu lieben.
- Wenn du dir eine friedliche Welt wünschst, dann versöhne deine eigene innere Welt.
- Wenn du genug hast von Zynismus und Negativität in der Welt, dann nähre Hoffnung in deinem Inneren.
- Wenn du Ruhe in der Welt finden möchtest, dann suche nach der Stille in dir.

Gandhi hat dies am besten ausgedrückt: »Sei du selbst die Veränderung, die du in der Welt sehen willst.«
Transformierte Menschen transformieren andere, und zwar genau so viel, wie sie selbst transformiert sind. Das Beste, was du für deine Familie und die Welt tun kannst, ist dein eigenes Wachstum.

Was ist mein Beitrag zu Liebe,
Stille und Frieden am heutigen Tag?

Wenn du es willst

Ein spirituelles Leben basiert auf zwei Grundlagen: *Was du siehst, ist das, was du bekommst, und was du suchst, ist das, was du erhältst.* Sowohl Schönheit als auch Finsternis liegen zuallererst in den Augen des Betrachters!

Wenn du feststellst, dass du anderen Menschen ihre Fehler übelnimmst, dann übe dich darin, dir selbst diese Fehler zu verzeihen. Wenn du für Gerechtigkeit eintrittst, dann sei auch dir gegenüber fair. Wenn dir die Welt hoffnungslos erscheint, dann suche in deinem Inneren nach Hoffnung.

Wonach suche ich?
Was muss ich dafür tun?

Eine neue Ökonomie der Gnade

»Alles gehört euch; ihr aber gehört Christus und Christus gehört Gott« (1 Korinther 3,22–23).

Ein Mann kann nur das weitergeben, was er selbst erhalten hat. Dann wird er – »Gnade über Gnade« (Johannes 1,16) – zum Segen und zum Geschenk für seine Kinder, seine Frau, seine Nachbarschaft und die nächste Generation. Das Geschenk göttlicher Liebe ist nur durch Liebe zu vergelten. Mag unser Leben auch klein und unbedeutend erscheinen, so ist es doch Teil des ewigen und kosmischen Christus. Es ist ein kurzer Moment der Menschwerdung, in dem sich der Leib Christi offenbart.

Wir gehören in das Universum Gottes, in dem alles seinen Platz hat. Jeder einzelne Teil von uns gehört dazu, nichts davon muss zurückgewiesen oder verleugnet werden, sondern vielmehr entwickelt, geheilt, vergeben und zu neuen Formen befreit werden. Wenn wir der Bibel wirklich Glauben schenken, dann sollten wir gerade die geringsten Teile mit größter Sorgfalt behandeln (1 Korinther 12,23).

In der Ökonomie Gottes ist nichts jemals verschwendet. Alles wird transformiert. Die Gnade Gottes ist allgegenwärtig.

Bin ich mutig genug, Gott in mir selbst zu finden und dieses große Geschenk anzunehmen?

Informationen zum Autor

Richard Rohr ist Franziskanerpater, international gefragter Redner und Autor von mehr als 20 Büchern.

Er gründete die Organisation M.A.L.Es (Männer als Lehrende und Älteste) und das *Zentrum für Aktion und Kontemplation.*

M.A.L.Es (Männer als Lehrende und Älteste) bietet Initiationen für Männer, um ihnen Zugang zu den Quellen männlicher Spiritualität zu gewähren und männliche Netzwerke zu schaffen. Mehr über dieses Programm erfahren Sie auf der folgenden Homepage: www.malespirituality.org

Das Zentrum für *Aktion und Kontemplation* wurde 1987 von Richard Rohr gegründet und dient der Repräsentation und Unterstützung des Wirkens von Richard Rohr. Es ist Sitz der Institution M.A.L.Es Das spirituelle Anliegen des in Albuquerque, New Mexico, gelegenen Zentrums besteht in der Transformation des menschlichen Bewusstseins durch Kontemplation. Es will Menschen dazu ermutigen, selbst zu Instrumenten einer friedlichen Veränderung in der Welt zu werden.

Weitere Informationen unter: www.cacradicalgrace.org